임진왜란

전략·전술로 풀어보다

〈개정증보판〉

임진왜란 _ 전략 전술로 풀어보다

지은이 ‖ 강영순
펴낸이 ‖ 조선희
펴낸곳 ‖ 발견의 기쁨
3쇄본 발행일 ‖ 2023년 10월 10일
주   소 ‖ 서울시 서초구 잠원동 202번지
등록번호 ‖ 366-92-01807
등록일 ‖ 2022년 12월 8일
전   화 ‖ 010-5789-9926
이메일 ‖ kys4745@hanmail.net
ISBN 979-11-982395-0-1(03910)
정가: 20,000원

임 진 왜 란

전략·전술로 풀어보다

서 문

　제가 쓴 책은 문장의 유려함에는 많이 미치지 못합니다. 따라서 중복되고 두서가 없습니다. 이점은 독자 여러분에게 미리 용서를 구합니다.
　제가 글을 쓴 목적은 몇 가지 역사적 사실(팩트)을 소개하여 후에 쓰여질 역사 기록에 조금이나마 보탬이 되었으면 하는 바램이 있기 때문입니다.
　또한 제가 발견한 이순신 장군은 이미 알려진 것을 훨씬 넘어서는 대한민국의 영원한 스승이기에 그분을 좀 더 자세히 알리고 싶어 책을 쓰게 되었습니다.
　만약 후일 제 책이 공감을 얻어 낸다면 이는 제가 어려서 아버님을 따라 노젓는 배를 가지고 바다에서 고기잡이를 한 것이 큰 도움을 받았기 때문일 것입니다.
　그리고 법대를 다녔으나 계속하여 고시에 낙방하여 어쩔 수 없이 사병으로 입대하여 제대한 것이 큰 도움이 되었습니다.

저는 가급적 조선왕조실록 중 선조실록과 난중일기 징비록을 기본으로 이 책을 썼습니다. 특히 많은 분들께서 훌륭한 한글 번역을 해 주셨기 때문에 이 책을 쓸 수 있었습니다. 이 분들께 감사드립니다.

책을 인용할 때는 가급적 쉬운 말로 바꾸려고 노력하였습니다. 따라서 실수가 있다고 생각합니다.

아무쪼록 독자 여러분에게 조금이나마 도움이 되었으면 하는 바램입니다. 감사합니다.

개정 증보판을 내면서

저는 얼마 전에 이 책을 출간하였습니다. 그러면서 저는 정유재란이 에도막부를 설립한 도쿠가와 이예야스측이 교묘하게 도요토미 히데요시를 충동질하여 일으킨 전쟁이라고 결론을 내렸습니다. 책을 출간할 때만 하더라도 정유재란의 숨겨진 진실을 안다고 확신하고 있었기에 그런 결론을 내릴 수 있었습니다. 그러나 설명이 다소 부족한 것이 못내 아쉬웠습니다. 그래서 다시 한번 조선왕조실록을 살펴보았습니다. 그랬더니 훨씬 많은 기록들을 찾을 수 있었습니다. 이를 토대로 정유재란의 숨겨진 진실을 추가로 설명하겠습니다. 또한 먼저 출간한 책에서 독자분들께 직접 찾아보라고 말씀드렸던 조선 수군 재건자금 조달방법을 설명해 보겠습니다. 저는 이순신 장군이 펀딩의 귀재라고 단정한 바 있습니다. 과연 이순신은 펀딩의 귀재인지 같이 한번 살펴 보도록 하겠습니다. 그러다 보니 이번에 추가된 글은 일사불란하게 체계를 갖추지 못하고 이것 저것 쓴 결과가 되었습니다. 이 점은 미리 용서를 구합니다. 감사합니다. 참고로 제가 후손이라고 쓴 말은 사전적 의미를 말하는 것이 아니고 후세의 사람들이라는 일반적인 의미로 보아 주시면 감사하겠습니다.

차 례

1. 류성룡: 전쟁을 연구하다 · 9
2. 전쟁 시작 전 조선 조정을 봅니다 · 12
3. 1592년 4월 13일 일본이 대규모 군사를 동원하여 조선을 침략하다 · 30
4. 땅따먹기 심유경 vs 꾀돌어른 류성룡 · 58
5. 길고 긴 화해협상의 시작 · 65
6. 칠천량해전 패전에 따른 방어대책회의 · 113
7. 명량해전과 이순신 장군의 유지 · 143
8. 망나니 진린, 이순신을 만나 순한 양이 되다 · 158
9. 류성룡: 전쟁이 끝나감을 미리 예견하다 · 190
10. 녹후잡기 1 · 210
11. 녹후잡기 2 · 236
12. 정유재란의 발생 원인 · 253
13. 난중일기 (정유년) 해설 · 323

** 참고문헌 · 398

류성룡: 전쟁을 연구하다

1

　류성룡은 촉망받는 유학자였습니다. 그는 퇴계 이황의 문하에서 수학하고 일찍이 과거에 급제하여 훌륭한 관료로서의 길을 가고 있었습니다.

　1586년 일본의 사신 다치바나 야스히로가 일본 국왕 도요토미 히데요시(풍신수길,평수길)의 서신을 가지고 조선에 왔습니다. 야스히로가 가지고 온 히데요시의 국서를 보는 동안 류성룡은 히데요시의 대륙정벌 야욕을 직감적으로 확인하게 되었습니다. 당시 조선은 유학을 숭상하고 예절을 중시하는 양반사회의 길을 가고 있었습니다. 임금을 비롯한 모든 관료들이 어진 정치를 펼치기 위하여 선의의 경쟁을 하다가 그 도가 지나쳐 당파싸움으로 까지 변질되고 있었습니다.

　전쟁의 기운을 느낀 류성룡은 점차 회의에 빠져들었습니다. 이대로 가다가 전쟁이 일어난다면 그동안 평화를 누려온 조선이 붓을 들고 전쟁에 나가봐야 통일 일본을 당해낼 수 없다는 심각한 자기반성을 하게 되었습니다. 그리하여 각고의 번민 끝에 일단은 유학 연구를 잠시 미루고 전쟁 연구에 전념하기로 방향을 크게 전환하였습니다. 본격적으로 병서를 구해서 연구하고 일본의 정세를 연구하게 됩니다.

선조 임금은 일본 사신을 접견하면서 본능적으로 통일된 일본이 대륙정벌 야욕을 드러내고 있다는 느낌을 받고 고민하기 시작합니다. 당시 조선은 평화로운 시대가 이백 여년 계속되고 있어 전쟁을 몰랐습니다. 다만 오랑캐들의 함경도 국경 약탈과 일본에서 노략질 하러 오는 왜구(해적)들만 방어하면 그럭저럭 큰 무리 없이 나라를 운영해 나가고 있었습니다.

그러나 조선은 이미 양반사회의 구조적 모순이 국력을 쇠퇴시켜 일년 농사로 겨우 일년을 살고 흉년이라도 들면 많은 백성들이 초근목피로 연명하는 나라로 전락하고 있었습니다. 당시의 양반들은 임금이 정치를 잘못하면 임금까지도 폐위시킬 수 있는 무소불위의 권력을 쥐고 있었습니다.

양반들은 벼슬을 하지 않더라도 평민을 상대로 소작제를 통하여 얼마든지 부를 축적하고 있었습니다. 따라서 전쟁에 대비하기 위하여 정예군사를 일으키려 해도 자칫 잘못하면 나라의 부족한 살림살이만 축내고 평민들의 삶을 더욱 가난하게 만들 것이므로 전쟁 극복의 묘안을 찾기 어려운 시대에 직면하고 있었습니다.

하는 수 없이 선조는 나름 총명해 보이는 신하들을 개별적으로 불러 전쟁 극복 방안을 물어보았습니다.

대부분의 신하들은 일본이 미개한 야만족이라서 크게 걱정할 바가 못 된다는 원론적 발언만 하고 있었습니다. 다만 그 중 류성룡만이 나름의 전쟁 극복 방안을 피력하는데 매우 이치에 맞는 발언을 한다고 생각을 하게 됩니다. 류성룡은 과연 어떻게 일본과의 전쟁 극복방안을 제시하였기에 이순신을 일개 현감에서 일약 전라좌수사로 승진 발탁시켰을까요? 이제 그 이야기를 징비록과 선조실록을 토대로 살펴보겠습니다.

전쟁 시작 전 조선 조정을 봅니다

2

선조: 자! 오늘은 서애(류성룡)가 생각하는 전쟁 극복 방안을 다시 한번 설명해 보시게.

류성룡: 성은이 망극하옵니다. 일본이 백여년에 걸친 전국시대를 마감하고 통일을 이루었으니 그 기세가 만만치 않아 보입니다.

결론부터 말씀드리면 전쟁준비에 만전을 기하면서, 민심을 얻고, 적의 보급로를 차단하고, 명나라의 지원을 받아야 적을 물리칠 수 있을 것입니다.

그러나 명나라도 황제의 태정(황제가 업무를 태만히 함)과 내부 반란 등으로 어려운 처지라 처음부터 군대를 파견해 줄 것 같지는 않습니다. 결국 명나라는 자신들 발등에 불이 떨어져야 움직일 것으로 사료되옵니다. 문제는 그때까지는 우리 스스로 버텨야 한다고 생각됩니다.

전쟁이 일어나면 일본군은 조선의 왕을 사로 잡기 위하여 한양(서울)을 목표로 북상할 것이므로 최선을 다하여 그들을 물리치셔야 합니다. 만약 초반에 그들을 제압하기 어려울 때에는 부득이한 경우 명나라와 가까운 평양으로 잠시 거처를 옮기는 것도 염두에 두셔야 할 것 같습니다.

선조: 계속하게.
류성룡: 다가오는 일본과의 전쟁에서 승리하려면 적을 알고 우리를 아는 것이 제일 중요합니다.
일본은 무사의 나라입니다. 부와 명예를 얻으려면 무사가 되어야 합니다. 무사들끼리 백여 년에 걸쳐 싸웠으니 전투력에서 당장의 일본을 능가할 나라는 없습니다. 조총을 가지고 통일을 하였다 하니 더더욱 강한 군대라 하겠습니다.
조선은 양반의 나라입니다. 조선은 세종대왕이 최강 조선을 달성한 이후 양반사회의 구조적 취약성 때문에 점차 활력을 잃어가며 오늘에 이르렀습니다. 그것은 누구의 죄도 아닙니다. 처음부터 사회구조를 잘못 설계한 탓입니다. 모든 문명의 흥망성쇠는 역사의 법칙이기도 하지만 조선은 사회구조를 잘못 설계한 것이 국가의 쇠락(힘이 약해짐)을 더욱 촉진하고 있습니다.
일본을 통일한 관백 도요토미 히데요시는 용감한 장수이기는 하나 나이가 너무 많습니다. 일본을 통일하느라 앞만 보고 달려왔습니다. 통일만 하면 다 되는 줄 알았습니다. 통일을 하니 전혀 예상치 못한 상황이 발생하였습니다. 통일한다고 열심히 전투한 부하들을 고향으로 돌려보내야 하는 상황이 된 것입니다. 평생 전투만을 위하여 살아온 부하들의 허탈한 마음을 달래줄 묘안이 없습니다. 결국 대륙으로의 진출밖에 없다고 판단한 것입니다.

히데요시는 전쟁하느라 이미 반백살을 넘겼으므로 시간이 없습니다. 자기가 살아있는 동안 모든 일을 끝내야 합니다. 대륙으로의 진출을 단기간에 완성하여야 합니다. 단기전에 올인할 수밖에 없습니다.

조선의 임금은 비교적 젊습니다. 전쟁이 억울하기는 하지만 슬기롭게 대처한다면 승산은 우리 쪽에 있습니다. 일본은 군사력 강함을 믿고 단기전에 올인할 것이고, 조선은 군사력은 약하고 전투 경험이 없으나 임금이 젊기 때문에 슬기롭게 장기전으로 유도할 수 있다면, 끝내 포스트 히데요시(히데요시 사망후 정권 다툼)를 차지하기 위한 일본 스스로의 패권 다툼으로 퇴각할 수밖에 없습니다.

일본은 고독한 나라이고, 조선은 중국과 형 아우로 지내온 외교의 나라입니다. 우리나라는 옛날에는 중국을 많이 혼내기도 하였지만 조선시대부터는 선린관계를 잃은 적이 없습니다. 명나라는 비록 정점을 넘어서기는 했으나 대국임에는 변함이 없습니다. 히데요시의 궁극적인 목표가 중국 대륙일 가능성을 부정할 중국인은 없습니다.

특히나 조선이 일본에 함락된다면 조선의 군사가 일본의 군사가 되는 것이므로 명나라로서는 자신들을 보호하기 위해서라도 조선을 지원하지 않을 수 없습니다. 명나라의 지원을 받을 수 있음이 조선의 무기라 할 수 있습니다. 조선의 국력이 전성기를 넘어 약해지긴 했으나 수군만큼은 동북아시아 최강입니다. 아이러니컬 하게도 일본이 조선 수군 육성에 일등공신입니다. 왜구들이 수도 없이 조선 반도의 해안을 찬탈하는 바람에 조선의 왕들은 정권의 운명을 걸고 조선 수군을 육성해 왔습니다.

강한 수군 만큼은 조선 최고의 강점입니다. 일본은 사면이 바다이긴 하나, 바다가 너무 커서 바다를 건너올 적이 없습니다. 방어해야 할 적이 없으므로 수군이 없는 것이나 마찬가지입니다. 다만 해적질을 일삼는 왜구들이 많아 이들이 수군의 주축을 이룰 것입니다. 조선의 최강 수군은 적을 방어할 때만 그렇습니다. 왜구의 노략질을 분쇄하기 위하여 육성된 군대라서 그렇습니다. 섣불리 위세를 등에 업고 공격적으로 나간다면 유불리를 단정할 수 없습니다. 왜선들은 약하나 속도에서 만큼은 동양 최고입니다. 공격전에서는 속도가 최고 무기입니다. 아무리 함포로 적을 압도한다 해도, 적이 마침내 이를 간파하고 함포 사정거리 밖에서 나왔다 물러났다를 반복한다면, 그리하여 조선 수군을 지치게 하고 밤을 이용해 백병전을 시도한다면 끝내 그들을 이길 수 없습니다.

조선의 바다는 일본과는 비교가 안 될 정도로 복잡합니다. 밀물과 썰물, 광활한 갯벌, 조수간만의 격차, 계절의 변화, 그 다양성이 일본의 바다와는 천지 차이입니다. 서로 대등한 전력으로 전투를 하더라도 조선에서 싸운다면 일본은 조선바다를 모르기 때문에 조선을 이길 수 없습니다. 육지에서는 이미 지도가 발달되어 있어 크게 불리할 것이 없으나, 바다는 해도(바다지도)가 있긴 하나, 지도만으로는 바다 속을 들여다볼 수 없기 때문에 육지에 사는 조선인이라도 바다 속을 알 수가 없습니다.

　망망대해라 하더라도 수심 1미터 밑에도 암초가 있을 수 있습니다. 오로지 어려서부터 그곳에서 자라온 병사들만이 그곳의 바다 속을 알 수 있습니다. 조선 수군이 유리한 이유입니다. 다만 일본도 전쟁을 하면서 점차 바닷속을 알고, 조선 수군의 약점을 간파하여 대처하려 할 것입니다.

　조선 수군의 약점은 배 위에서 벌어지는 백병전입니다. 일본은 백병전을 이끌어내기 위하여 특유의 사술을 활용할 것이므로 미리 그 속셈을 헤아려 백병전을 예방할 수 있는 지혜로운 장수가 있어야 합니다.

　처음부터 지혜로운 장수는 없기 때문에 가능성이 있는 자를 선발하여 비교적 후방으로 보내 전쟁 준비를 시키고, 전쟁이 나면 작은 전투부터 차근차근 실전 경험을 통하여 전략과 전술을 터득할 수 있도록 유도하는 것은 임금의 몫입니다.

　잠시 물 한잔 마시겠습니다.

　류성룡: 임금께서 잠시 몽진(피난)을 떠나시는 것이 개인적으로 힘드신 일이고, 백성들을 힘들게 하는 부득이한 면은 있습니다. 하지만 왜적의 침략을 무력화시키는 데에는 매우 훌륭한 작전이 될 수 있습니다.

선조: 임금이 적에게 잡히지 않아야 백성과 군사들이 힘을 낼 수 있다는 것은 이미 얘기하지 않았는가?

류성룡: 전쟁 초기 일본 장수들은 매서운 기세로 한양으로 돌진할 것입니다. 저들의 100년 통일 전쟁을 살펴보면 하나같이 적군의 대장을 굴복시키는 전략에 올인하는 것을 볼 수 있습니다. 저들은 길을 나누어 북진하겠으나 서로 먼저 조선 임금을 잡아 공을 세우려 할 것입니다. 마침내 일본군은 하나같이 한양에 집결하게 됩니다.

임금께서 평양으로 피신한 것을 안 왜군은 또다시 평양을 향하여 돌진하게 됩니다. 이는 결과적으로 왜적이 부산에서 평양까지 남북으로 기다랗게 늘어서는 형상이 되므로 군사간의 간격이 벌어져 그만큼 집중도가 떨어지고 힘이 분산됩니다. 말하자면 왜적의 허리가 약해지는 형상이 됩니다.

만약에 적이 평안도와 함경도 양갈래로 북진한다면 이번에는 왜적들이 동서로 나누어지는 것이 되므로 결과적으로 동서남북에 골고루 분산되는 효과가 있습니다.

그리되면 왜적들의 허리가 약해지므로 자연적으로 조선이 반격하기 쉬워집니다. 적이 지나간 경상도 충청도 등에서 흩어진 관군을 모으고 의병을 일으켜 적의 허리를 공격하기 쉽습니다.

류성룡: 한 가지 또 중요한 것이 있습니다. 조선의 특수한 사정입니다. 전라도를 반드시 지켜내야 전쟁에서 승리할 수 있습니다.

선조: 전라도가 곡창지대라서 그렇겠군.

류성룡: 맞습니다. 전라도는 조선의 곡간입니다. 곡간을 뺏기면 군사를 능히 먹일 수 없습니다. 명나라 지원군을 먹이는 일도 차질이 불가피합니다. 그 뿐만이 아닙니다. 전라도는 농사를 짓는 사람이 많아 병력을 동원하기 제일 쉬운 곳입니다. 전라도를 일본이 점령한다면 병력의 충원도 어려워집니다.

선조: 그러면 어떻게 하면 전라도를 지켜낼 수 있겠는가?
류성룡: 전라도 수군 진영에 지략에 밝은 장수를 보내고 육지에도 지상전에 능한 장수를 보내야 합니다. 진주, 남원, 금산 등에도 유능한 장수를 보내 적을 방어해야 합니다.
　미리미리 군사를 동원하여 해안(바닷가)을 중심으로 철통같이 배치하자면 엄청난 재정이 투입되어야 하고, 징집당한 가정의 농업 생산성은 급격히 떨어지게 됩니다. 더 무서운 것이 있습니다.
백성들의 혼란을 야기할 수 있습니다. 군사를 새롭게 동원한다는 것은 백성들에게 곧 일본이 쳐들어온다는 메시지를 주는 일이 됩니다. 그리 되면 하삼도 백성들은 배를 타고 한양 이북의 황해도나 평안도로 피난 가려 할 것은 자명합니다. 그럴 능력이 안 되는 백성들은 가까운 섬으로라도 피난을 갈 것입니다. 백성들은 선대로부터 왜구의 노략질에 치를 떨고 있으므로 왜구 소리만 들어도 경기(놀라 자빠짐)를 하고 있습니다. 하물며 왜적이 노략질을 넘어 전쟁을 일으킨다고 하면 피난 가지 않을 사람이 얼마나 되겠습니까? 온 나라가 패닉 상태에 빠지고 경상도와 전라도가 급속히 사람 없는 땅으로 황폐화

될 가능성이 농후합니다. 그리 된다면 군사를 충원하기도 어렵고 군량미를 조달하는 것도 차질이 생겨 조선은 전쟁에서 스스로 무너지는 형국이 될 수 있습니다.

　만약 강제로 피난을 가지 못하게 한다면 반란의 빌미가 될 수도 있습니다. 따라서 백성들이 동요하지 않도록 하는 일이 전쟁대비책의 으뜸이 되어야 합니다. 다만 훌륭한 관료와 장수들을 적재적소에 배치하여 현지의 가용자원만이라도 미리미리 훈련시키고, 성곽을 보수하고, 선정을 베풀어 백성의 마음을 얻고, 백성과의 소통을 돈독히 하는 것이 차선책이라고 사료됩니다.

　누구나 쉽게 말하는 부국강병은 십년 이상을 내다볼 때를 말하는 것이며, 언제 적이 쳐들어올지 모르는 상황에서는 큰 의미가 없습니다. 부국강병을 이룩하려면 나라부터 부자나라를 만들어야 하는데 그것은 단시간에 이루어지는 것이 아니기 때문입니다.

※ 참고로 류성룡이 민심의 동요 등을 이유로 섣불리 군사를 동원하지 말라고 했다는 기록이 선조실록에 두 번 나옵니다. 그중 하나는 잠시 살펴보고, 다른 하나는 뒤에 다시 설명드립니다.

선조실록 (1592.05.02) : 파천(임금의 피난)을 주장한 영의정 이산해를 삭탈 관직하는 일과 전세를 옮기는 일을 논의하다.

영의정 이산해를 파면하였다. 양사(사헌부, 사간원)가 제일 먼저 피난을 주장한 이산해를 탄핵시키라고 청했다. ...중략..

임금이 이르기를, "파천을 결정한 날 이를 말리지 못한 죄는 이산해나 류성룡이 같은데, 어찌하여 지금 유독 이산해만 논하고 류성룡은 언급하지 않는가? 만약 이산해를 죄준다면 류성룡까지 아울러 파직해야 할 것이다."하였다. 이헌국이 아뢰기를, "모두가 죄를 이산해에게 돌립니다. 류성룡의 경우는 자못 애석하게 여깁니다."...중략...

"죄를 균등하게 주어야 한다는 말씀은 지극히 공감합니다만, 이산해는 오랫동안 인심을 잃었고 류성룡은 사람마다 촉망하는데 함께 파직시킨다면 민심이 반드시 놀랄 것입니다."

임금이 이르기를 "군사를 일으키는 일을 완만히 하여 실패시킨 죄는 류성룡이 더 무겁다."...중략...

임금이 이르기를 "오늘날 왜적을 피하자는 논의는 영상(이산해)과 좌상(류성룡)이 다를 바가 없었다."...중략...

> 임금이 이르기를 "미리 미리 막지 못하고 왜적으로 하여금 무인지경으로 쳐들어오게 하였으니 대신들이 어떻게 죄를 면할 수 있겠는가.
> 나는 이 왜적들을 한없이 우려했는데 도리어 내가 하는 말을 비웃었으니, 이 점에 대해서는 류성룡 혼자 그 죄를 받아야 된다. 민폐가 된다고 하여 미리 대비하지 않아 방비가 허술하게 만든 것은 모두가 류성룡의 죄이다."...중략...
> "사람들의 의견이 이와 같으니 류성룡을 파직하라."

=〉이상의 기록을 보면 분명 "민폐가 된다고 하여 군사를 섣불리 동원하지 말라고 한 것은 류성룡이며, 그리고 여차하면 파천(임금의 피난)을 하여 후일을 도모하라 한 것은 이산해와 류성룡의 공동 책임이라는 것을 선조 스스로 밝히고 있습니다.

다시 원 위치하여 계속 보겠습니다.

류성룡: 전쟁 초기에는 적의 기세가 너무 강하기 때문에 어떡하든 전쟁을 장기전으로 가져가야 방어하는 쪽이 유리한 경우도 많습니다.

국경을 맞대고 있다면 적의 작전을 미리 간파하여 초전에 적을 전멸시킬 수도 있습니다. 그러나 일본과는 바다를 사이에 두고 있어 적을 알기 어렵습니다. 거기에 우리 조선은 3면이 바다로 둘러싸여 적이 어디로 올지 정확히 알 수도 없습니다. 전쟁 초기부터 왜적과 정면승부를 하기가 쉽지 않은 까닭입니다. 시작종이 울리자마자 정면승부를 벌인다면 매우 위험합니다. 우리가 써 볼 수 있는 유리한 패를 미처 써보지도 못하고 무너질 수 있습니다. 결국 일본과의 전쟁은 힘보다는 수(手)에서 앞서야 최종 승리를 얻을 수 있다고 생각하옵니다.

류성룡: 장기전에서 전세를 뒤집는 전략은 크게 세가지 정도가 있습니다.

첫째는 적의 보급로를 차단하는 것입니다. 예로부터 적의 대군에 밀리면서도 적은 군사만으로 적의 보급품을 불태워 전세를 역전시킨 경우가 많습니다. 우리나라는 3면이 바다이니 바다에서 적의 보급로를 차단시키면 가장 효과적인 방법이 되겠습니다.

두 번째는 오랜 친구의 도움을 받는 것입니다. 우리가 명나라를 오랜 친구로 살갑게 지내 왔기 때문에 충분히 가능합니다. 궁극적으로는 명나라도 우리에게 지원을 요청할 경우가 충분히 있습니다. 만약 동북쪽의 오랑캐들이 크게 부흥하여 대륙을 넘보고자 하면 분명 조선의 협공을 부탁할 수밖에 없습니다. 명나라가 지원을 망설이기라도 한다면 우리도 경우에 따라서는 명나라를 지원할 수 있음을 기분 나쁘지 않게 설명하면 됩니다.

세 번째는 적이 이미 지나간 곳에서 흩어진 관군과 백성들이 자발적으로 적의 후방을 공격할 수 있도록 상황을 유도하는 것입니다. 조선 수군이 바다에서 일본의 보급로를 잘 막아주고, 이웃나라 명이 후원군을 보내기 시작하면 백성들도 서서히 용기를 내서 힘을 보태고자 할 것입니다. 왜적은 오로지 한양만을 목표로 달려왔기 때문에 후방의 방어가 소홀할 수밖에 없습니다.

※ 징비록 : "내가 안주에 있을 때 사방으로 공문을 보내 각기 군사를 일으켜 왜란에 임하게 하였는데..." 라는 글이 있습니다.

왜적들의 허리가 약해지자 흩어진 지방 관군과 의병·승병의 궐기를 도모했음을 쓴 것입니다. 물론 자기가 세운 국가대계(뒤에 설명드립니다)중 하나를 알아 달라고 쓴 글입니다. 류성룡이 의병의 공훈에 따라 적절한 인센티브를 주어 의병활동을 활성화했다는 이야기도 많이 있습니다.

류성룡: 한가지만 더 말씀드리겠습니다. 이제는 바야흐로 국가 간의 전쟁은 화약전쟁의 시대입니다. 조총, 총통 등의 각종 포, 각종 신기전, 화차, 비격진천뢰 등이 대표적으로 화약을 사용하는 무기들입니다.

기마병의 시대는 점차 저물고 있습니다. 이들 신무기들의 특징은 적절히 응용한다면 대단히 위협적인 무기가 된다는 점입니다. 따라서 장수들도 용맹성보다는 지략이 뛰어난 사람이 훨씬 유리합니다. 지략이 앞서는 장수를 발굴하는 것이 전쟁의 승패를 좌우하게 됩니다.

※ 징비록 : 신립은 날래고 예리하기로 당대에 소문이 나 있었지만 계책과 전략에는 서툴렀다. 옛 사람이 말한 "장수가 군사를 쓸 줄 모르면 적에게 나라를 내주게 된다."는 경우라고 볼 수 있다.

지금 후회하여도 이미 늦었지만 그래도 훗날의 경계로 삼을 만하기에 상세히 적는다.

=〉 류성룡은 장수의 용맹성보다는 지략이 앞서는 장수가 유리함을 적고 있습니다.

선조: 따로 생각하고 있는 자들이 있는가?

류성룡: 이순신과 권율, 김성일을 유심히 보고 있습니다.

선조: 나이가 좀 많은 것 같구나.

류성룡: 일본과의 전쟁은 오랑캐와의 싸움과는 양상이 자못 다릅니다. 오랑캐들은 용감하기는 하나 아직 미개한 편입니다. 일본은 최근 조총을 받아들여 통일을 하였다 하니 조선의 장수들은 일본의 전투 방식을 자세히 살펴보고 대응 방안을 연구해 낼 수 있는 지략이 있는 장수들이어야 합니다. 임금님처럼 일단 머리가 좋아야 합니다.

선조: (요놈이 나를 갖고 노는 구먼. 기분이 나쁘지는 않으니 원 참. 하긴 뭐 내 말고삐를 충직하게 잡는 친구가 가장 미더우니…) 며칠 뒤 생각을 정리한 선조가 다시 물었습니다.

선조: 일전에 훌륭한 장수들을 잘 선정하여야 한다고 했는데 그렇다면 누구를 어디로 보내야 한다고 보는가?

류성룡: 아뢰옵기 송구하오나 정읍현감으로 있는 이순신을 전라좌수사로 보내면 능히 그 임무를 수행할 수 있다고 생각합니다. 다도해에서 일본 수군의 보급로를 차단할 수 있다고 봅니다.

선조: 현감을 좌수사로 보낸다? 대신들의 반대가 심할텐데…

류성룡: 현재는 국가적 위기 상황이기 때문에 발탁 인사는 불가피하다고 생각합니다.

선조: 다도해 쪽에서 일본 수군을 막는 것은 어떤 이득이 있는가?

류성룡: 일단 왜적은 조선함대가 어디 있는지 잘 모르고, 우리는 일본 함대가 어디 있는지 알기 쉽습니다.

미리 믿을 만한 약초꾼에게 부탁해 놓으면, 적의 점령지라 할지라도 산꼭대기로 올라가 일본 수군의 주둔지 행선지 등을 알 수 있습니다. 약초꾼은 의심받을 염려가 거의 없습니다. 많은 섬으로 둘러싸인 바다 지형을 왜적은 잘 모르고 우리는 잘 알고 있습니다. 지피지기라서 승리할 가능성이 훨씬 높아집니다.

일본 수군은 지상군이 북진하는 정도를 보고 서진할 것이므로 조선 수군으로서는 준비할 시간적 여유도 있습니다. 조선 수군의 가장 큰 임무는 적의 보급로를 차단하는 것입니다. 일본 수군을 수장시키는 것이 가장 중요한 임무는 아닙니다. 일본 수군이 전문화된 수군 집단도 아니고 일본군 전체에서 차지하는 숫자 비중도 크지 않기 때문에 일본 수군은 얼마든지 충원이 가능합니다.

조선 수군은 수는 적지만 함포사격을 중심으로 전문화된 집단이기 때문에 최대한 이를 보전하는 것이 제일 중요합니다. 섣불리 적을 추격하여 너죽고 나살자 하면 위험합니다. 따라서 수군 장수는 지형지물을 잘 이용하여 일본 수군이 서해로 진출하는 것을 막는 것이 제일 중요합니다.

방어전이 공격전 보다 유리함은 만고의 진리입니다. 자기의 임무를 잘 이해하고 병사를 아끼며, 지혜를 내어 최소의 희생으로 왜적의 서해 진출을 봉쇄할 수 있는 장수를 보내야 합니다.

마침내 선조는 장고 끝에 이순신을 전라좌수사로 임명하는 발탁인사를 단행합니다. 이순신이 청렴 결백하다는 것은 이미 알고 있었지만 그게 다가 아닙니다. 어차피 전쟁 전체의 극복 전략을 류성룡에 의지할 수밖에 없으니, 그가 믿고 추천하는 자를 임명하여야 최선의 결과를 가져올 것이라는 사실과 그동안 이순신에 대하여 들은 바가 있으므로 과감하게 이순신을 발탁한 것입니다.

전쟁이 일어나기 전 상황을 너무 장황하게 떠들어서 죄송합니다. 짧게 정리해보고 싶습니다.

류성룡이 볼 때 아무리 군사를 많이 동원하여 미리 방비를 철저히 한 들 이미 때는 늦었다고 생각하셨지예? 이렇게 하든 저렇게 하든 한양을 지키는 것이 어렵겠다 생각하셨지요? 아무리 군사를 일으켜 봐야 왜적을 초전에 막을 수는 없었잖아요. 공연히 민심만 흉흉하게 하고 백성들의 피난을 자초한다면 전쟁하기도 전에 무너진다고 보셨지요? 독자님께서는 제가 너무 오버한다고 생각하시지요? 제가 한 말이 아니라 류성룡이 한 말이라면 동의하시겠습니까?

징비록에 보면 류성룡이 신립 장군에게 점잖게 한 말씀 하셨습

> 니다. "나라가 태평한지 오래 되어 군사들이 나약해져 있으니, 만일 위급한 일이 생기면 적에 대항하기가 매우 어려울 것입니다. 몇 년이 지나 군사 일에 익숙해지면 사태를 수습할 수 있겠지만 전쟁 초기에는 알 수 없으니, 그 점이 매우 우려됩니다." 신립은 도무지 깨닫치 못하고 가버렸습니다.

말씀은 상당히 조심스럽게 하셨지만 아무리 군사를 일으켜 미리 철통 방어를 한다 해도 전쟁 초기에는 이기기 힘들다고 하신 것이잖아요. 몇 년이 지나야 사태를 수습할 수 있다고 하셨잖아요. 실제로 우리가 승기를 잡은 것은 선생(류성룡)께서 동생(이순신)을 잘 둔 덕에 일년이 채 되기도 전이었지만, 끝내 전쟁을 수습하는 데는 수년이 걸렸으니 임진왜란의 모든 과정이 님(류성룡)이 수립한 전략대로 흘러갔다고 감히 말하고 싶습니다. 임진년 4월 1일에 하신 말씀이니 전쟁 발발 불과 12~13일 전이었습니다.

이 말씀이 신립 장군에게 하신 말씀이지만 동시에 독자들에게도 하신 말씀이지요? 신립이 알아듣지 못했다 함은 당시의 다른 신하들이 알아듣지 못해 답답했다는 것을 우회적으로 하신 말씀이지요?

이 말을 전쟁 발발 십여일 전에 했다는 것은 류성룡의 대단한 경륜을 보여주는 장면입니다. 일본의 침략일을 대충은 알고 있었다는 것입니다. 당시의 전투선 수준으로는 현해탄(대한해협)을 건너는 것이 대단한 모험입니다. 대규모 함대가 오다가 풍랑이라도 만나면 폭망입니다. 이미 원나라가 일본 원정에 나섰다가 태풍을 만나 실패한 전력이 있습니다. 일본 1차 원정이 11월, 2차 원정 6~8월로서, 원나라 장수들이 내륙 깊숙이 있는 몽고 출신들이다 보니 바다를 몰라도 너무 몰라 시기를 잘못 선택하는 우(愚)를 범한 것입니다. 따라서 가장 안전한 시기를 택할 수밖에 없습니다. 겨울은 잘 아시다시피 북서풍이 강하기 때문에 어렵습니다. 여름이 오면 태풍과 폭풍우를 만날 가능성이 큽니다. 가을이 돼도 언제 태풍이 올지 모르고 곧 북서풍이 오기 시작합니다. 결국 바다가 비교적 잔잔한 것은 4월에서 5월 사이입니다. 류성룡은 이를 간파하고 있었던 것입니다.

징비록 녹후잡기에는 '왜군은 매우 간교하다'로 시작되는 글이 있습니다. 이 글은 류성룡 자신이 만든 전쟁극복전략(국가대계: 잠시 뒤에 자세히 설명합니다)이 일본의 전략을 능가했음을 〈일본 측의 입장으로 바꾸어서〉 우회적으로 쓴 글입니다. 직설적으로 썼다가는 공연한 시비에 휘말릴 것을 염려한 것입니다. 징비록을 읽으실 때 이 글부터 먼저 읽어 보시면 징비록을 이해하는데 큰 도움이 됩니다. 여러 번 읽을수록 더욱 유익합니다.

1592년 4월 13일 일본이 대규모 군사를 동원하여 조선을 침략하다

3

1592년 4월 13일 (음력) 일본은 20만 병력을 동원하여 순차적으로 조선 침공을 시작하였습니다.

> 징비록 : 4월 13일 왜군이 바다를 넘어 조선을 침략하여 부산포가 함락되고 부산포 첨사 정발이 죽었다.... 중략...
>
> 이날 왜선들이 대마도에서 바다를 가득 덮으며 몰려와 그 끝이 보이지 않을 정도였다. 부산포 첨사 정발이 영도 섬에 사냥을 나갔다가 다급하게 성에 돌아왔는데 왜군이 뒤따라 상륙하여 사면에서 구름처럼 포위해 왔다.
>
> 이에 얼마 지나지 않아 성이 함락되었다. 경상 좌수사 박홍은 적의 형세가 큰 것을 보고서 감히 출정하지 못하고 성을 버리고 달아났다...이하 생략...

전쟁 초기 경상도 군사들은 최선을 다하여 왜적과 사투를 벌이고 일부는 도망치기도 하였습니다. 왜적들은 엄청난 기세로 북진하여 충주 탄금대에서 신립이 이끄는 조선 관군을 대파하고 계속 서울(한양)을 향하여 진격하였습니다. 조선의 임금 선조는 한양을 사수하기가 어려워지자 평안도 방면으로 피난을 떠나게 됩니다. 이제부터는 징비록 얘기도 본격적으로 하겠습니다. 징비록은 임진왜란을 극복한 류성룡의 전략을 쓴 책이기 때문입니다.

징비록은 홍익출판미디어 그룹에서 간행하고 오세진, 신재훈, 박희정 님이 번역한 징비록을 발췌하였고, 한자 원문은 이재호 님의 국역정본 징비록에서 발췌하였습니다.

> 징비록(1592년 4월 30일) : 대신이 임금께 아뢰었다. 사태가 이 지경에 이르렀으니 임금께서는 잠시 평양으로 가 계시고, 명나라에 지원병을 요청하여 수복을 도모하십시오.

류성룡의 전쟁 극복 방안 중 하나를 쓴 글입니다. 징비록에서 대신이라 함은 대부분 류성룡 본인을 지칭한다고 보면 됩니다.

한 가지 분명한 점은 류성룡은 평양까지만 가라고 했다는 점입니다. 의주까지 가라고 한 것이 아니라는 점입니다. 이후의 전개 과정을 이해하는데 중요하므로 우선 적어보았습니다. 물론 류성룡의 예측은 틀려서 선조 임금은 의주까지 피난을 갔습니다.

다음 다음날(5월 2일) 당시 좌의정이던 류성룡은 영의정 이산해가 파직되자 그 뒤를 이어 영의정에 올랐으나 임금을 피난시킨 일에 이산해와 똑같은 책임이 있다고 즉시 또 파직되었습니다. 그럼에도 선조는 류성룡을 지척에 두고 중요사항마다 류성룡의 의견을 물었고, 류성룡 또한 파면을 전혀 개의치 않고 선조를 졸졸 따라 다니고 있습니다. 뭐가 아쉬워서 자신을 파직시킨 임금을 따라다닌 것일까요?

선조는 역정을 내며 파면시킨 류성룡을 내치기는커녕 한 달만에 복직시킵니다. 선조는 겁이 많아 도망쳤다는 백성들의 비난을 다소나마 완화하기 위하여 류성룡에게 그 책임을 전가하여 파면을 결행한 것입니다.

이는 혹시 류성룡이 선조가 홀로 감내해야 하는 비난을 덜어주기 위하여 미리 자신의 파직을 자청한 것 아닐까요? 그렇다면 선조의 사랑을 듬뿍 받을 수밖에...

징비록을 자세히 읽어보면 참으로 알쏭달쏭합니다. 분명 류성룡은 당일(5월 2일) 오전에 영의정으로 승진하였다고 징비록에 썼습니다. 그런데 당일 저녁에 파직당했다고 했습니다. "나는 죄로 인하여 파직당하였다." 덤덤하게 한마디 툭 던졌습니다. 마치 "파직이 뭔 대수냐?" 하는 것 같습니다. 그리고는 그 뒤에 "나는 비록 파직된 처지였지만 감히 임금을 따르지 않을 수 없어 임금의 행차를 따라갔다"고 했습니다.

아! 조용히 따라 가면 되지 굳이 징비록에 쓴 이유가 뭡니까? 혹시 죄인으로 파직된 주제에 왜 따라오냐고 경호원이 발로 차지는 않습디까?

이산해는 따라가지 않은 것 같은데... 왜 혼자만 따르셨나요? 죄로 파직된 자를 따라오도록 내버려 두는 관료들은 직무 유기 아닙니까? 당일 선조실록(1592.05.02)을 보면 대부분의 신하들이 류성룡을 옹호하는데도 선조가 직접 류성룡에게 파천의 책임이 있다고, 그리고 민심의 동요를 이유로 군사를 미리 징집하지 못하게 했다고 심하게 질책하며 파직시켰습니다.
(1592.05.02. 선조실록 내용은 앞에서 설명드렸습니다.)

류성룡은 1592년 5월 2일 파직, 6월 1일 복직(풍원부원군), 복직당일 왕명을 받아 명나라 원군 파병에 관여하고, 명나라 군사 군량미 조달 업무를 관장합니다.

※ 다음도 징비록에서 발췌한 내용입니다. 평양에서 함경도로 갈 것인가, 평안북도 의주 쪽으로 갈 것인가 논의 중입니다.
류성룡: 어가가 서쪽으로 온 것은 원래 명나라 군대의 도움을 받아 부흥을 도모하기 위함이었습니다. 그런데 이미 명나라에 지

> 원병을 요청하시고서 오히려 함경도로 깊이 들어간다면 중간에 왜군이 가로막아 명나라와 소통할 길이 없어질 것인데, 어찌 국난이 회복되기를 바랄 수 있겠습니까?.... 지금 조정 신하의 가족들이 대부분 함경도로 피난을 가 있습니다. 이 때문에 저들은 자신들에게 이로운 점을 따져 모두 함경도로 가는 것이 좋다고 말하는 것입니다. 신에게도 노모가 계신데 동쪽으로 피난을 가셨다고 합니다. 신 또한 개인적인 사정으로 말한다면 어찌 함경도로 가고 싶은 마음이 없겠습니까? 그러나 국가대계(國家大計)는 신하들의 사사로운 일과는 다릅니다. 이윽고 목메어 울며 눈물을 흘리니 임금께서 가엾게 여기며 말씀하셨다.
> 선조 임금: "경의 어미는 어디에 계시는가?... 내 탓이로다."

　류성룡은 임금(선조)이 국가대계를 따라야 전쟁을 극복할 수 있음을 천명합니다. 강력하게 말했다고 하네요. 그런데 뭘 또 울면서 눈물까지 흘리세요. 연극배우신가요? 선조가 한 수 더 뜨네요. 선조가 류성룡의 눈물을 보고 가엾게 여겨 말씀하셨답니다.

　선조: "경의 어미는 어디에 계시는가?... 나 때문이구나."

　곰순생각1 : 선조 임금의 류성룡에 대한 한없는 신뢰가 보이는 대목입니다. 두 사람이 주고 받는 밀당의 수준이 상당히 고단수입니다. 제가 옆에 있었다면 양쪽 다 딱밤 한대씩 올리며 한마디 하겠습니다. 전쟁이 예능이요?

 이 장면을 보면 뭔가 이상하지 않으신가요? 바로 위에서 설명하였습니다만, 한 달 전인 5월 2일 개성에서는 류성룡을 영의정에 임명했다가 당일로 심하게 질책하며 파직시켰습니다. 불과 한 달 여만에 극과 극의 장면이 연출된 것입니다. 그래서 저는 류성룡의 파면이 스스로 자청한 일 같다고 썼던 것입니다.

곰순생각2 : 그런데, 갑자기 국가대계라니? 느닷없이 웬 대계? 류성룡은 영덕 출신인가? 징비록 원문에는 분명하게 국가대계(國家大計)라고 썼습니다. 임금님 앞에서 감히 국가대계(國家大計)라니... 시건방지기가 끝이 없도다.... 아니지, 뭔가 있겠지...
 아! 전쟁을 극복하기 위한 국가대계(전쟁극복전략)가 있었구나...... 그렇지 않고서야 감히 임금님 앞에서 국가대계를 운운할 수는 없는 일.. 국가대계는 곧 임금의 대계이렸다. 임금이 모르는 국가대계는 있을 수 없는 일 아닌가? 지금까지의 일련의 파천 과정이 국가대계에 따라 진행되고 있었구나...
 전쟁 중에는 아무리 큰 계획도 적이 알아버린다면 작은 계획도 못되고 휴지 조각이 되는 것은 순식간이라 했지? 맞지 맞아요! 휴지 조각만 되면 그나마 불행 중 다행이지요. 다 죽지 다 죽어요. 우리가 다 죽는다는 뜻이예요.

말하자면 국가대계가 왜적에게 넘어가 일단의 왜적들이 〈서해 먼 바다를 돌아서〉 또는 〈함경도로 진격하는 척 하면서 백두산을 돌아〉 미리 의주 방면으로 가서 진을 치고 있으면 조선은 독 안에 든 쥐가 되기 때문입니다. 그래서 부득이 선조와 단둘이서만 비밀리에 국가대계를 공유하고 있었구나...

전쟁 중에는 사관 앞에서도 함부로 국가 대계를 말할 수는 없습니다. 류성룡은 그 당시 복권은 되었으나 영의정은 아니고 풍원부원군에 명나라 군사 담당에 불과했습니다. 그런 그가 임금과 단둘이 국가대계를 운운했다는 것은 당시 그의 직책(풍원부원군)에도 불구하고 실제로는 선조 밑에 있는 신하들 중에 실세 일인자였음을 알 수 있는 대목입니다.

국가대계를 알아내려는 노력이 징비록과 임진왜란을 좀 더 깊게 이해할 수 있다고 생각합니다. 저도 열심히 노력해 보겠습니다. 이미 앞에서 살펴본 전쟁 전의 조선 조정 이야기는 이러한 국가대계를 징비록과 선조실록을 보고 제 나름대로 복원하여 설명한 글입니다. 징비록에 있는 이 글에서 류성룡은 국가대계 두 가지를 처음으로 밝히고 있습니다. "임금의 파천"이 국가대계라는 것과 "명나라의 지원을 받아 전쟁을 승리하겠다"는 것이 국가대계라는 사실을 분명히 말한 것입니다. 전쟁이 끝나고 징비록을 쓸 당시에도 선조가 조선의 임금 자리를 지키고 있었다는 사실을 감안할 때 있지도 않는 국가대계를 뒤늦게 자기과시를 위하여 징비록에 쓸 수는 없습니다.

류성룡은 징비록을 통틀어 국가대계란 말을 이때 딱 한 번 언급하였습니다. 그러나 그는 이후 국가대계가 무엇인지를 이순신의 한산도대첩부터 자세히 설명하고 있습니다. 이는 류성룡의 글 쓰는 스타일입니다.

"어가가 서쪽으로 온 것은 원래(또는 본시) 명나라 군대에 힘입어 부흥을 도모하기 위함이었습니다."라고 했습니다. 특별히 원래란 표현을 쓴 이유는 자신이 미리 선조와 이러한 계획을 마련해 두었다는 것을 쓴 것입니다. 둘만이 가슴속에 담고 있는 국가대계를 설명하는 글입니다.

즉 전쟁 초기에는 아무리 열심히 방비하더라도 한양(서울)에서 일본의 진격을 막는다는 것은 거의 불가능하다고 판단되므로, 우선 급한대로 평양 쪽으로 파천하여, 임금이 포로로 잡혀 국가를 일본에 헌납하는 대재앙만은 피한다.

그 다음에는 명나라에 지원을 요청하고, 조선 수군을 통하여 바다에서 보급로를 차단하며, 왜적을 부산에서 평양까지 길게 분산시킴으로서 허리가 약해진 틈을 노려서 흩어진 지방 관군과 의병 승병의 궐기를 도모한다. 그리하면, 다소 희생을 치르더라도, 마침내는 왜적을 몰아낼 수 있다는 국가대계가 존재하고 있었음을 처음으로 설명한 글입니다.

곰순생각3 : 선조가 아무리 생각이 짧다 해도 오랑캐가 뒤에 움크리고 있는 함경도로 갈 이유가 없을 텐데... 갑자기 함경도로 가면 안된다고 하면서 국가대계 운운한 이유가 무엇일까? 분명 다른 의도가 있겠죠. 이쯤에서 류성룡은 "임금의 계속되는 몽진이 어쩔 수 없는 일이기는 하나, 그것은 전쟁을 극복하기 위한 국가대계이다. 결코 겁쟁이라서 몽진하는 것만은 아니다 라는 것을 미리 주위에 또는 독자들에게 공표하려고 한 것입니다. 참고로 이순신 압송 전까지는 류성룡과 선조는 서로를 지극정성으로 아껴주는 사이라는 것을 염두에 두시면 임진왜란을 이해하는 데 도움이 됩니다. 이 대화가 징비록을 열심히 읽을 후손들에게 전쟁이 국가대계에 따라 차근차근 진행되고 있었다는 것을 일부러 알려주기 위한 것이라는 것을 이제야 알 것 같습니다. 류성룡이 생각하기에는 조만간 일본군이 정점을 찍고 마침내 서서히 무너질 수밖에 없는 것으로 본 것입니다. 따라서 일본군이 정점을 찍기 전에, 임금의 파천이 국가대계임을 미리 설명해야 임금을 피난 가게 만든 자신의 전략을 이해하리라...

만약 일본군이 더 이상 진격하지 못할 때 비로소 국가대계 운운한다면, 다른 사람들이 류성룡에게 "류성룡 너! 전쟁이 회복 국면으로 넘어가는 것을 보고 약삭빠르게 숟가락 하나 얹었지?" 하고 비난할 지도 모르겠다고 생각하셨죠? 그래서 의주로 가기 전에 미리 얘기하신 거죠? 뭐 다 서애님의 IQ가 도대체 얼마일까? 황홀감에 드린 말씀이니 너무 나무라지는 마세요.

다음도 징비록에 나오는 글입니다.

> 전세정(명나라 장수)은 화가 나서 큰 소리로 욕을 하며 말하였다. "그렇다면 너희 국왕은 어째서 성을 버리고 달아났는가?"
>
> 류성룡: 수도를 옮겨 국가를 보존하려고 하는 것 또한 한 가지 방법입니다.
> 척금(명나라 장수) : 류성룡과 진세정을 번갈아 보면서 엷게 웃을 뿐 별다른 말이 없습니다.
> 류성룡: 세정아 좀 배워라. 너 명나라 장수가 맞냐? 이게 전략이라는 거야, 전략 !
> 류성룡이 립싱크로 하니 세정이는 듣지 못합니다.
> 척금이의 표정이 또한 압권입니다. 척금이는 전세정보다는 한수 위인 것 같습니다. 척금이의 표정을 우정 써 놓은 류성룡은 개구쟁이십니다.

=〉 류성룡은 또다시 분명하게 임금의 파천이 국가를 보존하기 위한 전략임을 강조하고 있습니다. 이 글을 징비록에 쓴 이유는 국왕의 파천이 〈조선의 불가피한 전쟁극복전략, 즉 자신이 수립한 국가대계〉라는 것을 다시 한번 강조하기 위한 것입니다.

> 선조실록(1592.06.14) : 요동으로 건너갈 계획을 결정하고 선전관을 보내 중전을 맞도록 하다. 대신들에게 중국에 들어가기 위해 자문을 발송하도록 명하다.

징비록 : "어가(임금이 타는 가마)가 평안북도 의주에 도착하였다"로 시작하는 글의 끝부분입니다.

> 이때에 우리나라는 연달아 사신을 명나라 요동에 보내어 급보를 알리고, 명나라에 지원병을 요청하였으며, 또한 명나라의 속국이 되겠다고 애걸하고 있었다. 왜군은 이미 평양을 함락시켰고, 왜군의 형세는 마치 물병을 쏟은 것과 같았다. 아침 저녁 사이에 왜군이 압록강에 이를 것이라고 예견하는 등 사태가 매우 위급하였기 때문에 명나라의 속국이 되는 것까지 생각한 것이다.
> (위 선조실록의 내용을 설명하는 글입니다. 당시의 선조실록을 두루 살펴보면 정확히 징비록과 일치함을 알 수 있습니다.)
> 다행히 평양성에 들어간 왜군은 몇 달째 성안에서 숨죽이고 있었다. 그 덕분에 민심이 다소 안정되었고, 패잔병들을 수습하고 명나라 원군을 맞이하여 마침내 국토를 회복할 수 있었다. 이것은 진실로 하늘의 뜻이지 사람의 힘으로 할 수 있는 일이 아니었다.

곰순생각 : 꼭 결정적인 순간이 되면 하늘의 뜻이라고 하니, 우째 그리 제갈공명, 이순신과 똑같습니까? 미리 이순신과 만나 제갈공명을 닮자고 약속하셨나이까? 위 글의 핵심은 왜군이 몇 달 동안 평양성 안에서 숨죽이고 있었다는 것입니다. 하늘의 뜻이지만 이유는 있으니 한번 생각해 보라는 것입니다. 달리 말하면 류성룡 자신이 수립하고 선조가 채택한 국가대계가 드디어 성공하고 있다는 설명이기도 합니다. 그래서 평양성에 들어간 고니시 군대가 더 이상 진격하지 못했다는 것입니다. 심지어 명나라 지원군 대장 조승훈이 평양전투에서 패배하고, 요동으로 후퇴하였음에도 왜군은 급히 추격하지도 않았으니 하늘의 뜻이 무엇일까요? 궁금하시죠? 여러분!

그리고는 무심코 그 이유(하늘의 뜻)들을 연이어 징비록에 자세히 적고 있습니다. 자신이 수립한 국가대계가 성공하고 있음을 본격적으로 설파하고 있는 것입니다. 물론 하늘의 뜻임을 명시적으로 쓰지는 않았습니다. 뒤에 보시는 바와 같이 "자신은 안주에 계속 있겠다"고 쓴 글과 연계해 보면 류성룡의 글 솜씨를 잘 보여주는 장면입니다. 하늘의 뜻이 무엇이었을까? 징비록에서는 다음과 같이 설명하고 있습니다.

첫째로는 누구나 아시는 바와 같이 이순신 장군이 한산도대첩을 통하여 왜적을 크게 물리친 것이 결정적으로 고니시의 진격을 막았다고 썼습니다. 그리고는 여기서도 하늘의 도움이라고 썼습니다. 하늘의 도움(이순신의 등장)이 맞긴 맞지요.

　국가대계 중 하나(바다에서 적의 보급로 차단)가 드디어 성공하고 있다는 뜻이기도 합니다. 류성룡이 이순신을 천거하였으니 하늘이 자기라고 하는 것 같기도 합니다.(죄송합니다. 원래 그렇게 말하는 분이 아님을 잘 알고 있습니다.)

　둘째로는 심유경(명나라 사신)의 당당한 행보와 고니시(일본 선봉대장)의 심유경에 대한 정중한 태도를 보면서 뭔가가 있다는 뉘앙스를 풍기고 있습니다. 자세한 것은 따로 설명해 보겠습니다.

　셋째로는 지방 관군과 의병들의 활약을 적고 있습니다.
　조선의 국왕이 평양으로 피신한 것을 안 왜군이 또다시 평양까지 돌진하게 되어 결과적으로 왜군이 부산에서 평양과 함경도까지 남북으로 기다랗게 늘어서는 형상이 된 것입니다. 그러자 왜적들은 자기들 끼리의 간격이 벌어지고 힘이 분산되는 바람에, 산속으로 흩어진 조선의 지방 관군과 의병 승병들의 반격이 이루어졌다는 뜻입니다. 물론 이 역시 자신이 임금에게 설파한 국가대계중 하나입니다.
　징비록에 보면 "내(류성룡)가 안주에 있을 때 사방으로 공문을 보내 각기 군사(관군,의병,승병)를 일으켜 왜란에 임하게 하였는데..." 라는 글을 남겨서 자신이 직접 국가대계 중 하나인 지방 관군과 의병·승병의 궐기를 독려하였음을 강조하고 있습니다. 이순신은 자기가 추천하였고, 명나라 지원 요청도 원래 자신의 전략임을 국가대계를 설명하면서 밝힌 바 있습니다.

  마지막으로 의병·승병 또한 자신이 먼저 왜적을 조선반도 방방곡곡으로 흩트러뜨린 다음, 사방으로 공문을 보내 궐기(반격)할 것을 유도했다는 것을 밝힌 것입니다. 물론 의병 승병의 궐기가 조선 백성들이 나라를 생각하는 충정에서 나온 자발적인 의거임은 분명하지만, 그럴 수 있는 분위기를 조성한 것만은 류성룡의 업적입니다.

  이상은 모두 매우 훌륭한 일들이지만 자신이 마치 영의정(영의정은 후일 1593년 10월에 부임함)인 것 같은 착각도 들게 합니다. 여러 군데 이러한 장면들이 나오는 것을 볼 때 단순한 풍원부원군은 아닌 듯 싶습니다. 요샛 말로 하자면 실세 중의 실세인 것 같습니다.

  참고로 〈선조수정실록 1592.05.01 : 상이 동파관을 출발하다〉를 보면 요동 파천을 강력하게 반대하면서, 비서실장 이항복에게 "지금 황해도 평안도와 함경도가 아직 왜적에게 점령되지 않았고, 호남에서 충의로운 인사들이 곧 벌떼처럼 일어날텐데 어떻게 요동파천을 거론할 수 있느냐?"고 호통을 치며, 의병의 궐기가 멀지 않았음도 함께 설명하고 있습니다.

  넷째로는 마침내 12월에 명나라가 4만이 넘는 대군을 보내 조선군과 힘을 합쳐 평양을 탈환했다고 자세히 썼습니다.
  국가대계의 마지막 퍼즐도 거의 다 완성됐다는 뜻이기도 합니다.

결국은 류성룡 자신이 선조에게 설파한 국가대계(전쟁극복전략)가 거의 모두 성공했다는 것을 쓴 것이기도 합니다.

 중복 설명드려서 죄송합니다만 징비록 뒤편 녹후잡기에 나오는 "왜적은 매우 간교하다"로 시작하여 일본의 전략실패를 지적한 글은 자신의 국가대계가 일본의 전략을 능가했음을 일본 측의 입장에서 우회적으로 쓴 글입니다.

 이제부터는 징비록에 나오지 않는 "왜군의 평양성 칩거 원인"을 제 나름대로 풀어보겠습니다.

 물론 그 근저에는 이순신 장군이 일본 수군의 서해 진출을 완벽하게 막고 있었다는 사실이 일등으로 자리잡고 있습니다. 일본군 선봉대장 고니시도 나름 전쟁에서 승리하면 혹시 히데요시가 조선총독이라도 시켜주려나 기대가 크니, 일단은 자신이 살아 있어야 하겠지요. (실제로는 평안도가 고니시 몫이었다는 설명이 있습니다)

 혼자 평양을 넘어 의주로 진격하는 동안 명나라군이 배를 타고 대동강을 통하여 평양으로 들어오면 고니시의 입장이 거꾸로 독안에 든 쥐가 되겠지요. 감히 평양을 넘어 의주로 진격했다가는 협공에 걸려 죽을지도 모르잖아요.

 더 중요한 이유가 있었지요? 존경하는 제갈공명은 화살이 부족하자 적군 대장 조조한테 가서 무상으로 빌려왔잖아요. 가뜩이나 탄알과 탄약이 부족할 판인데 대동강이 차단되면 천하의 제갈공명이라도 어디 가서 빌려오겠어요.

조선 병사들이 탄알 몇 개 주웠는지는 몰라도 탄약은 주울 수도 없잖아요. 탄알 몇 개 빌려서 재활용한들, 탄약이 없다면 무슨 소용이 있겠습니까? (탄알은 재활용 되냐고요? 몰라요.) 탄알과 탄약 모두 부산이나 일본에서 가져와야 하는데, 대동강이 봉쇄되는 순간 탄약, 탄알이 올 수가 없잖아요. 조총이 머지않아 막대기가 될 운명이잖아요. 그 잘난 조총으로 적을 압도하려면 탄약과 탄알 만큼은 무한정 리필이 되어야 하는 데 명나라군이 배를 타고 들어와 대동강을 봉쇄하면 어디서 탄약, 탄알을 조달하겠습니까?

조총이 애물단지가 되는 것은 시간문제 아니겠어요. 병사들에게 탄알 일일 사용량을 제한한다면 어찌 되겠습니까?

고니시도 생각 못한 것이 있었지요? 선조가 백스텝의 달인이라는 것을 미처 몰랐지요.

솔직히 백스텝이 뭔지도 몰랐잖아요. 할복은 알아도....

백스텝은 일본에서는 용서가 되지 않잖아요. 현대에서도 일본 격투기선수들은 KO를 당할지라도 백스텝은 잘 하지 않더군요. 문화의 차이는 쉽게 변하지 않네요. 서양인들은 백스텝을 전혀 개의치 않습니다.

이럴 줄 알고 미리미리 백스텝 연습을 해두시다니 대단하십니다. 당시에는 권투가 활성화되기 전이라 백스텝을 잘 모르시는 분들이 도망만 치는 임금이라고 비난하셨지요.

그 바람에 후일 권투선수들 조차 선조는 비겁한 임금이라고 하잖아요. 백스텝의 원조한테 좀 너무하시는 것 아닌가요. 보다 못한 류성룡이 잠시 타임을 걸고 관중석을 향하여 "백스텝도 작전(국가대계)이야" 라고 항변하셨잖아요.

　명나라에서 관전하러 온 세정이가 못 알아듣자 할 수 없이 중국어까지 써가면서 설명하셨잖아요. 미리 중국어 배워 온 것이 신의 한 수 였네요. 그렇지 않았다면 이산해와 같이 귀향했을지도 모르잖아요? 고니시도 망연자실 하지만은 않았지요. 십만 수군이 오기만 하면 신속히 대동강 하류에 진을 치라고 하고 맘 놓고 북진하려고 했지요. 십만중 오만만 대동강 입구에 진을 치면 감히 명나라가 그곳을 노릴 수 있겠습니까?

　일본 수군이 옥포, 당항포 등에서 이순신한테 잽을 허용하고서는 잠시 비틀거리자 버럭 화를 내며 안 되겠다 싶어, 육지에서 승승장구하던 와키자카에게 네가 직접 가서 이순신을 혼내고 일본 수군을 인솔하여 서해안을 넘어 남포에 진을 치라고 명령했지요. 조금만 지나면 안심하고 조선 임금을 잡을 수 있다고 생각하였지요.

　조선 임금에게 편지까지 써서 더 이상 도망갈 곳이 없으니 그만 자수하라고 권했다면서요. 아니 이게 웬일입니까? 불패 신화를 달리던 와키자카가 신예 이순신에게 카운터 펀치를 맞고 미역만 먹고 살아왔다니 모든 일이 한순간에 다 무너졌지요?

　한산도대첩도 불패신화끼리 붙은 거잖아요. 그만한 한일전이 어디 있겠습니까? 전적으로만 따지면 아무래도 이순신 장군이 좀 딸리지요. 와키자카는 일본에서부터 불패 신화였지요? 조선에서 처음 벌어진 원정경기 용인전투에서 치른 1차전을 가볍게 KO로 이겼잖아요. 이름도 없는 이순신에게 진다고 본 사람들은 일본인들은 없었잖아요. 일본인들은 열광하고 조선 백성들은 가슴을 졸였지요. 조선총독은 뭔 개뿔? 한산도대첩 이후 고니시는 앞날이 캄캄해졌지요?

1592년 5월 4일 이순신 장군이 이끄는 조선함대는 처음 남해바다로 출정하여 거제도 옥포만에서 왜선 26척을 격파하여 임진왜란 최초로 승리를 거뒀었습니다. 이후 적진포와 합포에서 왜선 5척과 15척을 추가로 격침하였습니다.

5월 29일 이순신 함대는 2차 출정에서 거북선을 앞세우고 사천해전에서 적선 12척, 6월 2일에는 당포해전에서 적선 21척을 격파합니다. 6월 5일에는 이억기가 지휘하는 전라 우수영의 군대와 합세하여 당항포해전에서 적선 26척을 격파합니다.

1592년 7월 8일 드디어 이순신 장군이 이끄는 조선연합함대는 한산도 앞바다에서 와키자카가 이끄는 대규모 일본 함대를 격파하였습니다. 이것이 학익진으로 유명한 한산도대첩입니다.

이때 일본 수군은 대선 36척, 중선 24척, 소선 13척 등 모두 73척으로서 지휘관은 일본이 자랑하는 전천후 장수 와키자카였습니다. 그는 경기도 용인전투에서 대승을 거둔 후 의기양양하여 이순신 함대를 격파하라는 특명을 받고 거제도 북쪽 견내량으로 돌진하였습니다. 이순신은 견내량을 사이에 두고 반대편에 있던 일본 함대를 한산도 앞바다로 유인하였습니다. 그리고는 거북선을 앞세워 적의 예봉을 꺾어버린 후, 판옥선으로 학익진을 펼쳐 일본 함대를 포위한 후 함포사격으로 격파하였습니다. 죽을 고비를 넘긴 왜장 와키자카는 무인도로 도망쳐 미역만 먹고 살아났습니다. 이 전투에서 조선 수군은 적선 47척을 격침시키고 12척을 나포하는 전과를 올렸습니다.

한산도대첩의 가장 큰 의미는 조선 수군과 일본 수군이 정식으로 서로를 노려보며 정면으로 붙은 전면전이라는 점입니다. 임진왜란이 발발한 후 바다에서는 최초로 서로가 작심하고 힘겨루기를 한 것입니다. 결국은 조선 수군의 완승으로 끝났습니다.

징비록을 보면 한산도 대첩 당시 경상우수사 원균의 공격 일변도 주장을 듣고 이순신이 〈공(원균)께서는 병법을 모르시는군요. 그리하면 반드시 패할 것입니다.〉라고 한 유명한 말이 나옵니다.
이 말의 뜻은 속도에서 뒤지는 판옥선을 가지고 공격만을 고집한다면 왜적에게 질 수밖에 없다는 바다 전투의 진리를 설파한 대단한 명언입니다.
만약 공격일변도로 나가면 왜선들이 빠른 속도를 이용하여 먼바다로 도망치면서 〈나 잡아봐라, 떡 하나 줄께!〉 하면서 시간을 끌고 밤이 되기를 기다려 백병전으로 달려들면 조선 수군은 패할 수밖에 없음을 설명한 말입니다.

　원균이 후에 이순신을 모함하고 대신 수군통제사가 되어 1597년 7월 칠천량해전에서 참패한 것은 한산도대첩 후 5년이 지나도록 이러한 이치를 잘 모르고 왜선들을 넓은 바다에서 쫓아만 가다가 시간만 낭비하고, 날이 저물자 지친 몸으로 돌아오다가 칠천량에서 자는 바람에 백병전으로 습격을 받은 것입니다.

　넓은 바다에 떠 있는 일본 수군은 속도에서 빠르기 때문에 적절히 도망치는 전술을 구사한다면 조선 수군은 대승이 힘듭니다. 그럼에도 넓은 바다에 떠있는 일본 수군을 대파한 유일한 해전이 한산도대첩입니다. 이순신 장군의 치밀한 작전의 승리입니다. 왜적이 빠른 속도를 자랑하면서 신속히 도망칠 가능성을 미리 차단한 것입니다.

　한산도대첩의 대승 포인트는 속도에서 뒤지는 조선함대로 속도에서 빠른 일본 함대를 특유의 기지를 발휘하여 도망치지 못하도록 포위하고 거북선의 돌파와 판옥선의 함포사격으로 승리한 점입니다. 시간적 의미는 일본 수군이 조선 수군의 위력을 드디어 깨닫고, 함부로 연안에 배를 대고 노략질하는 행태를 포기합니다. 그리고는 일본 최고의 수군 장수를 출정시켜 조선함대를 격파하겠다고 정면 대결을 신청하자 넓은 바다에서 일본 정예 수군을 격파한 것입니다.
　그후로는 일본 수군은 더 이상 조선 수군과 맞서기를 포기하고 자신들의 기지에 틀어박혀 나오지 않습니다. 할 수 없이 이순신 장군은 위험을 무릅쓰고 일본의 수군기지를 직접 타격하기 시작합니다.

　안골포해전, 부산포해전, 웅천해전이 그것입니다. 이 모든 전투에서도 큰 승리를 거두었습니다. 그러나 이들 전투에서는 조선 수군도 종전보다는 조금 많은 피해를 보게 됩니다.

　한산도대첩 당시 조선 수군이 와키자카 함대를 유인하는 과정이 흥미를 유발합니다. 어떻게 속도에서 빠른 일본 수군이 〈유인작전을 위하여 나선 소수의 판옥선〉을 하나도 따라잡지 못했을까요? 일본이 봐 줬나요? 봐 줬다고요? 에이 그럴리가요... 아! 그렇군요. 알겠습니다. 와키자카의 목표가 소수의 유인선이 아니었군요. 와키자카는 조선 수군 본진으로 직접 뛰어들기 위하여 유인선을 덮치지 말고 따라만 가라고 명령했습니다.

　이러한 정황을 꿰뚫어 보신 이순신 장군 역시 유인에 나선 판옥선에게 함부로 함포를 발사하지 말고 약만 올리면서 유인하라고 지시를 하셨습니다. 섣불리 함포를 발사했다가는 도망칠 염려가 있으니까요. 유인작전 만큼은 서로 죽이 잘 맞았네요. ㅎㅎ

　이순신 전투의 핵심은 세 가지로 요약할 수 있습니다.
　첫째는 적의 움직임을 미리 알아보자(정보전),
　둘째는 일본 전투선의 속도를 무력화 시켜라,
　셋째는 백병전을 피하고 함포로 사격하라 입니다. 그것이 전승기록을 가능하게 한 필승전략입니다.

　한산도대첩이 있던 날 육지에서도 빛나는 전투가 있었습니다. 1592.07.08: 웅치 이치전투에서 황진 장군 등이 이끄는 조선군은 결사 항전으로 왜군을 격퇴시킴으로써 뒤에 보는 제1차 진주성 전투와 함께 곡창지대 전라도를 지켜내는 초석을 마련하였습니다.
　웅치와 이치는 각각 진안과 전주 사이, 충남 금산과 완주 사이에 있는 험준한 고개로 웅치·이치 전투는 7월 8일 동시에 진행된 것으로 기록되어 있습니다.

　다시 징비록으로 돌아갑니다.

> 　징비록 : "7월19일에 명나라 조승훈이 평양을 공격하였다가 후퇴하였고 유격 장군 사유는 전사하였다"로 시작하는 글의 맨 끝부분입니다.
> 　"나는 인심이 동요할까 염려되어 그대로 안주에 머물면서 뒤이어 올 명나라 군대가 오기를 기다리겠다고 (의주에 계신) 임금께 "계청을 올렸다" 고 쓰셨습니다.
> 　안주는 평양과 의주 중간 쯤 됩니다. 바로 직전 글을 보면 "이때에 우리나라는 연달아 사신을 명나라 요동에 보내어 급보를 알리고 원병을 요청하였으며, 또한 명나라의 속국이 되겠다고 애걸하고

> 있었다. 왜군은 이미 평양을 함락시켰고, 왜군의 형세는 마치 물병을 쏟은 것과 같았다. 아침저녁 사이에 왜군이 압록강에 이를 것이라고 예견하는 등 사태가 매우 위급하였기 때문에 명나라의 속국이 되는 것까지 생각한 것이다."라고 썼습니다.

곰순생각: 왜군이 평양을 출발하여 의주를 거쳐 압록강까지 치고 올라온다고 예상하는 등 사태가 매우 위급했다고 하면서 본인만은 혼자 안주에 있겠다고 하니 혹시 바보 아닙니까? 아니면 평양을 점령한 일본군 선봉대장 고니시와 호형호제하는 사이인가요? 안주는 임금이 있는 의주와 고니시가 점령한 평양의 중간 쯤에 위치하고 있습니다.

아무리 명나라 군대 양식 제공이 중하다 해도 이미 패전하여 압록강을 넘어 요동으로 철수했고 언제 올지도 모르는데 뭔 소리를 하시는 거예요? 좀 쉽게 쓰세요. 너무 어렵게 쓰시니까 읽는 저도 실수를 남발하고 있잖아요.

설마 고니시가 북진하면 몸으로 막겠다는 뜻은 아니겠지요? 뭐시라고요? 몸으로 막겠다는 것이 맞다고요? 장수도 아닌 분이 뭔 말씀이세요... 아! 그러셨군요. 사죄드립니다.

고니시가 더 이상 북진하지 않을 것 같다는 생각을 왜적들이 알아듣지 못하도록 임금에게 아리송하게 보고하신 거네요. 다른 신하들은 모두 의주에 몰려 있는데, 문신 중에서는 유독 혼자만 의주보다 훨씬 위험한 안주에 있겠다고 하신 거잖아요. 다시 말하면 선조에게 요동으로 피난 가지 않아도 된다고 하는 것을 몸 개그로 전달하신 것이네요. 그러니 선조가 총애할 수밖에...

전쟁 중이라 왜놈들이 알아들을까봐 바로 말하지 못하고 둘러 말하니 사관들도 뭔 말인지 알아듣지 못하고 "전쟁 중에 뭔 하찮은 주청을 올리는가? 어이가 없군..." 하면서 휴지통에 던져 버렸군요.

참고로 징비록에서 군사기밀을 강조한 것을 이번 말고 두번 보았습니다.

한번은 이항복이 손바닥에 한자를 써서 보여줬다고 한 것, 두 번째는 경기도 관찰사 심대가 순찰할 때마다 평시처럼 공문을 보내 알리고 깃발을 세우고 나팔을 불게 하며 다니다가 이를 미리 간파한 왜적의 습격에 전사했다고 안타까워한 것을 보았습니다.

고니시가 북진하지 못하는 이유는 앞에서 징비록을 보면서 제 나름대로 써 보았습니다.

임금과 일부 신하들이 또다시 요동으로 피난 가자고 하니 류성룡은 이것만은 막아야겠다고 생각한 것입니다. 특히 타임상 명나라 1차 지원군이 평양 전투에서 패하여 요동으로 후퇴한 뒤라서 또다시 임금이 요동으로 도망칠 궁리를 하던 때입니다. 다만 윤두수, 정철, 신잡 등은 요동 파천을 강력하게 반대하고 있었습니다.

류성룡도 그전에는 그들과 함께 보조를 맞춰가며 요동파천을 강력하게 반대하고 있었습니다. 그러다가 조승훈이 이끄는 명나라 군대가 철수하자 류성룡은 〈말로만 해서는 큰 효과가 없겠다〉고 생각하고, 임금에게 자기가 의주보다 훨씬 더 위험한 안주에 버티고 있으니 최소한 자기가 왜적에게 잡혀 죽는 것을 본 후에 요동으로 피난해도 늦을 게 없다는 뜻을 전달한 것입니다. 자기는 죽게 되더라도 말 잘 타는 전령을 신속히 의주로 보낼테니 걱정마시라는 것입니다. 그렇다고 뭐 스스로 죽을 생각을 한 것은 아니겠지요? 말하자면 왜적이 평양성에서 더 이상은 북진하지 않는다는 것에 자신의 목숨을 걸겠다는 것입니다.

국가 대계와 연결시켜 보면 왜적을 부산에서 평양과 함경도 까지 길게 분산시켜 왜적들의 허리가 약해졌고, 이순신이 바다에서 적의 보급로를 차단하였으며, 전국에서 의병, 승병들이 궐기하고, 곧 명나라 군사도 지원 차 올 것이며, 일본에서는 히데요시가 결과적으로 이예야스에게만 유리해졌다는 것을 드디어 깨닫고 명분을 얻어 철수하려 할 것이므로 더 이상 피난하지 말고 국토를 회복하라는 메세지를 임금에게 주고 있는 것입니다.

동시간대(1597.07.19 이후) 선조실록, 선조수정실록 어디에도 이러한 내용이 없는 것을 보니 사관들도 별로 하찮은 내용으로 보고 누락시킨 것 같습니다. 윤두수, 정철, 신잡 등은 결사항전을 주장한 것이고, 류성룡은 요동 파천이 필요 없음을 육탄방어와 해박한 이치로서 설명한 것입니다. 제가 이렇게 해석한 이유는 "나는 인심이 동요할까 염려되어..."란 글을 보고 확신을 하게 되었습니다.

당시 류성룡은 풍원부원군으로 복직되었으나 영의정은 아니고, 명나라 군대 파병 요청, 접대, 식량 조달 등의 일을 맡고 있었습니다. 그런 류성룡이 명나라 군사가 요동으로 후퇴하였으므로 특별히 할 일도 없으니 안주를 떠나 임금이 계신 의주로 간다고 인심이 크게 동요할 것 같지는 않습니다.

다시 말해서 선조가 요동으로 가면 인심이 동요할 것이므로 가지 마시라, 못 미더우면 내가 육탄 방어하고 있으니 명나라 군대가 다시 올 때까지 참고 견디라 한 것입니다.

1592년 7월에 요동의 부총병 조승훈이 지원하러 왔다가 평양성 전투에서 패하고 중국으로 철수하였다는 글의 핵심은 바로 이 계청입니다. 이때 이미 류성룡은 두 번 나라를 살린 것입니다. 하나는 한양에서 임금이 왜적에 잡힐 뻔한 것을 살린 것이고, 두 번째는 요동파천을 결정적인 순간에 몸으로 막은 것입니다. 임금님 앞에서 두 팔로 막는 것보다는 몇 수 앞서는 육탄방어입니다.

이 날의 계청은 류성룡의 업적 중 2위에 해당하는 대단한 업적입니다. 임진왜란 최고의 위기 순간에 왜적(고니시 군대)의 진격이 멈췄음을 몸으로 설파한 것입니다. 결사항전을 주장한 분들도 대단한 일을 하였습니다만, 류성룡은 결사항전을 주장하는 것만으로는 선조의 요동파천을 막을 수 없다고 판단한 것입니다.

참고로 류성룡의 업적 1위는 국가대계입니다. 3위는 정유재란 때 왜적의 퇴각을 예측한 일입니다. 3위에 대해서는 뒤에 자세히 설명드립니다. 참고로 이날의 계청을 원문으로 보면 여공인심동요(余恐人

心動搖) 계청잉류안주(啓請仍留安州) 이대후군지지(以待後軍之至)입니다.

끝부분 두 자의 발음도 일부러 그렇게 만든 것 같습니다. 얼마든지 도착, 당도 같은 쉬운 말이 있음에도 발음으로 후손들을 한번 웃기려고 한 것 같습니다.

특히 이 계청을 긴 글의 마지막에 툭 던진 것이 위와 같은 해석을 가능하게 하는 이유 중 하나입니다.

대부분 글을 잘 쓰는 분들은 마지막에 가장 중요한 글을 알 듯 모를 듯하게 남기는 경향을 볼 수 있기 때문입니다. 참고로 징비록에는 이러한 알쏭달쏭한 글이 여럿 있습니다. 위에서 설명한 국가대계가 가장 대표적입니다. 각각 관계되는 곳에서 설명드리겠습니다.

그렇다면 과연 선조 임금은 이 계청을 보고 어떻게 반응하였을까요? 조승훈이 평양성 전투에서 패하고 요동으로 퇴각하자 선조가 다시 초초해졌음은 당연합니다. 선조실록 7월 29일, 8월 2일 기록을 보면 또다시 요동파천을 신하들과 논의하고 있습니다. 그러다가 8월 3일부터 요동파천 논의가 자취를 감추었습니다. 류성룡의 계청을 자세히 읽어 보고 요동파천을 일단 보류한 것을 알 수 있습니다.

선조실록 9월 2일에는 명나라 황제가 정식으로 조선을 지원하겠다는 칙서를 보내고, 9월 4일에는 심유경이 왜적과 50일간 휴전에 합의했음이 선조에게 보고됩니다. 그리보면 8월3일부터 약 한달간 선조의 요동파천을 막아낸 것은 류성룡의 계청이 주효했음을 알 수 있습니다.

1592.10.06 ~ 10.10 : 제1차 진주성전투에서 김시민 장군이 이끄는 조선군이 일본군에 대승을 거두었습니다.

진주성 전투는 당시 조선군 약 4천 명으로 3만 명의 왜군을 물리친 임진왜란 3대 대첩중 하나입니다. 이 전투에서의 승리는 결과적으로 곡창지대 전라도를 지켜냄으로써 한산도대첩과 더불어 임진왜란을 사실상 조선의 승리로 가져온 빛나는 전투입니다. 만약 이 전투에서 패했다면 조명연합군에게 군량미를 제공하기가 어렵게 되고, 이순신 장군이 이끄는 조선 수군의 빛나는 전승 기록도 상당한 차질이 불가피했을 것입니다. 전라도 육지가 왜적들에게 점령당하면 전라 좌.우수영이 안전하기가 쉽지 않기 때문입니다.

1593.01.06~01.09 : 이여송이 이끄는 조.명 연합군이 제4차 평양성전투에서 고니시가 이끄는 일본군을 한양으로 몰아내고 평양을 탈환하였습니다.

1593.01.27 : 경기도 고양시 벽제동 일대에서 벌어진 전투에서 명나라군이 일본군에 패하였습니다.

1593.02.12 : 행주산성에서 권율 장군이 이끄는 조선군이 일본군을 격파하였습니다. 임진왜란 3대 대첩 중 하나입니다. 행주대첩의 대승 포인트는 목책입니다.

행주대첩은 중국 무술에 비유하자면 취권의 승리라 할 수 있고, 사자성어로 표현하면 허허실실 전법의 승리라고 할 수 있습니다. 행주대첩에 대해서는 따로 자세히 설명할 기회를 갖도록 하겠습니다.

땅따먹기 심유경 vs 꾀돌어른 류성룡

4

징비록에 나오는 글입니다.

질문이 있습니다. 다음 글에서 핵심 키워드 하나를 고른다면 무엇이겠습니까?

> 〈9월에 명나라 유격장군 심유경이 왔다.〉
> 처음에 명나라 장수 조승훈이 패하자 왜군은 더욱 교만해져서 다음과 같은 투서를 우리 군에 보냈다.
> "양 떼가 호랑이 한 마리를 치는 격이었다."
> 양 떼는 명나라 원군을 비유한 것이고, 호랑이는 왜국(일본) 자신을 비유한 것이었다. 또 하루 안에 서쪽(임금이 있는 의주)으로 공격한다는 소문을 내니 의주 사람들이 모두 피난 짐을 메고 있었다.

심유경은 원래 명나라 절강성 사람이다. 명나라 병부상서 석성이 그가 평소 왜군의 정세를 잘 안다고 여겨서 임시로 유격장군이라는 호칭을 주어서 보낸 것이다. 순안에 도착한 심유경은 왜장에게 편지를 보내 명나라 황제의 교지로 꾸짖었다.

"조선이 일본한테 무슨 잘못을 저질렀다고, 어찌 멋대로 군사를 일으켜 정벌하는가?"

당시 왜란이 갑자기 일어났고 왜군은 대단히 잔인하였기에 감히 왜군의 진영을 엿보려 하는 자가 없었다.

그러나 심유경은 노란 보자기에 편지를 써서 남자 하인 한사람에게 짊어지게 하고는 말을 태워 평양성의 보통문으로 들어가게 하였다.

일본군 제1선봉대장 고니시가 편지를 보더니 만나서 논의하자며 회답을 보냈다. 이에 심유경이 가려고 하니 사람들이 죽을까 염려하여 가지 말라고 하였다. 심유경은 이렇게 말하고 하인 서넛을 데리고 갔다.

"저들이 어찌 나를 해칠 수 있겠는가?"

고니시 유키나가, 소 요시토시, 겐소 등은 군사를 성대하게 벌려놓고 평양성 북쪽 10여 리 밖 강복산 아래로 나와서 심유경을 맞았다. 우리 군이 대흥산 꼭대기에 올라가 바라보니 왜군들의 수가 매우 많았고 수많은 검과 창들이 마치 겨울의 눈처럼 빛나고 있었다.

심유경이 말에서 내려 왜군 진영 안으로 들어가자 왜군의 무리가 사면에서 둘러쌌기 때문에 그가 왜군에게 포로로 잡힌 것은 아닌지 의심되었다. 날이 저물어 심유경이 나오는데 왜군들이 배웅하는 모습이 매우 공손하였다. 다음날 고니시 유키나가는 편지를 보내 안부를 물었다.

"대인(심유경)께서는 서슬이 퍼런 칼날 앞에서도 낯빛을 바꾸지 않으시니 일본인이라 할지라도 이보다 더 용감할 수는 없습니다."

이에 심유경이 이렇게 대답하였다.

"너희들은 당나라 곽자의에 대해 듣지 못하였는가? 그는 홀로 한 필의 말을 타고 위그루 1만 대군의 진영에 들어가서도 두려워하지 않았다. 내 어찌 너희들을 두려워 하겠는가?"

그러고는 다음과 같이 왜군과 약속하였다.

"내가 명나라로 돌아가 황제께 보고하면 당연히 어떤 처분(응답)이 있을 것이다. 50일을 기한으로 잠시 휴전하니 왜군은 평양 서쪽으로 나가 노략질하지 말며, 조선도 10리 안으로 접근해 왜군과 싸우지 말라"

심유경은 땅 경계에 금지하는 나무 표지를 세워놓고는 명나라로 떠났다. 조선 사람은 아무도 그 내막을 알 수 없었다.

(이상은 오세진외 2인 역해 "징비록"에서 옮겨 왔습니다.)

심씨! 지금 조선 땅에 와서 땅 따먹기 하능교?

서애 할아버지(류성룡)! 왜, 맨 마지막에 (except me!)를 살짝 빼고는 흐뭇하게 미소를 지으십니까? 혼자만 안 것이 무슨 벼슬이라도 됩니까? 옆에 계시면 꿀밤 한대 때립니다요.

징비록 읽기 시작한 지 6개월 만에 서애님이 (except me!)를 일부러 뺀 것을 알았습니다. 심유경이 강심장인 것만은 알겠습니다. 서애님 혼자만 알던 내막이 무엇입니까?

류성룡: 내막은 뭔 내막? 심유경이 뛰어봐야 벼룩이지. 힌트 하나 준다.

명나라 병부상서 석성이 그(심유경)가 평소 왜군의 정세를 잘 안다고 여겨서 임시로 유격장군이라는 호칭을 주어서 보낸 거지. 심유경이 왜군의 정세를 잘 안다는 것이 힌트야. 다시 말해서 심유경은 일본의 유력한 다이묘들 중 일부가 히데요시의 간청이 있었음에도 각자의 불가피한 사정 때문에 조선과의 전쟁에 불참하였고, 이에 불안을 느낀 히데요시가 서둘러 전쟁을 화해시키고 자신의 정예부대를 일본으로 불러들이려 한다는 마음을 읽었다는 뜻이지.

고니시가 히데요시의 지시를 받고 신속히 화해협상을 추진할 것을 미리 알고 왔다는 뜻이야. 내 추측이 맞을 것이야. 그렇지 않고서야 저 잔인한 왜적들 속으로 눈 하나 깜짝 안 하고 들어갈 수가 있겠는가?

다음은 곰순이 생각입니다.

류성룡은 심유경이 일본을 바라보는 눈이 자신과 같다는 생각에 나름 흐뭇한 표정을 감추고 있는 포스입니다. 류성룡도 히데요시의 마음을 읽고 있었다는 것을 가정하시고 징비록, 선조실록 등을 읽으신다면 훨씬 재미있게 보실 수 있다고 생각합니다. 이글의 핵심은 "왜군의 정세"입니다. 다시 말하면 일본의 정세입니다.

전쟁을 극복하려면 상대국의 정세를 알고 이를 감안하여 전략, 전술을 세우라는 뜻 같습니다. 징비록에 나오는 위 심유경 관련 글은 바로 직전에 의주에 있는 임금에게 요동으로 피난 가지 않아도 된다고 한 이유 중 하나를 쓴 것입니다. 류성룡의 글 쓰는 능력을 잘 알 수 있는 장면입니다.

심유경이 왜군의 정세를 잘 안다는 것은 명나라가 일본의 정세를 잘 알고 있다는 뜻입니다. 당시 명나라는 오키나와(류큐국)를 통하여 일본과 나름 교류하고 있었습니다. (류큐국은 일본, 중국과 활발하게 중계무역 중이었습니다.) 명나라는 나름 히데요시의 마음속 번민을 알고 있었던 것입니다. 류성룡도 이러한 정황을 알고 있었고 선조에게도 설명했을 것은 당연합니다.

명나라가 일본의 정세를 잘 알고 있다는 정황을 볼 수 있는 글이 징비록에 이미 쓰여 있습니다. (황윤길, 김성일 이야기 바로 다음입니다)

이때 조선통신사가 가져온 왜(일본)의 국서에는 이런 말이 있었다. '군사를 거느리고 명나라에 들어가겠다'

나는 '명나라에 보고해야 합니다'라고 하자, 영의정 이산해는 '명나라가 조선이 일본과 내통하고 있다고 생각할 수도 있으니 숨기는 것이 좋겠다'고 했다...중략...

이때 중국사람 허의후 진신등이 왜국에 잡혀 있었는데 이미 왜국의 정세를 은밀하게 보고하였고, 또 류큐국의 세자도 잇달아 사신을 보내 명나라에 소식을 전하였다. 그런데 유독 조선의 사신만 오지 않자 조선이 왜국과 내통한다는 의심이 자자 했다고 한다... 중략...

우리 사신이 도착하자 명나라의 의심도 풀렸다.

의심을 풀어서 다행이라는 글이지만 한편으로는 명나라가 조선보다는 일본의 내부 상황을 잘 알고 있다는 설명이기도 합니다. 당시 조선은 일본을 "왜구의 나라"라 하여 교류 자체를 차단하고 있었지만 명나라는 나름의 채널을 통하여 일본을 알고 있었다는 뜻입니다. 명나라 지원군을 보고 다국적군 같다는 글을 볼 수 있는데 그만큼 명나라는 나름 개방적이었다는 것을 알 수 있습니다. 징비록에는 전쟁 전에 한번, 심유경 관련 글에서 한번, 합쳐서 두 번이나 일본의 정세를 언급한 것으로 보아 류성룡도 나름 일본의 정세를 연구하고 있었음을 말해주는 것입니다.

참고로 류성룡이 일본의 정세를 잘 안다는 결정적인 글이 징비록에 있습니다. 정유재란 당시 〈왜적이 물러났다〉로 시작하는 글 중에 나오는 말입니다.

당시 류성룡은 조정의 신하들이 모두가 또다시 앞을 다투어 가며 피난을 가자고 선조에게 조를 때, 혼자만이 선조에게 "왜적을 무서워할 이유가 뭐가 있겠습니까? 시간이 지나면 왜적들은 스스로 물러날 것입니다"라고 하였습니다. 그리고는 선조의 파천을 극력 반대하여 선조를 세번째로 살린 일이 있습니다. 그만큼 일본의 정세에 능통했다는 뜻이며 이는 실화입니다. 뒤에 자세히 설명드립니다. 참고로 명나라도 지속적으로 일본의 정세를 주시하며 연구하고 있음을 볼 수 있는 글이 선조실록에 또 있습니다.

〈선조실록 1597.03.08 : 3월 2일 중국 사신이 일본 장수 조신(유천조신)과 사람을 물리치고서 회담한 내용〉,
〈선조실록 1597. 05.25 : 평수길(도요토미 히데요시)에게 보낸 자문〉이 그것입니다.

뒤에 자세히 설명드리겠습니다.

길고 긴 화해협상의 시작

5

　　1593년 4월 20일에 한양(서울)이 수복되고 이후 10월에 선조 임금이 한양으로 환궁합니다. 이후부터는 명나라와 일본의 길고 긴 화해협상이 계속됩니다. 전쟁이 본격적인 화해협상 모드로 전환된 것은 이순신 장군이 이끄는 조선 수군이 한산도에서 일본 수군의 전진을 완벽히 막고 있었기 때문입니다. 물론 흩어진 지방 관군과 의병, 승병의 반격, 명나라의 지원군 파견, 일본 측의 정세(전쟁이 길어지면 길어질수록 도요토미 히데요시는 세력을 잃어가게 되고, 반대파들은 반사 이익으로 세력이 확장됨) 등에 기인하는 것도 당연합니다.

선조실록 (1593.03.16) : 강화(화해협상)를 말하는 자는 효수하라고 류성룡에게 하유하다.

임금이 도체찰사 류성룡에게 하달하였다. "내가 평소에 큰 기대를 건 사람이 경(류성룡)이다. 일찍이 일본이 침략하려는 낌새와 대비할 계책을 가지고 여러 차례 경에게 유지를 내렸는데도 경은 걱정하지 않고, 도리어 조선의 실정에 맞지 않는다고 반대하여 나랏 일이 이 지경이 되었으니, 이 또한 하늘의 운수 때문이리라. 경(류성룡)은 이제 중요한 임무를 맡은 만큼 왜적을 토벌하여 원수를 갚는 일은 바로 경의 책임이자 내가 밤낮으로 이를 가는 일이다. 그런데 요사이 일본과 강화한다는 말이 나돌고 있다니, 이 무슨 이치인가. 어찌 차마 입으로 뱉고 귀로 들을 말인가. 경이 만약 이 말에 현혹된다면 이미 앞서 그르치고 나서 뒤에 또 그르치는 것이니, 무슨 면목으로 이 세상에 서 있겠는가. 무릇 강화를 말하는 자는 바로 간사한 자의 행위이니 반드시 먼저 베어 효수하고 나서 아뢰라

=> 당시의 화해 협상 논의는 히데요시가 아직은 망상에 젖어 최소한 조선의 절반을 가져가겠다는 수준이므로, 강화하려는 자를 효수하라는 것은 지극히 당연합니다. 다만 선조는 또다시 류성룡이 전쟁 전에

민심 이반 등을 이유로 군사를 섣불리 징집하지 못하게 하였다는 것을 지적하고 있습니다. 뿐만 아니라 전쟁 전에 이미 나랏일을 그르쳤다고 확인 설명까지 하였습니다. 물론 류성룡을 가장 신뢰한다는 것도 말합니다. "내가 평소에 큰 기대를 건 사람이 경이다… 중략… (너 때문에) 나랏일이 이 지경이 되었으니, 이 또한 하늘의 운수 때문이리라."

=〉 선조는 화를 내는 것 같기도 하고 아닌 것 같기도 하고 헷갈립니다. 진짜 화를 내는 것이라면 당장 류성룡을 내치고 싶지만 류성룡이 이미 한번 죄(파직)를 받았고 명나라를 상대함에 있어 류성룡 만한 인물이 없으니 경고 수준에서 참겠다는 뜻 같습니다. 만약, 서로 짜고 치는 일이라면 류성룡에게 짐짓 화를 내 보이면서 섣부른 화해 논의를 엄중 차단하겠다는 전략 같기도 합니다. 후자라면 이는 류성룡이 미리 선조에게 알려준 전략일 가능성이 높다고 봅니다. 류성룡과 선조는 심유경의 평양성 화해 논의를 긍정적으로 보면서도 자칫 화해 논의가 조선 땅의 일부를 양보하는 수준으로 귀결된다면 큰일이니, 이것만은 절대로 막아야 한다는 생각과 행동을 보이고 있었습니다. 결국 1593년부터는 심유경을 통한 화해 논의가 엉뚱한 방향으로 흘러가지 않도록 막아야 하는 것이 조선의 지상과제입니다. 결국 임금 이하 전 관료가 일치 단결하여 명나라 조정과 명나라 장수들에게 섣부른 화해논의에 대하여 강하게 항의하는 모습을 선조실록을 통하여 여러 번 볼 수 있습니다.

> 선조실록 (1593.04.23) : 비변사가 특사를 보내 서울 수복을 치사(감사함을 표명)하라고 청하다.
>
> 비변사가 아뢰기를, "서울이 수복되었다는 보고는 정확하지는 않으나 오늘 내일 안으로 분명한 소식이 있을 것입니다. 사람을 보내어 명나라 장수에게 감사하는 것을 잠시라도 늦춰서는 안됩니다... 이하 생략.
> 그러자 임금이 이르기를, "아뢴 대로 하라. 그러나 왜적이 스스로 물러가는데도 명나라 군대는 일본군을 그대로 호송하여 보내주었으니 서울이 수복된 것을 굳이 감사 표시할 것 없다.

=〉 선조가 보기에도 왜적이 스스로 물러가고 있다고 한 것을 알 수 있습니다. 징비록 녹후잡기를 보면 마지막에 유명한 말이 있습니다. 심유경이 한양에서 고니시를 찾아가 말했다. "내가 너와 친해서 특별히 말해준다. 곧 명나라 대군이 서해를 통하여 충청도로 들어와 너희들의 퇴각로를 끊을 것이다. 그리되면 퇴각하고 싶어도 할 수 없을 것이다." 이에 일본군 선봉대장 고니시가 두려워하며 한양성에서 퇴각했다. 이 일은 명나라 심유경이 우의정 김명원에게 말해주고, 김명원이 다시 나(영의정 류성룡)에게 말해 주었다.

=> 고니시야! 일단은 두려워서 퇴각한다니 고맙다. 네가 겁이 많은 것이 조선을 살렸구나... 네가 원래 사리 판단이 빠른 장사꾼이었던 것이 다행이로구나.

> **선조실록 1594.03.01: 비변사에서 훈련도감의 경비 마련을 위해 사찰 위전을 지급할 것 등을 청하다**
>
> ...중략... 그리고 지방의 여러 진영과 각 고을에서 포수(조총수)가 되기 원하는 사람을 모집하여 총 쏘는 법을 교습시키되, 모든 일을 훈련도감에서 권장하게 하소서. 그리하여 그 중에 기예가 출중한 자가 있으면 등급을 나누어 혹 금군을 삼기도 하고 혹은 면천이나 면역을 시켜 주어 사람들로 하여금 그곳에 소속되기를 즐거워하게 하고, 감사·수령·병사·수사로서 훈련시키고 가르치는 데 마음을 다하여 확실하게 좋은 성적을 낸 자는 조정에서 특별히 포상을 해주고, 게을리한 자에게는 본보기로 벌을 가한다면, 사방에서 그 소문을 듣게 되어 얼마 지나지 않아 포수가 무리를 이룰 것입니다.
> 또 왜적과 교전할 때에는 조총이 가장 편리한 병기인데 근래에 훈련도감에서 사용되는 조총은 모두 왜적의 조총을 뺏은 것으로 그 숫자가 많지 않고, 더러는 깨어지거나 훼손되어 나날이 마모되어 줄어드니, 비록 사방에 나누어 주어 교습시키려 할지라도 어떻게 성공할 수 있겠습니까?

> 만일 서울에서 솜씨 있는 철장(대장장이) 5~6명을 뽑아 훈련도감에 와서 기술을 습득하게 한 뒤에 황해도·충청도의 바닷가 각 고을의 철강이 넉넉히 있는 곳으로 보내 조총을 만들고, 조총의 이치를 잘 아는 사람을 수령으로 삼아 오로지 그 일만 맡겨 성적을 내도록 한다면, 조총을 사용하는 방도가 나날이 확장되어 익히지 않는 사람이 없을 것입니다.

=> 조선에서도 조총의 생산 및 훈련을 권장하는 것을 볼 수 있습니다. 이 글은 류성룡이 주관하여 임금에게 올린 글입니다. 류성룡은 비변사의 수장이자 훈련도감의 총 책임자입니다. 다음에서 보듯이 선조의 류성룡 극찬의 근거가 되는 내용 중 하나입니다. 특히 류성룡은 양반사회에서는 일종의 금기어에 해당되는 면천 제도를 스스로 주창하는 개화사상의 소유자임을 알 수 있습니다. 그러나 면천제도는 전쟁이 끝나고 류성룡이 탄핵된 후 양반들의 반대로 점차 사라져 버린 것을 볼 수 있으니 참으로 안타까운 일입니다. 면천제도를 확대해도 모자랄 판에 양반들이 기득권을 지키기 위하여 점차 없애버린 것입니다.

자! 이제 매우 중요한 선조의 발언이 나옵니다. 임진왜란의 극복과 징비록을 이해함에 있어 빼 놓을 수 없는 기록입니다.

선조실록 (1594.05.28): 영의정 류성룡이 병으로 사직을 청하다.

"경(류성룡)이 병이 나서 자리에 누우면서부터 나는 밤낮 우려했었는데 요즘 점차 회복되고 있다는 말을 듣고 비로소 하늘의 뜻을 알게 되었고, 왜적을 격퇴시키는 일은 걱정거리도 못 된다고 여겼다. 그런데 이 사직서가 어찌하여 이르렀는가. 경의 사직서를 보고는 가슴이 뛰어 마음을 진정하지 못하였다. 혼매한 나의 심정을 경은 아마 살필 수 있을 터인데 오히려 임금을 이해해 주지 않으니, 다른 사람이야 말할 게 뭐 있겠는가. 이것이 내가 두렵고 민망 절박하여 마치 돌아갈 데가 없는 곤궁한 사람처럼 여기고 있는 것이다. 따라서 마음의 병이 날이 갈수록 더욱 극심해지고 정신도 날이 갈수록 더욱 쇠약해지고 깊은 생각 또한 날로 더욱 폐색해짐으로 임금으로서의 일 처리가 날로 더욱 허술해지고 언어도 날로 더욱 착오를 일으키고 있다. 이와 같은 처지인데도 내가 억지로 왕위에 무릅쓰고 있다는 것은 진실로 이치가 없는 일임은 물론, 사세를 참작하여 밝게 헤아리지 못하고 분개한 말만을 하고 있으니 나(임금)의 망령됨이 더욱 심하다. 대신(영의정 류성룡)의 도리는 사세를 헤아려 힘써 국가를 보존할 계책을 마련하고 널리 가난을 구제하는 것을 맡은 바 임무로 삼아야 하는 것인데, 어찌 구구하게 일시적인 계책에만 집착해서야 되겠는가... 중략.... 바라

> 건대 경이 마음을 가다듬고 침착하게 맡은 바 일을 처리한다면, 오늘 나는 반드시 경의 은덕을 입게 될 것이다. ...중략...
>
> 나(선조)는 물러가야 할 몸인데도 물러가고자 하면 경은 안 된다고 하면서, 경은 국가의 안위가 걸려 있는 몸으로서 도리어 사직하고 물러가고자 누차 사직(사표)을 청하니, 어찌하여 자기를 처우함과 남을 처우함이 이렇듯 다르단 말인가. 불가하지 않은가. 사직하지 말라. 요즈음 같은 장마철에 더위와 습기에 더욱더 몸조리를 잘해주기를 간절히 바란다."

 이건 뭐 짝사랑이라 해도 이보다 더할 수는 없을 것 같습니다. 분명 류성룡만 있으면 왜적을 물리치는 일은 걱정거리도 못 된다고 하고 있습니다. 이는 하늘의 뜻이라고도 했습니다. 마지막에는 국가의 안위가 류성룡에게 달려 있다고 말합니다. 선조는 무엇을 보고 이런 말을 하는 것일까요? 당시에는 류성룡이 추천한 이순신 장군이 바다에서 왜적들을 꽁꽁 묶어 놓고 있었으니 그리 틀린 말은 아닙니다만, 달리 표현한다면 류성룡이 세운 국가대계(전쟁극복전략)가 제대로 성공하고 있다는 선조의 생각을 표현한 글이기도 합니다. 무엇보다도 이 글이 실린 타임이 매우 중요합니다. 이 시기는 마침내 왜적들이 평양에서 부터 한양을 거쳐 부산포 방면으로 철수하고 주력 부대가 일본으로 돌아간 타임입니다. 일본은 부산포를 중심으로 경상도 해안에서 겨우 겨우 버티면서 명나라와 화해논의에 매달리던 타임입니다. 당시로만 보면 전쟁이 거의 끝나가던 시기입니다. 선조가 볼 때 류성룡이 설파한 국가대계(전쟁극복전략)중 평양을 사수하지 못한 것을 빼고는 거의 다 그의 말대로 진행되고 있었던 것입니다. 이순신이 바다의 보급로를 차단하고 왜적이 남북으로 길게 흩어지는 바람에 지방에서 관군과 의병 승병이 봉기하고 마침내 명나라 지원병까지 참전함으로써 왜적들은 초반의 절대적인 우세를 모두 반납하고 부산 방면으로 퇴각하여 마지막 농성에 돌입한 상황이었습니다. 이때까지만 해도 선조는 의장증(훌륭한 장수를 의심하는 병; 죄송합니다. 제가 임의로 만든 병명입니다)이 도지기 전이었고, 전쟁은 점차 끝나가고 있었던 것입니다. 따라서 이순신의 압송만 없었다면 왜적은 저절로 물러날 수밖에 없었던 타임입니다. 류성룡이 징비록에서 말한 국가대계(전쟁극복전략)가 실제로 존재했다는 증거 중의 하나는 바로 이날의 선조실록입니다. 그렇지 않다면 다른 신하들의 사기를 생각해서라도 〈류성룡 너만 있으면 왜적의 퇴치는 걱정거리도 못 된다〉고 할 수는 없는 일입니다. 후일 류성룡이 서거하자 백성들은 "류성룡이 아니었다면 지금쯤 한 명도 살아남지 못했을 것이다."라고 했다는데, 비슷한 말을 선조도 한 셈이라서 매우 흥미 있는 글입니다.

자！이제부터 중요한 1596년으로 넘어갑니다.

〈선조실록 1596.06.14 : 양 사신(명나라 사신)이 우리나라에 보낸 게첩〉에 의하면 가토 기요마사(청정)가 군대를 이끌고 부산포에서 대마도로 철수하였습니다.

〈선조실록 1596.08.07 : 돈령부 도정 황신이 올린 사신의 동정과 서폐에 관한 평조신의 말에 관한 서장〉에 의하면 가토 기요마사가 군대를 이끌고 대마도에서 일본 본토로 철수하였습니다.

이 기록들을 소개하는 이유는 오로지 싸우기만을 좋아하는 가토가 철수한 이유가 관백 히데요시가 명나라 황제의 봉작만을 받고 전쟁을 끝내려고 하면서 협상에 방해가 될 것을 염려하여 순차적으로 철수시켰기 때문입니다.

가토의 철수가 너무나 의아한 나머지 조선에서는 가토가 죄를 얻어 일본으로 송환당했다는 소문이 있었다고 합니다. 후에 잘못된 소문으로 밝혀졌습니다. 어쨌든 이때부터 가토 기요마사는 완전 찬밥 신세가 되었습니다. 찬밥 신세였던 가토가 어떻게 다시 살아나는지 염두에 두고 보시면 정유재란을 이해하는데 도움이 됩니다.

선조실록(1596.06.26.): 《주역》을 강독하고 대신들과 천재(천재지변), 이순신과 원균 등에 관해 의논하다.

...중략... 임금이 말하기를 "이순신은 처음에는 힘껏 싸웠으나 그 뒤에는 작은 왜적일지라도 잡는데 성실하지 않았고, 또 군사를 일으켜 적을 토벌하는 일이 없으므로 내가 늘 의심하였다."

...중략... 임금이 말하기를 "이순신의 사람됨으로 볼 때 결국 성공할 수 있는 자인가? 어떠할는지 모르겠다." 이하 생략

=〉 선조는 이때부터 이순신을 의심하기 시작합니다.

선조실록 (1596.08.25): "해주가 가혹하게 태풍의 피해를 입었으니...이하 생략 =〉 당시 양력으로 9월 중에 태풍이 황해도 해주 쪽으로 상륙했음을 알 수 있습니다. 당시로서는 태풍을 전혀 예측할 수 없으므로 바다가 얼마나 무서운 곳인가를 잘 알려주는 기록입니다.

선조실록 (1597.05.26) : 강원도 평강현에 태풍이 불고 우박이 쏟아져 큰 피해가 있었다는 기록도 있습니다.

=> 결론적으로 육지와 섬을 왜적이 지배하는 곳으로 조선 수군 함대가 함부로 진격(출정)했다가는 태풍 돌풍 악천후 등 기상변화로 전멸할 수 있음을 잘 알 수 있습니다. 말하자면 왜적의 방어 태세를 따질 필요도 없이 왜적이 육지와 섬을 지배하는 바다로는 배를 타고 함부로 진격하면 안 되는 일입니다. 당시로서는 날씨 예측이 거의 불가능합니다. 악천후를 만났을 때 가까운 육지나 섬으로 피하려 해도 왜적(육군)들이 기다리고 있기 때문입니다. 당시의 조선 수군은 백병전에서는 일본군을 이기기가 어려웠습니다.

조선 수군이 함부로 부산포 방향으로 진격하면 안 되는 것은,
첫째 부산포해전 이후 혼쭐이 난 일본이 부산포방어전략을 완벽하게 수립했고,
둘째 일본 전투선이 판옥선보다 빨라서 치고 빠지는 전략으로 조선 수군을 지치게 하여 야간 백병전이 가능하며,
셋째는 조선 수군이 변화무쌍한 바다 날씨에 무방비로 노출되는 것이므로 하면 안 되는 작전입니다.
이순신 장군은 이러한 이치를 너무 잘 알고 있었으므로 한산도에 진을 치고 부산포로 진격하는 것을 자제하고 있었던 것입니다. 한산도만 잘 지키면 왜적들은 보급로가 끊겨 끝내는 일본으로 퇴각할 수밖에 없음도 잘 알고 있었음은 물론입니다.

너무나 중요한 기록이 있습니다. 그 기록 속으로 가 보겠습니다.

정유재란을 이해함에 있어 매우 중요한 사료들입니다.

선조실록 (1596.12. 21) : 통신사 황신이 일본에서 돌아와 올린 서계장

  1. 평행장(일본군 선봉대장 고니시)이 통역관 박대근에게 말하기를 "지금 이러한 관백의 노여움은 실로 뜻밖의 일로 앞으로 조선은 반드시 왕자를 보내려고 하지 않을 것이다." 이하 생략

=〉 평행장(고니시)의 말을 보면 관백(히데요시)은 협상안을 수용하려다가 갑자기 협상파기쪽으로 선회한 것을 알 수 있습니다.

  이하부터는 너무나 중요한 기록이므로 잘 보시기를 바랍니다.

  1. 조신(대마도 출신 일본장수)이 통역관 박대근에게 말하기를 "우리들이 지금 다시 군사를 움직인다면 반드시 먼저 전라도를 침범할 것이다. 또한 조선에는 지금 비축해 놓은 곡식이 없어 대군의 식량이 염려되니 반드시 먼저 군량을 운반해야 하고 조선 수군을 격파한 다음에야 일본 수군과 일본 육군이 동시에 진격할 수 있다. 그런 까닭으로 여러 장수들이 이미 이런 계획을 의논하여 결정하였다."

> 2. 조신은 또 통역관 이언서에게 말하기를 "조선 수군이 차츰 해전을 익히고 선박도 견고하니 피차가 맞서서 서로 싸운다면 일본이 반드시 이기기가 어렵다. 만약 어두운 밤에 몰래 나가서 습격하되 조선의 큰 배(판옥선) 한 척에 으레 일본은 작은 배 5~6척 내지 7~8척으로 대적하고 날아오는 시석(화살과 돌맹이)을 무릅쓰고 돌진하여 일시에 붙어 싸운다면 조선 수군도 격파할 수 있다. 이하 생략

=〉 조신(대마도 출신 유천조신, 평조신)은 정확히 7개월 뒤에 일어난 정유재란의 진행계획 〈조선 수군 먼저 격파후 일본 수군과 일본육군이 동시에 전라도를 침략한다〉과 조선 수군 격파전술 〈원균이 칠천량해전에서 대패한 야간 백병전〉을 미리 가르쳐 주고 있습니다. 조신이 말하지 않은 것은 야간 백병전을 유도하기 위한 유인전술 〈조선 수군을 먼바다로 유인하여 당일 중으로 한산도로 돌아가기 어렵게 만드는 일〉 뿐입니다. 그러나 유인전술은 조신이 말해준 두 가지 전략 전술만 가지고도 얼마든지 알 수 있는 것입니다. 야간 백병전이 저절로 되는 것이 아니니 왜적들이 야간 백병전을 어떻게 이끌어 낼 것인가만 생각하면 간단히 알 수 있는 일이기 때문입니다. 고니시와 요시라가 가토의 상륙일자를 가르쳐 준 것은 바로 야간 백병전의

전단계로서 조선함대를 먼바다로 유인하려는 계략이었던 것입니다.

　조신은 자신의 능력을 자랑하는 체 하면서 속으로는 조선이 〈백병전 계략에 속지 말고〉 일본의 재침을 막아내어 전쟁을 빨리 종결시키기를 바란 것입니다. 그래야만 대마도가 살아날 수 있기 때문입니다. 조신은 왜 조선 수군을 먼저 격파하려고 하는지 그 이유도 설명하고 있습니다. 잘 아시는 바와 같이 그래야만 군량미를 실어 나를 수 있기 때문이라고 말하고 있습니다. 조신은 왜 박대근과 이언서 두명에게 각각 다른 얘기를 하였을까요? 자신의 군사비밀 누설행위를 최대한 감추려고 사람을 달리하여 알려준 것입니다. 조신은 직책은 낮으나 상당히 영리한 대마도 장수입니다. 특별히 조신을 언급하는 이유는 정유재란 당시 왜군이 갑자기 철수하게 되는 배경에 조신의 역할이 있기 때문입니다. 뒤에 설명드립니다.

　왜적이 자신의 목숨을 걸고 가르쳐 준 정유재란 전략, 전술은 내팽겨치고 도대체 뭔 대책회의를 한 것인지 땅을 치며 원통해 할 일입니다.(잠시 후에 설명할 선조실록 1596.12.25 : "황신이 말한 적의 형세에 대해 대신과 비변사의 유사 당상과 의논하다" 참조). 이순신은 왜적들의 전술(가토의 상륙 일자를 알려줘 조선 수군을 거제도 앞 먼바다로 유인하려는 속임수)을 미리 예측하고 그들의 작전에 말려들지 않은 것입니다.
　황신의 보고기록으로 보더라도 이순신 압송이 없었다면 정유재란 자체가 있을 수 없음을 잘 알 수 있습니다. 왜냐하면 이후의 상황을 보면 칠천량전투에서 조선 수군이 거의 전멸하자 그동안 대마도에서 대기하고 있던 왜적들이 드디어 때가 왔다며 다시 쳐들어온 것을 알 수 있기 때문입니다. 이는 뒤에서 자세히 설명드립니다. 황신의 보고 내용만으로도 조선 수군이 건재하고 있었다면 일본은 섣불리 대규모 군사를 또다시 보낼 수는 없었던 것입니다. 보급로가 계속적으로 막혀있기 때문입니다. 선조의 실수(이순신 압송) 하나가 나라를 완전히 토붕와해시킨 대표적인 케이스입니다.(토붕와해는 명나라 황제가 선조에게 칙서를 보내면서 직접 한 말입니다. 내용은 따로 설명드립니다.)

평조신은 특별히 조선을 사랑해서가 아니라 오로지 대마도의 이익을 위해서, 전쟁을 빨리 끝내고 대마도를 살리기 위하여, 이러한 극비의 전술을 조선에 가르쳐 준 것입니다. 말하자면 〈너희 조선은 수군이 일본보다 강하니 일본이 야침차게 준비한 조선 수군격파전술에 말려들지 말라. 그리만 한다면 바다의 보급로가 끊겨 일본은 또다시 대군을 몰아 조선을 치기 어렵다〉는 것을 알려준 것입니다. 당시 대마도는 전쟁의 전초기지로서 거의 황폐화되어 가고 있었기 때문에 평조신은 어떡하든 전쟁을 빨리 끝내려 노력한 정황을 엿볼 수 있습니다. 평조신은 칠천량해전의 전투과정을 통틀어 볼 때 〈조선 수군을 지치게 하기 위한 치고 빠지는 작전〉만을 제외하고는 정확히 정유재란의 전단계로서 조선 수군 격파작전 전체를 소상히 설명하고 있었던 것입니다. 전쟁이 끝난 이후에도 평조신은 대마도를 살리려고 조선과의 외교관계 수립을 위하여 에도막부의 창시자 도쿠가와 이예야스 밑에서 노력하였습니다. 비록 적의 장수라 해도 그가 대마도 출신임을 감안하여 그의 말을 잘 들여다 볼 필요가 있었던 것입니다. 그는 특유의 재치로 정권이 바뀌어도 살아남은 대마도 장수입니다.

> **선조실록 1596.12.21 : 왕이 황신을 인견하다**
>
> ...중략... 황신이 아뢰기를, "신이 처음 일본에 도착했을 때에는 모든 일이 대부분 순조로웠습니다. 고니시가 와서 우리를 영접하며 말하기를 '히데요시가 명나라 사신과 조선 사신이 온다는 말을 듣고 기뻐하면서 우리들에게 교외에 나가 영접하는 것이 좋겠다는 칙령을 내렸기 때문에 우리들이 왔다.' 하였습니다. 그리하여 조선의 왕명을 전달하는 날 히데요시가 갑자기 돌변하여 말하기를 '일본이 중국과 통신하려 하는데 조선은 길을 빌려주지 않았고, 그후 심유경이 화친을 의논하려 할 때에도 조선에서는 오히려 중국에 군대를 요청하여 화친하는 일을 낭패시켰으며, 또 그후에 중국 사신이 부산 진영에 들어올 때에도 조선에서는 사신 한 사람도 일본으로 함께 들여보내지 않다가 중국 사신이 일본에 들어오는 날에야 비로소 사신을 보내왔다. 원래 왕자의 생사고락은 모두 우리손에 달려 있었으나 우리는 예로써 대우하여 돌려보내 주었는

데, 저들은 오히려 나를 무례하게 대하였기 때문에 내가 노한 것으로 다시는 조선 사신을 만나지 않겠다.' 하고, 다음날 오직 중국 사신만을 접대하라고 명령하였습니다. 다음날 두 중국 사신이 봉작행사를 거행하였는데, 관백은 뜰에 서서 오배삼고두의 예를 행하고 경건한 태도로 내려주는 의복을 받았으며, 그의 신하 40여 인이 모두 차등 있게 황제의 하사품을 받았다고 합니다. 신은 관백이 출입을 금지하여 참석하지 못하였으므로 직접 보지 못하여 그간의 내용을 상세히 알 수는 없고 인편으로 전해 들었으나 또한 모두 믿기가 어렵습니다."…중략…

…"신(황신)이 자세한 것은 알 수 없으나 만약 다시 침범한다면 잠시 침략하는 것이 아니고 반드시 많은 군대로 출동할 것입니다. 조신은 항상 한탄하면서 말하기를 '내가 전일 조선에 들어갔을 때에는 후속 군사가 없이 너무 깊이 들어갔기 때문에 실적이 없고 소문도 좋지 않았으나, 지금은 농사를 지어 곡식이 쌓여 있으니 먼저 수군을 공격할 것이다.' 하였습니다."

임금이 이르기를, "저들이 어찌하여 수군을 공격한다고 하던가?"

황신이 아뢰기를 "조선 수군을 공격하지 않으면 군량을 운반하는 길을 통할 수가 없다고 하였습니다."

> 임금이 말하기를 "임진년에 침략해 왔던 왜적의 수효는 얼마라고 하던가?"
>
> 황신이 아뢰기를, "10만이라고도 하고 20만이라고도 하여 누구의 말이 옳은지는 알 수 없으나 다만 설치한 진영이 길가에 연결되어 그 진영이 서울에서 북도까지 뻗쳐 있었고 또한 부산에서 한강까지 뻗쳐 있었으니, 병졸이 20만이 아니고서는 필시 이같이 많지는 않았을 것입니다."

=〉 황신의 보고를 그대로 다 믿을 수는 없다 하더라도 대마도 출신 조신은 〈왜적들이 쳐들어온다면 조선 수군부터 공격하겠다는 것〉을 확실히 말하고 있습니다. 그는 조선 수군에게 단단히 대비하라고 넌지시 알려주고 있는 것입니다. 그것이 비록 왜적의 말이라 해도 이치에 어긋남이 없고 특히 대마도 출신으로서 전쟁을 빨리 끝내야 하는 입장임을 감안할 때 그 진정성을 알 수 있습니다. 따라서 조선 조정은 조선 수군으로 하여금 한산도 방어에 더욱 올인하게 했어야 함에도, 바다 전투의 속성을 모르므로, 왜적(조신)이 가르쳐준 전술은 보지도 못하고, 일본이 속임수로 가르쳐 준 가토 기요마사의 출정일 만을 감지덕지하여 조선 수군을 먼바다로 떠밀고 있었던 것입니다. 선조는 "저들이 어찌하여 수군을 먼저 공격한다고 하던가?" 라는 확인 질문을 통하여 왜적이 다시 쳐들어 올 때 조선 수군부터 공격할 것이

라는 점을 너무나 잘 알고 있었습니다. 그런 위급한 상황에서 의장증을 극복하지 못하고 이순신을 압송한 것입니다. 선조의 잘못이 도저히 용서가 될 수 없는 이유입니다.

황신의 보고를 보면 히데요시가 명나라 황제의 봉작(히데요시를 일본의 국왕으로 임명하는 행사)을 정식으로 받은 사실 외에도 또 하나 중요한 사실이 숨겨져 있습니다. 황신은 고니시와 심유경의 협상안 조작 가능성에 대하여 전혀 언급이 없습니다. 특히 이날의 면담은 약 6시간 계속된 것으로 적혀 있습니다. 얼마나 중요한 접견인지 잘 알 수 있습니다. 그렇다면 선조는 당연히 〈협상안이 조작되는 바람에 히데요시가 이에 대하여 흥분하고 다시 쳐들어오려는 것 아니냐?〉고 물어봐야 하는데 그런 말은 찾아볼 수가 없습니다. 즉 선조도 협상안 조작 가능성을 의심하지 않았다는 점입니다. 그후 황신의 보고를 둘러싼 많은 기록이 있으나 어디에도 협상안이 조작되었다는 내용은 없습니다. 그리 본다면 심유경과 고니시의 협상안 조작설은 전쟁이 끝난 후에 조선과 일본이 일부러 만들어낸 것임을 잘 알 수 있습니다. 조선은 선조의 잘못으로 정유재란이 일어난 것을 감추기 위하여, 그리고 일본은 정유재란의 숨겨진 진실을 감추기 위하여 협상안 조작설을 만든 것입니다. 각각 관계되는 곳에서 추가로 설명드리겠습니다.

역사 기록을 읽다 보니 정유재란의 발생 원인이 최종 협상안(1596

년) 조작 때문이 아니라는 기록을 발견하였습니다. 인터넷 나무위키 임진왜란 편(5.5이하)에 상세히 나와 있습니다. 거기에는 선조실록 뿐 아니라 최근의 일본 기록까지 연구하여 상세히 설명하고 있습니다. 정유재란의 원인에 관한 한 선구자적 기록이라고 생각합니다. 그 글을 읽다보면 재미있는 사실이 있습니다. 최종협상안이 조작된 것이 아니라는 것을 일본 학자들이 먼저 연구해 낸 것을 알 수 있습니다. 그들은 선조실록을 보고 연구한 것이 아니고 일본 측 기록을 살펴 보고 협상안 조작설이 왜곡된 것임을 스스로 밝혔습니다. 즉, 일본학자들은 일본이 가지고 있는 사건기록과 역사물을 가지고 실제로 봉작례가 있었음을 자세히 설명하고 있습니다. 흥미롭게도 일본 학자들의 최근 연구내용과 선조실록에 있는 황신의 보고 내용이 거의 일치함을 보면서 다시 한번 조선왕조실록의 위대성에 찬사를 보내지 않을 수 없습니다. 그렇다면 왜 과거의 일본은 히데요시가 죽은 후에 협상안 조작설을 만들어야만 했을까요? 이를 알아야 정유재란의 발생 원인을 제대로 밝힐 수 있다고 생각합니다. 그러한 정황을 추론해 볼 수 있는 기록이 징비록에 있습니다. 역시나 관계되는 곳에서 설명드리겠습니다.

선조실록 (1596.12.25) : 황신이 말한 적의 형세에 대해 대신과 비변사의 유사 당상과 의논하다

임금이 이르기를, "황신이 와서 적의 형세에 대해 말했는데 근래에는 어떠한가?" 영돈녕부사 이산해가 아뢰기를, "서계한 것을 보면, 왜적이 우리나라를 조석 간에 침범할 것이라 하였는데, 신이 병이 깊어 미처 장계를 살피지 못하였습니다. 그러나 요시라의 우리나라에 대한 태도가 매우 좋게 보이는데, 그의 말에 의하면 불원간에 일본은 자멸할 듯합니다."

영의정 류성룡이 아뢰기를, "황신은 자신이 올린 서계 외에는 달리 들어본 것이 없는 것 같으니, 적이 다시 침략할 것인지는 황신도 알지 못할 것입니다. 다만 강하고 약한 형세는 우리나라와 적이 뚜렷이 다르니, 다시 와서 둔거하는 일은 혹 있을지 모르나 전과 같이 온 나라의 군사를 이끌고 다시 올 것인가는 또한 알 수 없습니다. 그러나 신이 항상 염려하는 것은 영호남을 점차 침범하여 차츰 호전에 이르게 되어 우리나라의 물력을 점점 고갈되게 한 후에 거침없이 몰아 들어오지 않을까 하는 점입니다."

이산해는 아뢰기를, "적의 침략이 빠를지 늦을지는 우리가 실로 예측하기 어려우니, 무기를 준비하여 항상 적이 이를 것처럼 방비 태세를 갖추고 있는 것이 옳을듯합니다."

판중추부사 윤두수는 아뢰기를, "왜적이 비록 우리와 통신을 한다 해도 그 통신을 믿기 어려운데, 하물며 통신도 하고 있지 않은 상황이겠습니까. 더 의심할 여지가 없으니 우리는 스스로 용기를 갖고 조금이라도 위축되어서는 안 됩니다."

좌의정 김응남은 아뢰기를, "소신은 아직 황신을 만나 이야기해 본 적은 없습니다. 대체로 적의 형세는 또한 당초와는 달라서 당장 쳐들어오지는 않을지라도 훗날에 다시 덤벼들 것은 조금도 의심이 없으니, 방비하는 계책을 잠시도 소홀히 해서는 안 됩니다. 임금께서 전교를 내리셨으므로 신들은 감격스런 마음을 금할 길이 없습니다. 모름지기 성상께서 한 치의 땅이라도 전진하시면 적은 반드시 백 리의 땅을 퇴보할 것이니, 적이 비록 날뛴다 해도 자멸할 것입니다. 거가(임금)가 잠시라도 한강을 건너신다면 위세가 떨쳐져 백성들이 서로 기뻐할 것입니다."

지중추부사 정탁은 아뢰기를, "임금께서 교지를 한번 내리시면 난리를 평정하고 국토를 회복하는 계기가 될 것이니, 그 누가 분발하여 일어나지 않겠습니까. 이는 국가를 중흥할 수 있는 일대 기회입니다. 한 걸음 나가느냐 물러서느냐에 국가의 존망이 판가름나는 것입니다." ...중략...

이후 영의정 류성룡 등이 모두 비변사로 나갔으며, 다만 이산해·윤근수·허성 및 사관 세 사람이 왕을 모시고 있었다.

> 이산해가 아뢰기를, "오늘날 시급히 할 일은 가토(청정)로 하여금 다시는 바다를 건너오지 못하게 하는 것이고, 만약 육지에 내려왔다면 죽기를 각오한 용감한 군사를 뽑아서 좌우에 매복시켜 그들이 오는 길목을 지키고 있다가 가토가 지나갈 때에 습격하면 성공할 수 있을 것입니다."
>
> 허성이 아뢰기를, "큰일을 결정하려면 복서(점을 쳐보는 일)만한 것이 없습니다. 주공과 같은 성인과 반경과 같은 지혜로운 자도 모두 점을 쳤다고 하였습니다. 지금 군대를 동원하는 일에도 점을 쳐보는 것이 어떻겠습니까?" 임금이 이르기를, "나도 또한 그런 생각을 했었다." 이하 생략

=〉 왜적(조신)이 가르쳐준 전략, 전술은 바로 앞에 두고서 거들떠보지도 못하고 일반론만 장황하게 떠들고 있다가, 류성룡을 비롯한 일부 관료들이 퇴장하자 용한 점쟁이나 불러 일본이 또다시 쳐들어올지 점이나 쳐보자고 하고 있습니다. 전쟁은 지휘관과 참모들의 창의력 싸움입니다. 가장 고도의 창의력이 필요로 하는 타임에 선조를 포함하여 조선 조정 전체가 전쟁 매너리즘에 빠져 있는 것입니다. 정유재란이 임진왜란보다 더 혹독한 시련을 조선 백성에게 안겨 주었음을 상기하면 참으로 용서가 되지 않는 안타까운 일입니다. 조선 조정의 양반이라는 관료들의 전쟁대처능력을 볼 수 있는 기록이라서

적어보았습니다.

> 선조실록 1597.01.21: 우의정 이원익의 서장
>
> 청정이 이달 13일에 다대포에 도착하여 정박하였는데 먼저 온 배가 2백여 척이라 하였고…이하 생략

=> 드디어 말도 많고 탈도 많은 청정(가토 기요마사)이 다대포에 도착한 것을 알 수 있습니다.

선조실록(1597.01.27): 수군의 작전 통제권을 가지고 대신들과 논의하다.

...중략... 윤두수가 아뢰기를 지난번 비변사에서 이순신의 죄상을 이미 올렸으므로, 이순신의 죄상은 임금께서도 이미 통촉하시지만 이번 일은 온 나라의 인심이 모두 분노해 하고 있으니, 고니시가 지휘하더라도 할 수 없을 것입니다. 위급할 때에 장수를 바꾸는 것이 비록 어려운 일이지만 이순신을 면직시켜야 할 듯합니다."
정탁이 아뢰기를, "참으로 죄가 있습니다만 위급할 때에 장수를 바꿀 수는 없습니다."
임금이 이르기를, "나는 이순신의 사람됨을 자세히 모르지만 지혜가 적은 듯하다. 임진년 이후에 한 번도 거사를 하지 않았고, 이번 일도 하늘이 준 기회를 취하지 않았으니 법을 범한 사람을 어찌 매번 용서할 것인가. 원균으로 대신해야 하겠다. 왜영을 불태운 일도 김난서와 안위가 몰래 약속하여 했다고 하는데, 이순신은 자기가 계책을 세워 한 것처럼 하니 나는 매우 온당치 않게 여긴다. 그런 사람은 비록 가토의 목을 베어 오더라도 용서할 수가 없다."
이산해가 아뢰기를, "임진년에 원균의 공로가 많았다고 합니다."...중략...

류성룡이 아뢰기를, "신의 집이 이순신과 같은 동네에 있기 때문에 신이 이순신의 사람됨을 깊이 알고 있습니다."

임금이 이르기를, "글을 잘하는 사람인가?"

류성룡이 아뢰기를, "그렇습니다. 성품이 굽히기를 좋아하지 않아 제법 취할 만하기 때문에 그 사람이 어느 곳 수령으로 있을 때 신이 전라좌수사로 천거했습니다. 임진년에 신이 차령에 있을 때 이순신이 정헌이 되고, 원균이 가선이 되었다는 말을 듣고는 작상(벼슬을 높여서 표창하는 일)이 지나치다고 여겼습니다. 무장은 지기(의지와 기개)가 교만해지면 쓸 수가 없게 됩니다."

...중략... 류성룡이 아뢰기를, "거제도에 들어가 지켰다면 영등(거제도 영등포진)·김해의 적이 반드시 두려워하였을 것인데 오랫동안 한산도에 머물면서 별로 하는 일이 없었고 이번 바닷길도 역시 요격하지 않았으니, 어찌 죄가 없다고 하겠습니까. 다만 체대하는 사이에 사세가 어려울 것 같기 때문에 전일에 그렇게 계달하였던 것입니다. 비변사로서 어찌 이순신 하나를 비호하겠습니까."

임금이 이르기를, "이순신은 조금도 용서할 수가 없다. 무신이 조정을 가볍게 여기는 습성은 다스리지 않을 수 없다. 이순신이 조산 만호로 있을 때 김경눌 역시 녹둔도에 둔전하는 일로 마침 그곳에 있었는데, 이순신과 김경눌은 평소 사이가 좋지 않았었다. 이순신이 밤중에 호인(오랑캐) 하나를 잡아 김경눌을 속이니, 김경눌은 바지만 입고 도망하기까지 하였다. 김경눌은 허술한 사람이어서 그처럼 위태로운 곳에서 계엄을 하지 않았고, 이순신은 같은 변방의 장수로서 서로 희롱해서는 안 되는 것이다. 내가 그런 일을 일찍이 들었다. ... 중략...

이정형이 아뢰기를, "이순신이 '거제도에 들어가 지키면 좋은 줄은 알지만, 한산도는 선박을 감출 수 있는데다가 적들이 바다 깊이를 알 수 없고, 거제도는 그 만이 비록 넓기는 하나 선박을 감출 곳이 없을 뿐더러 또 건너편 안골포의 적과 상대하고 있어 들어가 지키기에는 어렵다.'고 하였으니, 그 말이 합당한 듯합니다."

임금이 이르기를, "들어가 지키는 것이 어렵다고 했는데, 경의 생각은 어떤가?"

이정형이 아뢰기를, "신 역시 자세히 알 수가 없습니다. 그 사람의 말이 그렇습니다. 원균은 사변이 일어난 처음에 강개하여 공을 세웠는데, 다만 군졸을 돌보지 않아 민심을 잃었습니다."

...중략... 류성룡이 아뢰기를, "그 사람(이순신)의 죄가 그렇기는 하나 지금부터 책려(채찍질 하듯 격려함)해야 합니다."

...이하 생략

=> 류성룡은 결론적으로 이순신을 압송하지 말고 전투를 독려하자고 하였습니다. 그러나 그전에 이순신 흠집내기에 동조한 정황만은 확실합니다. 징비록에서 보여준 이순신에 대한 칭찬과는 사뭇 다릅니다. 솔직히 류성룡의 이날 발언 만큼은 도무지 납득이 되지 않습니다. 그러나 기록은 기록이니 어찌하겠습니까? 다만 기록을 있는 그대로 보여 후학들께서 훌륭한 연구가 나오기를 기대하겠습니다. 소설이라면 더 다양한 해석이 가능할 것 같습니다.

"거제에 들어가 지켰다면 거제도 북단에 있는 영등포와 김해의 왜적이 반드시 두려워하였을 것인데 오랫동안 한산도에 머물면서 별로 하는 일이 없었고 이번 바닷길도 역시 요격하지 않았으니, 어찌 죄가 없다고 하겠습니까"라는 류성룡의 발언을 보면 바다를 하나(칠천량패전 대책 회의에서는 수군에 대하여 탁월한 식견을 보임)는 알고, 둘은 모르는 것 같습니다. 그 당시 만약 거제도에 들어가 지켰다면 조선 수군은 버틸 재간이 없습니다. 거제도는 워낙 크기 때문에 왜적들은 얼마든지 조선 수군을 피하여 육지 병력을 상륙시킬 수 있습니다. 일본 육군이 거제도에 상륙하면 조선 수군이 어찌 될지는 너무나 뻔한 일이기 때문입니다. 조선 수군이 이를 염려하여 거제도에 상륙하지 않고 바다에서 진을 친다면 캄캄한 밤에 왜적의 백병전을 막아낼 방법이 없습니다. 조선의 수군은 수상전이라 해도 백병전에서는 힘을 쓸 수 없습니다. 현대식으로 표현하자면 해군함정에서 안경 쓰고 모니터 앞에 앉아 발사 버튼을 누르는 게임 고수에게 검(칼)을 들고 나가 싸우라는 격이 되기 때문입니다.

솔직히 제 사견입니다만 이순신 장군이 수년간 한산도를 지켜낸 것만도 상식적으로는 상상이 잘 안되는 일입니다. 한산도 역시 상당히 큰 섬으로서 일본이 육군을 상륙시키는 일이 어려울 것 같지 않은데, 수년간 한산도 수군 진영을 끄덕없이 지켜낸 것은 이순신이 아니라면 상상이 안 되는 일입니다. 이순신 장군이 전쟁 전에 함경도 조산보 만호와 녹둔도 둔전관을 지낸 것이 자기만의 노하우를 만들어낸 것 아닐까 생각합니다. 특히나 수군의 근무환경이 가장 열악하고 전염병이 한산도를 집중 공격한 것을 감안하면 참으로 전투 못지않게 대단한 성과가 아닐 수 없습니다.

징비록을 보면 임진년(1592년) 9월에 류성룡이 심대에게 충고하기를 "옛말에 밭가는 일은 종에게 물어야 한다〈경당문노(耕當問奴)〉"라고 했는데, 스스로는 왜 이런 엉뚱한 얘기를 하셨나요? 자신의 소신에 어긋난다는 정도는 능히 아실 수 있는 분이잖아요? 참고로 이순신이 방어의 달인임을 잘 보여주는 글이 징비록에 있습니다. 녹후잡기 전에 있는 글을 요약해서 보겠습니다.

통제사 이순신은 전쟁터에 있을 때 밤낮으로 경계를 엄히 하여 갑옷을 벗은 적이 없었다....중략... 이순신은 달 밝은 밤에 (갑자기) 여러 장수들을 불러 모아 왜적의 습격이 예상된다고 하면서 척후병을 깨워 습격에 대비하게 하였다. 얼마 후 실제로 왜적들이 쳐들어왔으나 우리가 미리 대비한 덕에 왜적들은 후퇴하여 달아났다. 이에 여러 장수들이 이순신을 신으로 여겼다.

　그러나 이 글만으로 이순신이 한산도를 수년간 한 치의 오차도 없이 지켜낸 것을 설명하기에는 매우 부족합니다. 한산도 방어만을 가지고도 얼마든지 훌륭한 연구 결과가 나올 수 있다고 생각합니다. 앞으로의 연구가 기대됩니다.

　류성룡이 말하기를 "임진년에 신이 차령에 있을 때 이순신이 정헌이 되고, 원균이 가선이 되었다는 말을 듣고는 작상(벼슬을 높여서 표창하는 일)이 지나치다고 여겼습니다. 무장은 지기(의지와 기개))가 교만해지면 쓸 수가 없게 됩니다." 했습니다. 이 말을 읽을 때마다 어안이 벙벙해지는 것을 참을 수 없습니다. 류성룡의 진심이 아니라고 생각합니다. 징비록에서는 분명 한산도대첩 승전보를 들은 조정은 크게 기뻐하였고 선조는 일품 벼슬을 주려고 했으나 너무 지나치다는 말들이 있어 그리하지 못했다고 하여 (아쉽다는) 정반대의 생각을 적고 있기 때문입니다. 아무리 류성룡이라도 잘한 것은 칭찬하고, 못한 것 또한 있는 그대로 서술하여 역사를 정확히 이해하는 것이 역사를 통하여 조금이나마 지혜를 얻는 길이라 생각하였습니다. 참고로 이정형은 이순신의 생각을 잘 설명하고 있습니다. 바다를 잘 아는 것 같습니다. 류성룡은 이로부터 두달 뒤에 이순신 장군이 옥문을 나온 다음 날 백의종군하러 떠나는 이순신을 붙잡고 밤새도록 무슨 얘기를 하셨나요? (난중일기 1597.04.02 참조) 혹시 밤새 두손들고 벌을 섰나요? 왜 징비록에서는 아무 말도 없으신가요?

이 날의 선조실록에는 〈수군을 강화하는 것에 대해 대신 및 비변사 유사 당상과 논의하다〉라는 기록이 또 하나 있습니다. 이순신을 모함하는 간신배들이 잘 드러나 있습니다.

과연 조선 수군은 바다 위에서 가토를 잡을 수 있을까요? 넓은 바다에서 전투를 한다면 전투선의 속도가 승패를 좌우합니다. 아무리 판옥선이 튼튼하고 함포를 탑재하고 있어도 속도에서 일본전투선을 따라잡을 수 없다면 넓은 바다에서는 조선 수군은 일본 수군을 이길 수 없는 것입니다. 일본 수군은 조선 수군과의 접전을 슬슬 피하고 시간이 흘러 날이 어둡기만 기다리면 되기 때문입니다. 일본이 가토의 상륙 일자를 일부러 가르쳐 준 것은 이러한 이치를 응용하여 조선 수군을 격파하려 한 것입니다.

이순신 장군은 이러한 기본적인 이치를 너무나 잘 알고 있었기에 왜적의 유인술에 넘어가지 않기 위하여 출정을 주저한 것입니다. 그것 뿐이겠습니까? 부산과 거제도 사이의 넓은 바다에서 악천후라도 만나면 조선 수군은 칠천량해전 참패보다도 더한 낭패를 당할 수도 있습니다. 주변 육지와 섬을 일본 육군이 장악하고 있기 때문에 악천후를 피할 방법이 없기 때문입니다. 무엇보다도 청정이 바다를 건너 온다는 시기는 겨울입니다. 겨울 바다는 얼마나 무섭습니까? 하늬바람으로 유명한 강한 북서풍이 바다를 지배하고 있기 때문입니다. 바다에서의 봄은 양력 4월이나 되어야 옵니다.

  용케 악천후를 피한다 해도 왜적이 육지와 섬을 지배하고 있는 바다로 조선 수군이 진격할 수 있는 맥시멈(한계지점)은 당일 낮 중으로 한산도로 돌아올 수 있는 곳 까지 입니다. 그 이상으로 진격했다가는 야간 백병전을 면할 수 없기 때문입니다. 특히나 왜선의 속도가 판옥선보다 빠르기 때문에 밤에는 조선 수군이 한산도까지 항해를 계속 하더라도 백병전을 피할 수 없습니다. 왜선들이 빠른 속도를 이용하여 조선 수군을 따라잡을 수 있기 때문입니다. 정확히 어디까지 조선 수군이 진격할 수 있는가를 알 수는 없으나 노젓는 판옥선으로는 가덕도를 넘어가는 순간 낮 동안에 한산도로 돌아오기는 어려울 것 같습니다. 하필 악천후만 걱정하는 저의가 뭐냐고 하실 지 모르지만, 당시의 한산도 조선 수군은 임진왜란 전체를 극복해주는 방패막이기 때문입니다. 악천후를 만날 확률은 많지 않다 하더라도, 한번 만나면 전쟁을 지는 것이나 마찬가지이기 때문입니다. 선조와 간신배들이 이를 알고도 이순신을 모함했는지 또는 무지해서 그랬는지는 알 수 없습니다.

선조실록 1597. 02.06 : 선조 임금이 이순신을 잡아오도록 김홍미에게 전교하다.

선조실록 (1597.03.08) : 3월 2일 중국 사신이 조신(유천조신)과 사람을 물리치고서 회담한 내용:

"중국 사신이 '조선은 우리 명나라의 아우나라다. 조선에 어떠한 일이 있으면 우리가 지원하고 조선에 옳지 못한 일이 있으면 우리가 문책할 것이며, 만약 복종하지 않으면 우리가 군사를 일으켜 정벌할 것이다. 언제 너희 일본에게 이처럼 강포하게 공격해 달라고 요구한 적이 있었는가. 옳지 못한 도리이다.' 하였으며, 중국 사신이 또 '너희 국왕 히데요시가 명나라 황제의 봉작을 받던날 심유경에게 와서 「내가 지금 봉작을 받았으니 모든 일을 좋게 하여 하늘의 도움을 구하고, 일본 사람들로 하여금 내가 왕이 된 것을 말하게 하고, 명나라 황제께서 나를 봉하여 왕으로 삼아주셨다는 것을 대대로 말하게 하겠다.」고 말하였다. 그런데 이제와서 무슨 연고로 우롱하는 사람의 말을 듣고서 군대를 철수하지 않고 또 일을 좋게 처리하지도 않는가? 히데요시가 말에 신의가 없으면 어떻게 너희 나라 사람들의 마음을 복종시킬 수 있겠는가?' 하였다."

=〉명나라가 협상안 결렬의 이유가 우롱파의 짓이라고 정식으로 지적하고 있습니다. 중국 사신은 히데요시가 처음에는 협상안을 수용하려고 봉작까지 받았다가, 우롱하는 자의 말을 듣고서 협상 파기 쪽으로 선회하였다고 말하고 있습니다.

　명나라가 정유재란의 발발 원인을 어떻게 보고 있는가를 잘 보여주는 글입니다. 이는 징비록에서 류성룡이 〈왜적은 스스로 물러난다〉고 예측하게 되는 중요한 근거가 되는 글입니다 (따로 설명드립니다). 그러나 우롱하는 자의 충동질만으로는 히데요시가 다시 쳐들어올 수는 없습니다. 히데요시는 항상 말하기를 〈조선 수군을 먼저 격파해야만 조선육군을 노획할 수 있다.〉고 했거든요. 그동안의 실제 상황을 살펴보더라도 일본은 1593년 6월 제2차 진주성 전투 이후 부산포를 중심으로 경상도 해안에 4만 병력만 남겨두고 나머지 군대를 본국으로 철수시켰습니다. 그리고는 협상을 빌미로 권토중래를 꾀했지만, 3년 동안 이순신 함대 때문에 조선 수군 앞에서 꼼짝 못하고 겨우겨우 버티고 있었습니다. 말하자면 군사전략상 조선 수군이 건재하는 한 보급로가 끊겨 일본 육군은 현해탄을 건널 수 없었던 것입니다. 그렇다면 어떻게 봉작까지 받은 히데요시가 또다시 쳐들어올 생각을 했을까요? 이는 우롱하는 자들이 조선 수군 격파 전술을 완성했다고 히데요시에게 설명하면서 다시 한번 조선을 침략하자고 충동질했기 때문입니다. 그래서 우롱하는 자들의 녹취록을 들어 보았습니다.

"관백전하! 기뻐하시옵소서! 드디어 그토록 고대하시던 조선함대 섬멸대책을 완성하였습니다. 가토와 고니시가 사이가 좋지 않은 것은 조선도 잘 알고 있습니다. 고니시로 하여금 조선왕에게 가토의 상륙일자를 은밀히 가르쳐 주어 이순신으로 하여금 가토를 잡기 위해 출정하도록 유도하십시오. 이순신이 가토를 잡기 위해 출정하면 도망치는 척하며 그들을 먼바다로 유인하고 밤에 백병전으로 격파하면 됩니다. 만약 이순신이 속임수에 넘어가지 않아 출정하지 않으면, 이번에는 작전을 달리하여, 천하의 겁쟁이 이순신 때문에 조선은 다 잡은 가또를 놓쳤다고, 그래서 조선은 스스로를 망쳤다고 조선왕에게 충동질하여 이순신을 잡아드리도록 유도하면 됩니다. 이순신 없는 조선 수군은 단숨에 격파할 수 있습니다."

히데요시 왈 "맞다 맞아. 왜 이제야 그 생각을 했단 말이냐? 그동안 이순신에게 굴욕을 당한 것만 생각하면 치가 떨린다. 즉시 고니시에게 이 작전을 은밀히 추진하도록 지시해라! 작전이 성공하면 곧바로 전라도로 쳐들어간다."

이상은 그동안의 형세로 보아 일본과 명나라간의 화해 협상 결렬의 원인으로 가장 일리 있는 내용이라고 생각합니다. 조선의 왕자가 사죄하러 오지 않았다는 것은 일종의 위장술입니다. 왜냐하면 조선의 왕자가 오지 않았다고 흥분해 봤자 이순신이 바다를 지키고 있는 한 일본 육군은 또다시 바다를 건널 수 없다는 것은 지난 3~4년간 일본군의 행태가 이를 잘 말해주고 있기 때문입니다. 뿐만 아니라, 히데요시 스스로 항상 말하기를 "먼저 조선 수군을 격파한 다음에야 조선육군을 노획할 수 있다"고 했기 때문입니다. 이 말은 뒤에 따로 설명드립니다

〈가토 상륙일자 가르쳐 주기 작전〉은 고니시와 가토가 공동으로 참여한 작전이라는 것은 쉽게 알 수 있습니다. 이하에서는 이를 살펴보겠습니다.

> 선조실록(1597.01.19): 경상도 병사 김응서의 장계문 :
> "이달 11일 요시라가 나왔는데 고니시의 뜻이라고 하면서 말하기를 '청정(가토 기요마사)이 7천 명의 군사를 거느리고 4일에 이미 대마도에 도착하였는데 순풍이 불면 곧 바다를 건넌다고 한다. 전일에 약속한 일(가토를 잡는 일)은 이미 만반의 준비가 되었는가? 청정이 바다를 건너면 비록 심하게 공격하지는 않겠지만 바다 가까운 지경은 틀림없이 약탈할 것이니 나오기 전에 예방하여 간사한 계교를 부리지 못하게 해야 한다. 근일에 잇따라 순풍이 불고 있어 바다를 건너는 데 어려움이 없을 것이니 조선 수군이 속히 거제도에 나아가 정박하였다가 청정이 바다를 건너오는 날

공격하여야 한다. 동풍이 세게 불면 반드시 거제도로 향할 것이니 그렇게 되면 공격하기가 쉽지만, 만약 정동풍이 불어 곧바로 (울산 방면의) 기장이나 서생포로 향하게 되면 거제도와 거리가 매우 멀어 막을 수가 없을 것이라서 이 계책이 시행되지 못할 듯하니, 전함 50척을 급히 기장 근처에 정박시켰다가...... 이하 생략

선조실록 1597.01.21: 우의정 이원익의 서장 : 청정(가토 기요마사)이 이달 13일에 다대포에 도착하여 정박하였는데 먼저 온 배가 2백여 척이라 하였고... 이하 생략

선조수정실록 1597.01.23: 경상좌도 방어사 권응수가 보고하기를 '이달 13일에 왜선 1백 50여 척이 다대포에 와 정박하였다.'고 하였는데, 바로 가등청정이 바다를 건너왔다는 보고였다.

징비록: 〈수군통제사 이순신을 체포하여 옥에 가두었다〉로 시작되는 글 중간에 나오는 남이신의 보고 내용입니다. "가토 기요마사가 바다 가운데 섬(거제도)에 일주일간 머무르고 있었으니 만약 우리 군대(조선 수군)가 갔더라면 그들을 잡아올 수 있었을 것입니다. 그러나 이순신이 주저하고 지체하느라 기회를 잃은 것입니다."

=〉 우선 요시라가 김응서에게 고치한 글을 보면 처음부터 조선 수군을 둘로 쪼개서 한편은 해운대 동쪽 기장 쪽으로 가게 하고, 나머지는 거제도로 가게 하는 전략을 쓰고 있음을 알 수 있습니다. 조선 수군이 기장으로 향하게 되면 무사히 한산도로 복귀할 가능성은 매우 적습니다. 일단 조선 수군의 반은 그런 식으로 격파하려는 얕은 꾀가 담겨 있습니다.

청정(가토 기요마사)은 최소 150척의 전투선에 7천 명의 군사를 싣고 바다를 건너왔음을 알 수 있습니다. 작정하고 이순신 함대와 한판 붙으려는 의도를 잘 알 수 있습니다.

청정은 거제도를 거쳐 다대포로 온 것을 알 수 있습니다. 청정이 거제도에서 일주일간 머무른 이유가 무엇이겠습니까?

〈이순신아! 나 청정이야! 나 좀 잡아봐라! 고니시가 미리 알려줬을턴데 왜 아직 안 오니? 너 기다리다 눈 빠진다. 어서 오라니까. 혹시 사정이 있으면 일주일 정도는 기다려 줄테니 늦게라도 오너라. 우리 먼바다로 나가 신나게 한번 붙어보자. 밤만 되면 너는 죽은 목숨이로다...〉

이순신은 그 꾀를 알기 때문에 출정을 주저한 것이고, 남이신은 이를 알 수 없으니 이순신이 주저하고 지체하느라 다 잡은 가토를 놓쳤다고 보고한 것입니다.

{ 가토야 ! 거제도는 왜 왔니? 동요 배우러 왔니? 네가 만약 평소처럼 최단 거리를 택하여 대마도에서 부산포로 직진하면 이는 결과적으로 일본군 밀집 지역으로 가는 꼴이 되어 조선 수군이 함부로 진격하기 어렵겠다 생각했지? 그래서 일부러 일본군이 적은 거제도를 택하여 조선 수군에게 미끼를 제공한 것이지? 조선 수군이 거제도로 출정하여 너희(가토부대)와 만나게 되면 칠천량전투에서 보여준 치고 빠지는 작전(나 잡아봐라! 용용 죽겠지?)을 구사하여 조선 수군을 먼바다로 유인하여 지치게 하고, 밤이 되면 부산포 안골포에 있는 일본 수군과 합세하여 백병전을 하겠다는 것 아니겠니? 감히 어느 안전이라고 얕은 수로 까불고 있어? 너! 만약 이순신이 출정에 응하지 않으면 요시라를 시켜 조선왕에게 〈가토가 거제도에서 일주일이나 지체하고 있었음에도 이순신이 미리 겁을 먹고 출정하지 않는 바람에 다 잡은 가토를 놓쳤다〉고 이간질하여 이순신을 제거하려고 하는 것 아니겠니? }

제가 요시라의 간계 〈가토 상륙일자 가르쳐 주기 작전〉를 자세히 설명하는 이유는 그것이 정유재란을 성공시키기 위한 일본 측의 고도로 기획된 전략이자 정유재란의 발발 원인이기 때문입니다. 일본이 3년 넘게 경상도 해안에서 버틴 것은 전열을 재정비하여 다시 쳐들어오려는 전략입니다. 다시 쳐들어오려면 조선 수군을 먼저 격파해야 합니다. 그러나 아무리 궁리해도 이순신이 이끄는 조선 수군을 격파할 묘안이 없자 어쩔 수 없이 〈히데요시 스스로 체념하고〉

명나라 황제로부터 봉왕이나 받고 퇴각하려고 한 것입니다. 일본 내 히데요시 적대 세력들이 점점 더 커가는 것을 좌시할 수 없었기 때문입니다. 그러던 찰나에 누군가가 이 전략을 만들어 히데요시에게 보여주면서 조선을 다시 침략하자고 충동질한 것입니다. 결국 일본은 플랜A(이순신 유인)는 실패하고, 플랜B(이순신 압송)는 성공하여, 원균을 상대로 조선 수군 격파(칠천량해전)에 성공하고 정유재란을 일으킨 것입니다.

선조실록 1597.03.13. : 이순신에게 벌하는 것을 대신들에게 의논하도록 하다.

"이순신이 조정을 기망한 것은 임금을 무시한 죄이고, 적(가토 기요마사)을 놓아주어 치지 않은 것은 나라를 저버린 죄이며, 심지어 남의 공을 가로채 남을 무함하기까지 하며 방자하지 않음이 없는 것은 기탄함이 없는 죄이다. 이렇게 허다한 죄상이 있고서는 법에 있어서 용서할 수 없는 것이니 율(律)을 상고하여 죽여야 마땅하다. 신하로서 임금을 속인 자는 반드시 죽이고 용서하지 않는 것이므로 지금 형벌을 끝까지 시행하여 실정을 캐어내려 하는데 어떻게 처리할 것인지 대신들에게 하문하라."

=〉 이순신이 요시라의 말이 계략임을 간파하고 출정을 주저하자 선조가 이를 빌미로 이순신을 압송한 후, 드디어 사형에 처하라고 명령하고 있습니다. 불과 5일 전에 중국 사신이 히데요시가 다시 쳐들어오려고 한다며 일본 장수에게 역정을 내는 것을 보고도 이순신을 죽이라고 하니 제정신인가요?

> 선조실록 1597. 05.25: 평수길(도요토미 히데요시)에게 보낸 자문
>
> "평수길아. 명나라 황제께서는 조선이 너를 대신하여 일본 국왕으로 봉해줄 것을 청함에 따라 너의 공순함을 가상히 여기고, 너희 두 나라가 서로 싸워 화기를 손상시키는 것을 차마 보지 못하여, 이에 사신을 보내어서 바다를 건너가 너를 일본 왕으로 봉했었다. 너는 국왕의 칭호를 얻어 여러 섬의 웅장이 되었으니, 스스로 황은을 받들어 무기를 거두고 덕을 닦아 너의 여생을 즐기고 네 어린 자식에게 경사를 끼쳐 주도록 하여 영원히 집권할 계획을 하도록 해야 할 것이다. 그런데 어찌하여 (명나라)사신이 돌아오자마자 갑자기 법을 어기고 맹세를 저버리고 조선의 예문을 트집 잡아 또다시 부산과 기장 등지를 침략한단 말이냐. 지금 조선이 달려와 아뢰니, 황제께서 진노하시어 이미 명나라 사신에게는 견책이 내려졌고, 다시 병부 총독을 설치하였으며 따로 경략을 설치하였다.

경략이 너의 죄를 묻는 군사를 해상에 출동시켰으니 너는 너의 힘을 헤아려 볼 때에 조선과 항쟁하기에도 승부를 장담하기 어려운데, 작디 작은 너의 일본은 명나라에 비하면 마치 너의 나라에 있는 66개의 섬 중의 한 섬과 같을 뿐이다. 더구나 네가 이미 국왕의 봉호를 받았으니 이미 명나라의 신하가 된 것이다. 신하가 군주에게 항거하는 것은 천리에 용납되지 못하니 신명이 벌을 내릴 것이다. 작년에 너의 나라에 큰 지진이 있었으니, 이것이 그 조짐이다. 그런데도 너는 안정해서 복을 구하려 하지 않고 날마다 전쟁만을 추구하려 하느냐. 네가 이미 나이 60여 세이니 남은 수명이 얼마이며, 자식이 열 살도 되지 못해 외롭고 허약하니 무엇을 믿는단 말이냐. 듣자 하니, 각 섬의 추장들이 너에게 틈이 생기기를 엿보아 원한을 갚으려 한다는데, 너는 무기를 거두고 군중의 마음을 안정시켜 사람들을 편안하게 하려 하지 않고 사나운 장수들로 하여금 밖에서 군사를 통솔하게 하고 있으니, 하루아침에 여러 섬에서 변란이 일어나 내란이 발생하면 청정 등 여러 장수들은 제각기 왕이 되려고 생각할 것이다. 어찌 오랫동안 너의 밑에 있으려 할 것이며 또 어찌 장래에 네 자식의 아래에 있으려 하겠느냐. 사리로 보건대 너는 속히 퇴각을 결행하여 조선과 수호하고 천조의 위엄을 빌어 야심을 품은 여러 섬의 세력들을 진정시키는 것만 못할 것이다.

그 전에 네가 바라던 우리 조정의 처분은 무엇이었더냐? 명백히

> 아뢰어라. 우리 조정은 덕량이 천지와 같으니, 일본과 조선을 똑같은 신하로 보아 절대로 편중됨이 없다. 네가 만일 화를 일으킨 것을 스스로 뉘우치지 않고 네 마음대로 수십 수백만의 군사로 조선을 위압한다면, 사랑과 은혜로 만민을 구제해 주는 명나라로서는 의리상 반드시 역적의 무리를 토벌해야 할 것이다. 명나라는 굳이 먼 곳에 있는 대병을 움질일 것 없이 다만 기병과 보병 십만을 동원하여 부산에 이르게 하고 조선을 돕고 있는 복건성과 절강성의 수군 십만을 두 길로 나누어 배를 타고 남해를 따라 출동해서 너와 오사포에서 만나 결전할 것이다. 우리는 단지 산성군(山城君:히데요시의 어린아들 히데요리?)이 편안히 있는가를 물을 뿐이니, 너는 잘 생각하도록 하라." 끝.

=〉 아! 명나라가 보고 있는 일본의 정세가 이보다 더 정확할 수는 없습니다. 〈각섬의 추장들이 너에게 틈이 생기기를 엿보아 원한을 갚으려 한다는데...〉 & 〈하루아침에 여러 섬에서 변란이 일어나 내란이 발생하면...〉라는 것은 히데요시 사망 후에 일본에서 발생한 세키가하라 전투를 미리 예상하고 이를 가르쳐주고 있는 것입니다. 뿐만 아니라 속히 퇴각하여 반란의 조짐을 제압하라고 충고하고 있습니다.

이 자문은 히데요시가 봤을 것은 거의 확실하지만, 일본에 자료가 남아 있지는 않을 것으로 생각됩니다. 일부러라도 역사기록에서 삭제시켰을 것으로 봅니다. 왜냐하면 이 자문의 내용은 에도막부의 탄생에 관한 일본의 역사 기록을 다시 써야 할지도 모르는 중요한 역사적 사료이기 때문입니다. 명나라가 이 정도로 내란을 예측했다면 임진왜란이 끝나고 2년 후에 일본에서 발생한 세키가하라 전투는 그 뿌리가 상당히 오래된 것임을 잘 보여주는 기록입니다. 이를 달리 본다면 도요토미 히데요시가 조선을 침략하는 동안에 히데요시 적대세력들은 그 틈을 이용하여 내전을 착실히 준비했다는 반증이 되는 것입니다. 세키가하라 전투에서 승리한 동군 측은 히데요시 측이 가지고 있던 명나라 자문서만 없앤다면 자신들이 미리미리 내란을 준비한 흔적은 완전히 사라질 것으로 판단했을 것입니다. 명나라가 보낸 자문이 조선왕조실록에도 실려 있으리라고는 꿈에도 생각하지 못했을 것입니다. 이 날의 자문은 뒤에 설명드리는 바와 같이 류성룡이 징비록에서 왜적의 퇴각을 예측하게 되는 결정적인 근거가 됩니다.

> 선조실록 (1597.06.26): 수군의 여러 부대를 바다에 나가게 하여 위세를 삼도록 하다.
> 벼변사가 아뢰기를 …중략… 지금 체탐인의 말에 의하면, 왜선이 대마도에 부지기수로 도착했는데 우리나라 병선이 많은가 의심하여 아직 나오지 못하고 있다 합니다.

1593년 7월 이후 4만 병력만 경상도 남해안에 남겨 두고 나머지 군사를 철수시켰던 일본 육군이 4년 만에 처음으로 대규모 병력을 동원하여 일본 본토를 떠나 대마도에 상륙한 것을 알 수 있습니다. 대략 1597년 6월 중순 쯤에 대마도에 온 것을 알 수 있습니다. 이들은 정유재란 당시 부산포에 상륙하여 전라도 남원성을 함락하고 충청도 직산까지 치고 올라 왔던 바로 그 군대(대략10~14만 명)를 말합니다. 일본 육군이 대마도에 상륙한다는 것은 난중일기(1597.06.18)에도 나옵니다. 난중일기에는 10만 명으로 기록되어 있습니다. …중략… "명나라 사람 주언룡이 일찌기 일본에 사로잡혔다가 이번에야 비로소 나왔는 데, 적병 10만 명이 이미 사자마나 대마도에 이르렀을 것이며, 소서행장은 의령을 거쳐 곧장 전라도를 침범할 것이요, 가등청정은 경주·대구 등지로 옮겨 안동 등지로 갈 것이다." 고 적혀 있습니다.

이들(일본 육군)이 6월경에 대마도에 상륙했다는 것은 정유재란을 이해함에 있어 매우 중요한 군사적 행동입니다. 일본 육군은 분명히 이순신이 압송된 것을 확인한 후 일본 본토에서 대마도로 건너온 것입니다. 그래도 조선 수군이 아직은 건재하고 있어 부산포로 오지 못한다고 체탐인은 보고하고 있습니다.

〈선조실록 1597.06.29 : 경상도 도체찰사 이원익의 장계〉를 보면 조선에 있던 일본 수군도 6월 중순에 비로소 본격적으로 원균이 이끄는 조선 수군과 교전에 나선 것을 볼 수 있습니다. 시기적으로 대마도에 일본 육군이 상륙하던 시기와 거의 일치하는 것으로 보아 조선에 있던 일본 수군과 일본 본토에 있던 일본 육군이 참을성 있게 이순신의 압송 또는 이순신 재판 결과(백의종군) 까지도 지켜보고 난 후 비로소 활동 개시에 들어간 것을 알 수 있습니다.

다른 설명 하나도 필요 없이, 일본 육군의 이동 상황만 보더라도 이순신의 압송이 없었다면 정유재란은 일어날 수 없었다는 것을 잘 말해주는 기록입니다. 이순신이 있었다면 일본 육군은 대마도에도 오지 못했음을 잘 알 수 있습니다. 일본은 이순신의 압송 또는 백의종군을 최종 확인하고 나서야 〈그렇다면 조선 수군 격파는 시간 문제로군…〉하면서 대규모 육군 병력을 일본 본토에서 대마도로 전진 배치시켰기 때문입니다. 그제야 일본이 본격적으로 대규모 부대를 대마도에 보냈다는 것은, 반대로 보면, 그전에는 이순신 때문에 어쩔 수 없이 일본의 주력 부대가 일본 본토에 꽁꽁 묶여 있었음을 보여주는 것입니다.

참고로 앞에서 본 선조실록 1597.01.19 : 경상도 병사 김응서의 장계문, 선조실록 1597.01.21 : 우의정 이원익의 서장에 나오는 〈청정이 이백여 척의 전투선에 7천 명의 군사〉를 거느리고 온 것은 이순신 장군이 요시라의 꼬임에 빠져 먼바다로 청정을 잡으러 오면, 치고 빠지는 작전으로 이순신 함대를 격파하려고 온 일본 수군 부대로서 후에 칠천량전투에 합류했을 것으로 보입니다. 이들은 수군으로서 본격적인 정유재란 주력부대는 아닙니다.

1597.7.15 거제도 북쪽 칠천량 바다에서 원균이 이끄는 조선 수군이 일본 수군에게 참패하였습니다. 칠천량해전의 구체적인 과정은 〈칠천량해전 패전에 따른 방어대책회의〉에서 자세히 보기로 하겠습니다.

칠천량해전 패전에 따른 방어대책회의

6

　칠천량해전에서 조선 수군이 참패한 후 선조가 가장 두려워한 것은 무엇일까요? 물론 일본의 공세가 더욱 거세질 것은 당연합니다. 그리하여 본격적으로 정유재란이 시작되었습니다. 그러나 그것 말고도 선조로서는 정말로 겁나는 일이 있었습니다. 그 답이 대책회의 속에 그대로 녹아 있습니다. 한 가지만 더 여쭙겠습니다. 이순신의 한산도 방어전략을 가장 잘 표현한 말이 대책회의에 나옵니다. 한번 찾아보시면 좋겠습니다.
　이상 두 가지를 염두에 두고 다음의 글을 읽으신다면 훨씬 유익하게 보실 수 있습니다. 이제부터 참혹했던 역사의 현장으로 들어가 보겠습니다.

선조실록 1597.07.22 : 원균이 지휘한 수군의 패배에 대한 대책을 비변사 당상들과 논의하다.

상이 별전에 나아가 대신과 비변사 당상을 인견하였는데 영의정 류성룡, 행 판중추부사 윤두수, 우의정 김응남, 행 지중추부사 정탁, 행 형조 판서 김명원, 병조 판서 이항복, 병조 참판 유영경, 행 상호군 노직, 좌승지 정광적, 주서 박승업, 가주서 이성, 검열 임수정, 이필영이 입시하였다.

임금이 이르기를, "조선 수군이 대패하였으니 이제는 어찌 할 도리가 없다. 대신이 명나라 도독과 안찰의 아문에 가서 이 소식을 알려야겠다." "충청과 전라 두 도에 남은 배가 있는가? 어떻게 할 수 없는 일이라고 핑계만 대고 그대로 둘 수 있는가. 지금으로서는 남은 배를 수습하여 방어할 대책을 세우는 길 뿐이다."하였다. 신하들이 모두가 한 마디도 말하는 자가 없이 한참 동안 침묵을 지키니, 임금이 소리 높여 말하기를, "대신들은 어찌하여 대답하지 않는가? 이대로 방치한 채 아무런 방책도 세우지 않을 셈인가? 대답을 않는다고 왜적이 물러나고 우리 군사가 무사하게 될 것인가."

류성룡이 아뢰기를, "너무도 경황이 없는지라 대책을 미처 생각지 못하여 말씀드리지 못하는 것입니다."

임금이 이르기를, "수군이 대패한 것은 천운이니 어찌하겠는가.

원균은 죽었더라도 어찌 사람이 없겠는가. 다만 각도의 배를 수습하여 속히 방비해야 할 뿐이다." "척후병도 설치하지 않았단 말인가? 왜 후퇴하여 한산도(조선 수군 진영)라도 지키지 못했는가?" 류성룡이 아뢰기를, "한산도에 거의 이르러서 칠천도에 도달했을 때가 밤 10시경 이었는데 왜적은 어둠을 틈타 몰래 다가와서 불시에 발포하여 우리 전선 4척을 불태우니 너무도 당황하여 추격하지도 못하였고, 다음날 날이 밝았을 때에는 이미 적선이 사면으로 포위하여 아군은 부득이 고성으로 향하였습니다. 육지에 내려보니 왜적이 먼저 상륙하여 이미 진을 치고 있었으므로 우리 군사는 미처 손쓸 사이도 없이 모두 죽음을 당하였다고 합니다."

임금이 이르기를, "한산도를 고수하여 호표(호랑이와 표범)가 버티고 있는 듯한 형세를 만들었어야 했는데도 출정만을 독촉하여 이와 같은 패배를 초래하게 하였으니 이는 사람이 한 일이 아니고 실로 하늘이 그렇게 만든 것이다. 말해도 소용이 없지만 어찌 어쩔 수 없는 일이라고 방치한 채 아무런 대책도 세우지 않을 수 있겠는가. 남은 배만이라도 수습하여 양호(호남과 호서) 지방을 지켜야 한다."

이항복이 아뢰기를, "지금의 계책으로는 통제사와 수사를 차출하여 계책을 세워 방어하는 길밖에 없습니다."

임금이 이르기를, "그 말이 옳다." "적의 수가 매우 많았으니 당초에 풍파에 쓸려 죽었다는 설은 헛소리였다. 왜적을 감당하지 못하더라도 한산도 진영으로 후퇴했더라면 형세가 극히 좋고 막아 지키기에도 편리하였을 것인데 이런 요새를 버리고 지키지 않았으니 매우 잘못된 계책이다. 원균이 일찍이 부산 영도 앞바다에는 나가기 어렵다고 하더니 이제 과연 이 지경에 이르렀다. 내가 전에도 말했거니와 저 왜적들이 경상도 해안에서 6년간을 버티고 있는 것이 어찌 한 장의 봉전을 받기 위해서였겠는가. 대체로 왜적의 배가 전보다 대단히 크다고 하던데 사실인가?"

김응남이 아뢰기를, "그렇습니다."

임금이 이르기를, "왜적들이 대포와 화전(화약에 불을 붙여 여러 개의 화살을 일시에 발사시키는 무기)도 배에 싣고 왔는가?"

김명원이 아뢰기를, "이를 알 수는 없고 김식의 말에 의하면 왜적이 우리 배에 접근하여 올라오자 우리 군사들은 손 한 번 써보지도 못하고 패몰되었다고 합니다."

임금이 이르기를, "평수길(도요토미 히데요시)이 항상 말하기를 '먼저 조선 수군을 격파한 다음에야 조선육군을 노획할 수 있다.'고 했다 하더니 이제 과연 그렇게 되었다."

임금이 이르기를, "이미 지난 일을 논의하면 무슨 도움이 있겠는가. 한편으로 통제사를 차출하여 남은 배를 수습하면서 한편으로는 명나라 도독부에 알리고, 또 한편으로는 중국 조정에 (수군파병을) 주문해야 할 것이다."

...중략...

김명원이 아뢰기를, "장수를 보낸다면 누가 적임자가 되겠습니까?"

이항복이 아뢰기를, "오늘날의 할 일은 단지 적절한 인재 선발에 있습니다."

임금이 이르기를, "원균은 처음부터 가려고 하지 않았으나 남이공의 말을 들으면 배설도 '비록 군법에 의하여 나 홀로 죽음을 당할지언정 군졸들을 어떻게 사지에 들여 보내겠는가.'라고 했다고 한다. 대체로 모든 일은 사세를 살펴보고 시행하되 요해처(한산도)는 고수해야 옳은 것이다. 이번 일은 도원수(권율장군)가 원균을 (곤장을 때려가며) 독촉했기 때문에 이와 같은 패배가 있게 된 것이다."

...중략...

류성룡이 아뢰기를, "지금은 중국의 군사를 믿을 만하지 못하니, 마땅히 남은 배로 강화도 등지를 수비해야 합니다."

윤두수는 아뢰기를, "비록 잔여 선박이 있다 하더라도 군졸을 충당하기가 어려우니 아직은 통제사를 차출하지 말고 각도의 수사로 하여금 우선 그 지방의 군졸을 수습하여 각기 지방을 지키게 하는 것이 어떻겠습니까?"

류성룡이 아뢰기를, "산동반도의 명나라 수군이 나온다 하더라도 풍랑이 점점 높아질 때이니 그들이 반드시 온다고 믿기는 어렵습니다."

...중략...

임금이 이르기를 "한담을 아무리 늘어놓는다 해도 국가의 성패에는 도움이 안 된다. 대신이 먼저 명나라 도독과 안찰에게 가서 알리는 한편 하루빨리 수군을 수습해야지 그밖에 다른 선책은 없다."

임금이 이르기를 "내 말이 지나친 염려인 듯하지만, 중국 장수들은 늘 우리 수군을 믿는다고 했는데 지금 이같은 패전소식을 들으면 혹 퇴각할 염려가 있으니, 만약 그렇게 될 경우에는 어떻게 해야 하는가?"

항복이 아뢰기를, "아마도 경솔하게 물러가지는 않을 것입니다."

임금이 이르기를 "한산도는 왜적과 가까운 거리에 있으므로 외로운 군사로는 지킬 수 없을 것이니 조금 후퇴하여 전라우도를 지키게 하는 것이 좋을 것이다." 하니, 성룡이 아뢰기를, "그렇게 하면 결국 남해를 빼앗기고 말 것입니다."

임금이 이르기를, "내가 확실히 알지는 못하나 지금 조선 수군이 패몰되었다는 소문이 전파되었다면 남방 인심이 이미 놀라 흔들릴 것이니 다시는 어떻게 할 도리가 없을 것이다. 그러나 어떻게 할 수 없다고 하여 아무런 계책도 세우지 않을 것인가. 어찌 죽기만을 기다리고 약을 쓰지 않을 수 있겠는가. 단지 '민박' 두 글자만 부르

> 짖는다고 왜적이 물러나 도망하겠는가."
>
> (주) 민박 : 걱정이 아주 절박함, 또는 애가 탈 정도로 걱정스러움
>
> 류성룡이 아뢰기를, "남해와 진도를 지키다가 감당하지 못하면 물러나서 다른 요새지를 택하여 지키는 것이 옳을 것입니다."
> 임금이 이르기를, "우리나라는 위로 중국이 있으니 왜적의 소유가 될 리는 없다. 그러하니 모든 일에 할 수 있는 데까지 힘을 다하여야 할 것이다." 하였다.

우선 이 글을 쓴 사관에게 감사를 드립니다. 이 글을 쓴 사관을 존경합니다. 아주 담담하게 개인적 사견 없이 자세히 기록하였습니다. 전체회의 내용을 보면 마치 국회 속기록을 보는 것 같습니다. 당시에 사관은 속기사였는가? 저는 이 글 읽는 것을 좋아합니다. 너무 많은 것을 보게 됩니다.

국가적 비상사태(칠천량해전 참패)에 직면하여 조선의 고위공직자들이 거의 모두 참석하여 임금과 대책을 숙의하고 있습니다. 현대사를 빼고 본다면 그 기록이 살아 있는 국가안보대책회의로서는 유사이래 최고 수준의 대책회의입니다. 그 수준이 오늘날의 국가안보대책회의 수준을 상회하는 회의라고 봅니다. 누구도 감히 범접할 수 없는 사관이 직접 기록한 것이라 더욱 귀중한 사료입니다. 무엇보다

도 류성룡이 회의를 진행하는 훌륭한 지혜를 얻을 수 있습니다. 오늘날의 토론의 수준을 능가합니다.

회의 초기에 아무도 말이 없이 침묵을 지키자 선조가 목소리를 높입니다.

선조: 뭐하는 거요. 지금? 멍청하게 침묵만 지키면 다냐고?
류성룡: 신하들이 너무 경황이 없어 그러하오니 노여움을 푸시옵소서. 진정하시고 차근차근 얘기를 들어보시지요.

잠시 뒤 이항복과 김명원이 신속히 통제사를 선발하여야함을 설파합니다. 이순신을 염두에 두고 하는 말임은 분명합니다.
(참고로 선조실록을 보면 당일 회의가 끝나자 마자 이순신을 삼도수군통제사로 즉시 재임명하였습니다.)

...중략... 임금이 이르기를 "이미 지난 일을 논의하면 무슨 도움이 있겠는가? 한편으로 통제사를 차출하여 남은 배를 수습하면서 한편으로는 명나라 도독부에 알리고, 또 한편으로는 명나라 조정에 수군 파병을 주문해야 할 것이다." 하였다.

=〉 명나라에 통지하고 수군 파견도 요청하라는 뜻입니다. 이순신을 다시 차출하여야 한다는 이항복과 김명원의 제안에 동의한다는 말이

기도 합니다.

류성룡이 말합니다. "산동의 수군이 나온다 하더라도 풍랑이 점점 높아질 때이니 그들이 반드시 온다고 믿기는 어렵습니다."

선조가 명나라 수군 파병이 급하다는 의견을 피력하자 (양력 8월 말쯤의 회의임을 감안할 때) 산동반도를 기반으로 하는 명나라 주력 수군이 오기에는 계절상 늦은 감이 있다는 말입니다. 당시에는 명나라 수군이 조선에 도착하려면 상상을 초월하는 작전이 필요합니다. 오늘날하고는 너무 다릅니다. 우선 황해(서해)를 바로 건너오는 것은 대단히 위험합니다. 풍랑이라도 만나면 전멸입니다. 일기 예측이 불가능하기 때문입니다. 특히 계절상 태풍이 오기 쉽고 뒤따라 가을이 깊어가면 북서풍이 강해지는 시기이니 깊은 바다를 함부로 항해할 수 없습니다.

결국 중국연안과 서해연안을 따라 와야 하는데 그 바닷길이 대규모 함대가 와본 적이 없는 초행길입니다. 각종 암초는 물론 하루 두번 조수간만의 격차가 십여 미터에 이르고, 조류의 변화가 심하고, 수많은 갯벌이 도사리고 있어 만만하게 갈 수가 없습니다. 따라서 선발대를 보내 수심과 암초 등을 체크해보고 조금씩 순차적으로 전진해야 합니다. 그전 단계로 조선에서 명나라에 수군 파병을 요청하여 결정이 내려지기까지의 소요시간까지 감안하면 명나라가 수군을 재정비하여 대규모 함대를 이끌고 산동반도에서 요동반도를 거쳐 남해안까지 도착하기에는 계절상 무리가 따른다는 것입니다. 그 중간에 존재하는 겨울에는 아예 함대가 다닐 수 없습니다. 바다가 얼어 버리기 때문입니다. 류성룡의 대단한 경륜이 아닐 수 없습니다.

임금이 이르기를 "내 말이 지나친 염려인 듯하지만, 명나라 장수들은 늘 우리 주사(조선 수군)를 믿는다고 했는데 지금 이와 같은 패전 소식을 들으면 혹 퇴각할 염려가 있으니, 만약 그렇게 될 경우에는 어떻게 해야 하는가?"

선조가 가장 두려워하는 것이 무엇인지 잘 나타나 있는 글입니다.

평소 명나라가 "이순신 따봉!"을 수도 없이 외쳤는데, 이제 선조의 실수로 조선 수군을 괴멸시켰으니 명나라 황제가 "선조 자네를 믿고 어찌 조선을 구하겠는가? 너희끼리 죽이 되든 밥이 되든 잘해봐라. 우리는 철수한다." 하면 어쩌나? 걱정이 태산 같습니다. 회의 중에 몇 번이나 류성룡에게 명나라 관아(아문)에 가서 잘 변명해 달라는 것을 볼 수 있습니다. 아마도 칠천량 패전 소식이 명나라 조정에 도착했을 때에는 조선 못지않게 난리가 났을 것은 뻔합니다. 명나라 입장에서 봐도 다 된 밥(임진왜란 승리)에 재를 뿌린 격이며 갑자기 명나라 바다까지 왜적들에게 침략당할 위기에 놓인 것입니다. 결국 칠천량 패전 이후 선조가 가장 두려워한 것은 명나라 군대의 철수 가능성이라고 생각합니다.

그렇다면 실제로 명나라는 어떠했을까요.

선조실록 1597.10.24 : "중국 황제의 칙서를 받다." "우리 측의 태도를 질책하는 중국 황제의 칙서" 라는 두편의 글이 있습니다.

정말로 명나라 군사가 하마터면 철수할 뻔 하였습니다. 명나라가 대단히 화가 난 것을 알 수 있습니다.(자세한 것은 따로 설명하겠습니다)

선조가 "한산도는 왜적과 가까운 거리에 있으므로 외로운 군사로는 지킬 수 없을 것이니 조금 후퇴하여 전라우도를 지키게 하는 것이 좋을 것이다." 하니, 류성룡이 아뢰기를 "그렇게 하면 결국 남해를 빼앗기고 말 것입니다."

임금에게 이 말을 했다는 것은 류성룡의 생각으로는 잘하면 남해를 지킬 수 있다는 뜻입니다. 남해 전체를 지키겠다는 것은 아니고, 서해로의 진출만은 막을 수 있다는 말일 것입니다.

류성룡이 또다시 아뢰기를 " 남해와 진도를 지키다가 감당하지 못하면 물러나서 다른 요새지를 택하여 지키는 것이 옳을 것입니다." 와! 정말 대단합니다. 진도에서 남해의 끝부분을 지키면 일본 수군의 서해진출을 막을 수 있다는 뜻입니다. 막을 수 있다고 단정을 한 것은 류성룡의 말을 연결해보면 그렇다는 것입니다. 영의정이 임금 앞에서 남해를 뺏길 수 없다 하고, 다시 "남해와 진도를 지키다가..." 운운한 것은 지킬 수 있다는 가능성을 보지 못하면 할 수 없는 말입니다. 회의 진행의 노련미도 볼 수 있는 대목입니다. 류성룡이 단도직입적으로 명량해협에서 막을 수 있다고 하지 않고 어렵게 얘기한 이유는 그것이 중요한 국가적 군사기밀이기 때문입니다. 선조를 제외한 회의 참석자 누구도 알아듣지 못하게 하려는 의도입니다. 물론 궁극적으로는 일본 장수들이 못 알아 듣도록 하기 위해서입니다.

그래도 상당히 위험한 발언입니다. 왜적들이 명량해전에서 대패한 것을 보면 이 회의 내용을 못 봤거나, 뭔 말인지 몰랐거나 한 것 같습니다. 저라면 눈을 껌뻑거려서 임금에게 뜻을 전할 것 같습니다.

선조가 최종 멘트를 하면서 회의를 끝냅니다. 가장 믿을만한 류성룡이 진도에서 왜군을 막을 수 있다고 하니 다소 안심하면서 퇴장합니다. 선조는 속으로 이런 생각을 할 것 같습니다.

{ 쟤(류성룡)는 꼭 남의 애간장을 실컷 태워 놓고서는 이제야 대책을 말하냐? 못됐다 너! 네가 생각해 낸 것도 아니면서 왜 그리 생색을 내니? 이순신에게 미리 물어본 것을 내가 모를 줄 아느냐? }

선조가 마지막에 한 말 "우리나라는 위로 명나라가 있으니 왜적의 소유가 될 리는 없다."
이것은 퇴장하는 순간까지 명나라 황제에게 "제발 철군만은 하지 말아 주시옵소서" 간청하는 모습이기도 합니다. 회의 내내 선조는 당황스러운 마음을 피력하며 전전긍긍하고, 이항복, 김명원을 제외하면 대책을 내놓는 사람마저 거의 없습니다. 유독 류성룡만이 말이 많습니다. 컴퓨터시뮬레이션이 가능하다면 회의참석자들의 발언시간을 수치로 계산한다면 분명 재미있는 통계가 나온다고 생각합니다. 류성룡은 나름 칠천량 전투의 전개 과정까지 꿰차고 있음을 알 수 있습니다. 이 회의는 류성룡의 원맨쇼 수준입니다.

남해와 진도를 지키다가…"에서 진도라 하면 명량해협을 말하는 것만은 분명합니다. 명량해전을 미리 상상하였다는 말과 다름없습니다. 궁금한 것은 그 사이에 이순신과 서로 의견교환이 있었는가? 뒤늦게 생각이 났습니다. 이순신 장군이 감옥에서 나온 다음날인 1597.04.02 난중일기입니다.

"…중략… 어두울 무렵 성으로 들어가 영의정과 이야기하다가 닭이 울어서야 헤어져 나왔다"란 글이 있습니다. 밤새 무슨 말들이 오고 갔는지 알 수는 없으나 분명 원균이 이끄는 조선 수군이 밀릴 경우 서해를 어떻게 지킬 것인가에 대하여 류성룡이 묻고 이순신이 명량해협에서 막을 수 있다고 설명했다고 봅니다. 물론 그전에 의견 교환이 있었을 수도 있습니다.

저는 류성룡이 진도에서 일본 수군을 막을 수 있다고 한 발언은 이순신의 생각을 전달한 것이라고 봅니다. 그렇더라도 이를 먼저 이순신에게 물어보고 자기 나름대로 정리한 것은 류성룡의 능력임은 물론입니다. 이순신은 칠천량해전 참패 소식을 듣고 나서 열악한 상황 속에서도 난중일기를 통하여 수시로 자신감을 나타내고 있습니다다. 이순신 장군이 한산도에 있을 때부터 만약에 한산도를 지키지 못할 경우 서해 바다를 어떻게 지킬 것인가를 연구해 두었을 것은 자명한 이치입니다.

대책회의 중간에 나오는 글입니다.

류성룡이 아뢰기를 "지금은 명나라의 군사를 믿을 만하지 못하니, 마땅히 남은 배로 강화도 등지를 수비해야 합니다."

본인이 결론으로 진도를 지키면 된다고 한 것과 상당히 동떨어진 대책입니다. 선조가 전라우도를 지키라고 한 것에도 훨씬 미치지 못합니다. 이 말을 못 할 사람이 없습니다. 류성룡이 이를 모를 리 없습니다. 이는 류성룡이 회의를 이끌어가는 수준을 보여주는 명장면입니다. 아직 회의가 중간 정도에 있으니 가볍게 잽을 날린 것입니다. 이글의 핵심은 강화도가 아닙니다.

첫 번째 핵심은 당장은 명나라 수군에 의지하기 어렵다는 것을 말한 것입니다. 두 번째 핵심은 남은 배를 최대한 모아야 한다는 뜻입니다. 그리만 한다면 진도에 있는 명량에서 적을 막을 수 있다는 결론을 이끌어 내려는 회의 전략입니다. 특히 강화도를 언급한 것은 왜군의 초점을 흐리려는 의도가 있습니다. 조선의 영의정이 강화도를 지키겠다고 했으니 일본 수군 수뇌부는 강화도까지는 쉽게 치고 올라갈 수 있다고 착각했을 것 같습니다.

이날의 회의 내용은 일본군 수뇌부에게도 은밀히 전달되었을 가능성이 있습니다. 어찌 보면 이 발언이 명량해전 당시 일본 수군이 맘 놓고 대규모 함대를 이끌고 명량해협으로 돌진할 수 있도록 도와주지 않았을까 생각해 봅니다.

류성룡은 이미 대책을 마련하고 회의에 임한 것을 알 수 있습니다. 회의 초반에는 분위기를 부드럽게 이끌어가면서 참을성 있게 뭔가를 유도하는 것을 알 수 있습니다. 임금을 비롯하여 회의참석자들이 자연스럽게 이순신 재임명을 거론하기를 기다리는 것입니다. 자기가 직접 이순신을 거론하면 오히려 역효과가 날 수도 있다고 보기 때문입니다.

마침내 이순신을 다시 등용시키는 일이 거스를 수 없는 형국이 되자 본격적으로 자신의 계책을 설파하기 시작합니다. 선조가 해도를 꺼내면서 당황한 심정을 피력하여도 그리 당황하는 기색도 없습니다. 이항복 김명원 정도를 제외한 다른 신하들은 계책은 내지 못하고 선조의 물음에 보충 설명하는 정도에 그치고 있습니다. 결국 류성룡은 이순신이라면 진도의 명량에서 아직도 일본 수군을 막을 수 있다는 자기 나름의 생각을 피력한 것입니다. 류성룡은 칠천량해전 패전 소식을 듣자마자 그동안 이순신과 나눴던 여러 얘기들을 다시 한번 리마인드하면서 대책을 구상한 것입니다.

이날의 회의에서는 영의정 류성룡이 회의에 임하는 자세가 흥미를 끕니다. 뭔가 당황하는 기색은 없고 오히려 너무 침착하다고 느껴지는 것은 저만의 느낌일까요?

류성룡은 조선이 칠천량해전에서 패했다 하더라도 왜적이 스스로 물러날 날이 얼마 남지 않았다는 것을 알고 있습니다. 무슨 엉뚱한 소리냐고요? 뒤에 자세히 설명 드리겠습니다.

류성룡을 가장 잘 알 수 있는 글이 칠천량패전 대책회의입니다. 이 글은 류성룡이 손을 댈 수 없는 사관의 글이기 때문입니다. 왜 류성룡이 전쟁 내내 중요한 자리에 있었는지를 잘 알 수 있는 글입니다.

징비록은 아무래도 본인이 직접 쓴 글이라서 류성룡을 정확히 알기에는 약간의 아쉬움이 있습니다. 우회적으로 쓰기도 하고 개그도 동원하였습니다. 대책 회의를 자세히 읽어보면 류성룡 혼자 회의를 다 이끌어가는 것을 알 수 있습니다. 이순신을 거론하지 않은 것은 자기가 나서지 않아도 이순신 외에는 대책이 없다는 것을 잘 알고 있기 때문입니다.

징비록에 "정유년(1597) 8월7일에 한산도의 수군이 참패하였다"로 시작하는 글이 있습니다. 잠시 보겠습니다. 〈참고로 칠천량해전이 음력 7월 15일이므로 잘못 기재한 것 같습니다.〉

> 왜군의 진영은 언덕 위에 있었는데 조선함대가 지나는 것을 내려다 보고는 자기들끼리 신호를 보냈다.
>
> (어이! 조선 수군이 안골포를 지나 부산포 방향으로 진격하였다 오바!
>
> 어서 어서 안골포 전투선을 운전해라! 육군 병력을 가덕도, 거제도, 칠천도로 보내 잠복시켜라 알았나?)
>
> 왜군함대는 우리 군사들을 지치게 하려고 조선함대에 가까이 접근했다가 갑자기 방향을 돌려 거짓으로 달아나기만 하고 교전하지는 않았다...(일본 수군이 치고 빠지는 작전〈용용 죽겠지〉을 구사하고 있는 장면입니다.)
>
> 결국은 일본이 야심차게 수립한 유인작전으로 조선 수군을 먼바다로 나오게 하여 지치게 한 후, 미처 한산도까지 복귀하지 못하고 잠에 곯아 떨어진 조선 수군을 상대로 백병전을 펼쳐 칠천량에서 대승한 것입니다.

이왕지사 칠천량대책회의를 거론하였으므로 중요한 몇 가지만 더 말씀드리겠습니다.

임금이 이르기를 "왜 후퇴하여 한산도(조선 수군 진영)라도 지키지 못했는가?" "한산도를 고수하여 호표(호랑이와 표범)가 버티고 있는 듯한 형세를 만들었어야 했는데도 반드시 출정만을 독촉하여 이와 같은 패배를 초래하게 하였다."

임금이 또 이르기를 "적의 수가 매우 많았으니 당초에 풍파에 쓸려 죽었다는 설은 헛소리였다. 그들을 감당하지 못 하더라도 한산도 진영으로 후퇴했더라면 형세가 극히 좋고 막아 지키기에도 편리하였을 것인데 이런 요새를 버리고 지키지 않았으니 매우 잘못된 계책이다." 라고 하였습니다.

선조의 위 발언은 이순신 장군의 평소 행동이나 지론을 성대묘사하듯이 그대로 흉내내고 있습니다. 마치 이순신의 수제자처럼 들립니다. 이순신의 한산도 방어 전략을 이보다 더 정확히 표현할 수는 없습니다.

서두에서 제가 이순신의 한산도 방어전략을 가장 잘 표현한 말이 대책회의에 나온다고 하였습니다. 바로 "한산도를 고수하여 호표가 버티고 있는 듯한 형세를 만들다" 라는 말입니다. 이순신에 관한 수많은 기록 중에 가장 으뜸이 되는 기록입니다. 특히 이순신을 압송한 조선 국왕이 얼떨결에 한 말이라서 더욱 그 진가가 높은 말 입니다. 이는 일본이 1593년에 주력군을 본국으로 퇴각시킨 이유이기도 하고, 그후 호시탐탐 조선을 다시 침략하려고 권토중래를 꾀했지만 1597년 초반까지 꼼짝달싹 못했던 이유이기도 합니다.

조선왕조실록에서 한산도를 검색하면 임진왜란 전에는 세종실록에 외국의 친선 사절이 오다가 풍랑을 만나 한산도에서 머물고 있다는 기록 단 한 건뿐입니다. 말하자면 한산도는 이순신이 등장하기 전에는 역사에 이름조차 잘 드러나지 않았던 섬입니다. 이를 이순신이 일본 함대를 막는 데 있어서 최적의 장소임을 알아보고 찾아낸 것입니다. 우리는 종종 왜적이 왜 한산도를 따돌리고 거제도 남단을 돌아 곧바로 서해진출을 시도하지 않았을까 하는 의아심을 갖기도 합니다. 이순신이 이를 모를 리 없습니다. 이순신은 한산도를 고수하면 이러한 문제도 자동으로 해결된다는 것을 잘 알고 있었던 것입니다. 말하자면 일본의 주력 수군이 한산도를 따돌리고 거제도 남단을 돌아 곧바로 서해진출을 시도하면 결과적으로는 부산포 앞바다의 제해권이 조선 수군에게 넘어가 일본의 교두보(부산포)가 봉쇄되는 역효과를 초래하므로 일본이 택할 수 없는 작전인 것입니다.

선조가 이순신의 한산도 방어전략(나는 한산도를 고수하여 호표가 버티고 있는 듯한 형세를 만들 것이야)을 대책회의 하루 이틀 전에 배웠을 리가 없습니다. 이 전략은 이순신의 전승 기록을 유심히 살펴보면서 마침내 선조도 이를 잘 파악하고 있었다는 방증입니다. (다만, 이순신의 명성이 너무나 무서웠던 것입니다. 말하자면 이순신이 이성계처럼 반란을 일으키면 어떡하나 하는 의장증이 도져 버린 것입니다)

선조의 위 발언들은 선조가 이순신의 전략을 얼마나 높이 평가하고 있는지를 자신도 모르게 발설한 것입니다. 선조가 왜 지난 수년간 이순신의 한산도 방어 올인 정책을 용인해 주었는가를 잘 알 수 있는 글이기도 합니다.

이 글을 읽는 독자분들께서 선조에 관하여 다소 당황하실 것을 잘 알고 있습니다. 그러나 선조실록은 현장의 목소리를 그대로 담은 것이기 때문에 그 어느 역사 기록보다 정확한 것입니다. 특히 이날의 회의 만큼은 어떤 의도를 가지고 기획된 것이 아니라서 숨겨진 뜻이나 의도가 따로 있을 수 없습니다. 특히나 선조의 이날 발언은 거의 다 자신에게 불리한 발언입니다. 그만큼 선조의 속마음이 여과없이 그대로 드러난 것입니다. 참고로 선조가 이순신의 전략을 높이 평가하고 있었음을 알 수 있는 글이 또 있습니다.

〈선조실록 1597.08.18 :영돈녕부사 이산해 등이 소대를 청하여 남원성 함락 이후의 사태를 논의하다〉에 나오는 글입니다. 정유재란 당시 한창 피난을 논의하는 중에 나온 말입니다. 칠천량해전 한달 후, 명량해전 한달 전의 일입니다. 선조 임금이 이르기를, "전일에는 한산도에서 조선 수군이 바닷길을 차단하였으므로 든든히 믿을 수 있었지만 지금은 (일본 수군이 겁나서 바닷길로는 피난을) 갈 수 없다."라고 했습니다. 이 말을 달리 보면 "이순신 압송 전에는 한산도에서 이순신이 바닷길을 차단하였으므로 든든히 믿을 수 있었지만..." 이라는 것과 다를 것이 없습니다. 칠천량 대책회의에 이어 한 달 만에 또다시 이순신의 한산도 방어전략을 든든히 믿고 있었음을 자신도 모르게 발설한 것입니다.

선조실록을 보면 선조가 명나라에 목숨 걸고 매달리는 것을 자주

볼 수 있습니다. 명나라가 삐지기라도 하면 어쩌나 하는 걱정을 많이 하고 있습니다. 그것이 잘못된 것이라는 뜻은 아닙니다. 누구라도 별 수 없었을 것입니다. 본문 중에 선조가 한 말 중에 중요한 것이 또 있습니다.

"내 말이 지나친 염려인 듯하지만, 중국 장수들은 늘 우리 수군을 믿는다고 했는데 지금 이같은 패전 소식을 들으면 혹 물러갈 염려가 있으니, 만약 그렇게 될 경우에는 어떻게 해야 하는가?"

선조는 앞뒤를 가릴 경황이 없는지라 그만 명나라가 늘상 조선의 수군을 믿는다는 것을 자신도 모르게 실토한 것입니다. 당시까지만 해도 조선 수군의 상징은 이순신입니다. 명나라가 조선 수군을 믿는다함은 이순신을 믿는다는 말이기도 합니다. 선조는 이순신을 압송하여 칠천량해전 참패를 가져온 것만으로도 명나라가 흥분하여 군사를 철수시키지나 않을까 두려운 것입니다. 그러한 심정이 칠천량 대책회의에 그대로 노출이 된 것입니다. 명나라 군사가 퇴각하면 어쩌냐? 이 말 이야말로 이순신이 죄가 없다는 선조의 속마음을 자신도 모르게 표출한 것입니다. 왜냐하면, 만약에 이순신이 죄가 있다면 칠천량패전 유무에 불구하고 명나라 군사가 퇴각할 이유가 없습니다.

명나라 군사가 퇴각할 염려는 죄 없는 이순신을 압송하여 조선 수군이 참패하도록 만든 것 말고는 이유가 없습니다. 단순히 칠천량에서 참패한 것만으로 본다면 명나라가 철수하기는커녕 시급히 수군을 파견해야 합니다. 왜냐하면 칠천량 패전으로 명나라의 넓은 바다까지 위험에 노출된 것이기 때문입니다. 우리 말에 〈뒤가 구리다〉란 표현이 있습니다. 선조는 뒤가 구린 것입니다.

선조는 너무나 당황한 나머지 스스로 숨겨진 마음(죄없는 이순신을 압송하여 조선 수군이 참패하였으므로 이를 잘 알고 있을 명나라가 화가 나서 철수하면 어쩌나?)을 여과 없이 드러낸 것입니다. 그래서 조선왕조실록이 대단한 것이라 생각합니다.

이날 선조의 발언 중에서 가장 중요한 발언은 따로 있습니다. 바로 "평수길(도요토미 히데요시)이 항상 말하기를 〈먼저 조선 수군을 격파한 다음에야 조선육군을 노획할 수 있다〉고 했다더니 이제 과연 그렇게 되었다" 입니다. 이는 곧 있을 왜적들의 거센 공격(정유재란)을 예견하는 발언입니다. 이 발언은 일종의 독백인데, 사관이 이를 놓치지 않고 기록한 것이 너무 대단합니다. 이 말은 황신의 보고 내용 등 그 동안의 일본 측 정황을 살펴보면 하나도 틀림이 없는 정확한 말입니다. 이말 하기 직전에 선조는 "왜적들이 6년간을 버티고 있는 것이 어찌 한 장의 봉전(명나라 황제가 히데요시를 일본의 왕으로 봉하는 일)을 받기 위해서였겠는가?"라고 했습니다. 이 역시 매우 적절한 표현입니다. 두 번에 걸친 선조의 발언은 정유재란의 발생 원인이 자기에게 있음을 엉겁결에 실토한 결정적인 발언입니다. 이 말들을 풀어보면 첫째, 왜적들이 6년간(정확히 말하면 만 4년 정도)을 경상도 해안에서 버틴 것이 다시 쳐들어오기 위한 일종의 술수(트릭)였다는 것입니다. 매우 합리적인 추론입니다. 둘째, 왜적들은 그동안 이순신이 이끄는 조선 수군 격파전략을 끊임없이 연구했다는 뜻이 담겨 있습니다. 히데요시 말대로 다시 쳐들어오려면 조선 수군을 격파해야만 가능하기 때문입니다. 셋째, 조선이 일본의 꾐에 넘어가 스스로 이순신을 압송함으로서 드디어 왜적들이 조선 수군 격파전략을 성공시켰다는 뜻이 됩니다.

결국 조선 수군이 격파당한 것은 이순신 압송 때문이잖아요. 선조는 너무나 당황한 나머지 자신의 실수(이순신 압송)로 그 참혹한 정유재란이 일어난 것을 미리 실토해 버린 것입니다. 선조는 이순신의 재능을 누구보다 잘 알고 있었음은 위에서 설명하였습니다. 그는 여기서 최악의 실수를 한 것입니다. 조선 수군이 명장 이순신에게 수년 동안 배우고 닦았으니 이제는 누가 지휘하더라도 일본 수군에게 질 리는 없다고 생각한 것입니다. 따라서 이쯤에서 이순신을 파직시켜 후환을 없애고자 생각한 것입니다. 혼자만의 엉뚱한 의처증(죄송합니다. 의장증으로 정정합니다)으로 나라를 궤멸 직전까지 내몬 것입니다.

여기서 잠시, 앞에서 살펴본 〈선조실록 1597. 05.25: 평수길에게 보낸 자문〉을 상기해 보겠습니다. 이날의 자문은 분명 명나라가 일본의 정세를 면밀히 관찰하고 있었다는 증거입니다. 물론 조선도 일본의 정세를 알아보려고 노력하는 정황은 선조실록에도 많이 나옵니다. 그렇다면 일본도 역으로 조선과 명나라의 정세를 연구하고 있었을 것은 당연합니다. 이미 앞에서 본 바와 같이 선조실록 1596.06.26 를 보면 선조는 이때부터 이순신을 의심하기 시작하고 있습니다. 따라서 일본도 마침내 선조가 이순신을 두려워하며 의심하고 있다는 것을 알았거나 몰랐더라도 추측 정도는 했을 것이 당연합니다. 이를 조선 수군 격파 전술에 이용한 것이 바로 〈가토의 조선 상륙일자 가르쳐주기 작전〉입니다. 이순신이 가토를 잡으러 오면 〈치고 빠지는 작전〉으로 밤이 되기를 기다려 백병전으로 격파하고, 이순신이 속지 않는다면 〈못 먹는 감 찔러나 본다는 심산으로〉 조선왕의 의장증에 불을 질러 이순신을 제거해 보겠다는 전략입니다.

평수길(도요토미 히데요시)이 항상 말하기를 '먼저 조선 수군을 격파한 다음에야 조선육군을 노획할 수 있다.'고 했으니 이순신의 압송이 없었다면 정유재란 자체가 일어날 수 없음을 히데요시도 인정하고 있었던 것입니다.

칠천량패전 대책회의의 역사적 가치는 실로 그 모두를 헤아리기 힘든 대단한 기록입니다. 무엇보다도 모두들 경황이 없는 절체절명의 순간에 이루어진 회의라서 선조의 속마음이 가감 없이 그대로 표출된 귀중한 사료입니다.

1596년부터 1597년 4월 1일 이순신 장군이 백의종군으로 풀려나기 전까지 선조가 이순신에 대하여 하는 말들은 그 속뜻을 알기가 쉽지 않습니다. 만약 칠천량대책회의가 없었다면 어쩔 수 없이 그전의 기록들을 토대로 이순신 압송을 기록해야 하겠지만 절체절명의 순간에 소집된 칠천량대책회의가 그대로 보존되어 있으니 이를 바탕으로 선조의 당초 생각을 해석하는 것이 조금 더 역사적 진실에 가깝다고 생각합니다.

칠천량 패전 이후 명나라가 선조를 무섭게 질책하는 것을 도처에서 볼 수 있습니다. 단단히 화가 난 것입니다. 조선만이 위험한 것이 아니라 나름 조선을 도와주던 명나라의 그 넓은 바다까지 위험해진 것이기 때문입니다. 명나라가 선조를 질책하는 내용은 따로 설명 드리겠습니다.

제 개인적인 생각입니다만 명나라가 군대를 파견해 준 은혜는 이순신 장군이 명나라의 그 넓은 바다를 두 번씩(1592년 한산도대첩, 1597년 명량해전)이나 지켜준 것으로 퉁쳤다고 봐도 되지 않나 생각합니다. 명나라 역시 이순신에게 감사하고 있음을 선조실록과 난중일기를 통하여 알 수 있습니다. 뒤에 설명드리겠습니다.

이하에서는 우리가 배워야 할 교훈을 제 나름대로 적어 보겠습니다.
첫번째 교훈 : 조선 수군의 인프라(판옥선과 각종총통)가 아무리 일본 수군의 인프라(안택선과 조총)보다 월등하다 해도 이를 지휘하는 장수의 지혜가 적군장수의 지혜에 미치지 못한다면 한낱 쓸모없

는 장치물에 불과하다는 것을 웅변으로 보여주고 있습니다.

두번째 교훈 : 바다에서의 전투 그중에서도 공격전에서는 전투선의 속도가 승패를 좌우한다는 불변의 진리입니다. 일본 전투선들이 판옥선보다 선체가 약하기는 하나 속도에서는 판옥선을 압도하므로 넓은 바다로 나아가 싸운다면 조선 수군은 일본 수군을 이길 수 없다는 사실입니다. 잘 아시는 바와 같이 넓은 바다에서는 일본 전투선들은 정면 대결을 피하고 치고 빠지는 작전(용용 죽겠지?)을 구사하여 조선 수군을 지치게 하여 끝내는 밤에 백병전을 유도할 수 있기 때문입니다. 가토 함대의 조선 출정 일정을 고니시가 가르쳐준 이유는 넓은 바다로 이순신 함대를 유인하려는 작전입니다. 이는 가토가 150척이 넘는 전투선을 몰고 온 것만 보아도 쉽게 알 수 있습니다. 조선은 이순신을 제외하고는 아무도 이러한 이치를 깨닫지 못하고 왜적들에게 속아 지속적으로 조선 수군을 넓은 바다로 내몰았던 것입니다. 결국 넓은 바다로 내몰린 조선 수군은 일본 수군의 작전에 휘말려 시간만 낭비하다가 밤이 다가오자 그제야 한산도로 복귀하고자 했으나 이미 지칠대로 지쳐 칠천량에서 밤을 지내려고 한 것입니다.

일본이 주도면밀하게 미리 잠복시켰던 병력을 동원하여 잠에 곯아떨어진 조선 수군을 불시에 공격하는 바람에 손 한번 제대로 써보지 못하고 참패한 것입니다.

냉정하게 평가하자면 조선 수군이 일본 수군보다 강하다는 것은 정확한 평가라 할 수 없습니다. 일본 전투선들이 판옥선보다 빠른 이유도 있지만, 더 중요한 것은 낮과 밤이 반반씩 교차하기 때문입니다.

밤에는 일본이 유리하니 이미 하루의 반은 일본이 유리합니다. 낮에도 넓은 바다에서 싸운다면 조선이 유리하다 할 수 없습니다. 일본이 치고 빠지기 작전을 쓰면 쉽사리 이길 수 없기 때문입니다. 말하자면 이순신 없는 조선 수군은 일본 수군보다 강하다고만 할 수는 없는 것입니다.

그렇다면 이순신 장군은 어떻게 공격전에서 그 많은 승리를 이루어 낼 수 있었을까요? 속도에서 느려도 공격전에서 이기는 방법이 있습니다. 그것은 기습전입니다. 기습전은 적이 방심할 때만 가능합니다. 임진왜란 초기에는 일본 수군은 조선 수군이 강하다는 것을 알 수 없었습니다. 따라서 해안에 배를 대고 육지로 올라가 분탕질을 하다가 이순신의 기습전에 모조리 패전한 것입니다. 이후에는 일본 수군도 경계를 게을리하지 않아 기습전을 원천적으로 차단하게 됩니다. 그러자 이순신은 견내량을 사이에 두고 반대편에 있던 일본 수군을 한산도 앞바다로 유인하여 한산도대첩에서 대승한 것입니다. 말하자면 기습전 대신에 유인전을 펼 친 것입니다. 이틀 후 안골포에서 대승한 것은 좁은 바다 속에 웅크리고 있는 적선의 탈출구를 봉쇄하고 장사진으로 쳐부순 것입니다.

후에 부산포해전 역시 기본 전략은 기습전입니다. 다만 다소 무리

한 작전이므로 조선 수군이 자랑하는 돌격대장 정운장군이 전사하고 다소의 인명피해를 본 것입니다. 부산포해전이 가능했던 것은 일본이 부산포 방어전략을 완벽하게 마련하기 전이었기 때문입니다. 그 후 일본도 부산포방어작전을 치밀하게 준비하게 됩니다. 1593년 2월 10일(음력)부터 약 한달동안 웅포해전을 치른 것도 안골포 요새화가 완벽하게 완성되지 않았기에 가능한 것입니다.

참고로, 웅포와 안골포는 같은 포라고 보시면 됩니다. 현재는 안골대교와 웅천대교가 나란히 건설되어 있습니다. 웅포해전 이후에는 안골포가 부산포를 방어하기 위한 전초기지로서 요새화되는 바람에 조선 수군은 더 이상 부산포 방향으로는 진격이 어렵게 됩니다.

일본의 부산포방어 개념은 다음과 같습니다. 안골포는 육지 깊숙이 자리잡고 있어 해상진입로가 좁고 길게 펼쳐져 있습니다. 일본은 좁은 수로의 양편에 조총부대를 집중적으로 배치하여 판옥선의 진입 자체를 어렵게 만듭니다. 따라서 그 후로는 조선 수군이 할 수 있는 것은 진입로 밖에서 대기하다가 바다로 진출하려는 일본 전투선이 나오는 것을 함포사격으로 침몰시키는 정도만 가능합니다.

일본은 안골포 맞은 편에 있는 가덕도와 거제도 북단쪽에 성곽 등의 기지를 건설하고 평시에는 적은 병력으로 지키게 합니다. 조선 수군이 안골포와 가덕도 경계선을 넘어 부산포로 진격하면 안골포 전투선을 이용하여 육군 병력을 가덕도와 거제도 등으로 상륙시켜 매복하게 됩니다. 날이 저물어 조선 수군이 돌아오다가 식수조달 야

영등을 위하여 상륙하게 되면 기습을 노리는 작전입니다. 조선 수군이 이러한 정황을 알고 밤이라도 한산도까지 복귀하고자 한다면 어두움을 틈타 안골포에 숨겨놓은 전투선과 뒤쫓아 오던 부산포 전투선들로 합세하여 판옥선에 개미처럼 달라붙어 백병전으로 처부수겠다는 전략입니다.

이러한 전략적 고려가 아니더라도 조선 수군은 부산포 쪽으로 진격하면 안 되는 일입니다. 기후변화를 알 수 없기 때문입니다. 일단 가덕도를 지나 부산포 방면으로 진출하는 순간부터는 악천후를 만나면 이를 극복할 방안이 없기 때문입니다. 징비록에 보면 원균이 이끄는 조선함대가 밤이 깊어지고 바람이 강해지자 사방으로 흩어져서 표류하며 어디로 가는지 전혀 방향을 모르고 있었다는 기록이 있습니다. 또한 난중일기 1597.07.16을 보면 격군 세남이 보고하기를 "부산 절영도 바깥 바다로 향하다가, 마침 적선 일천 여 척이 대마도에서 건너와서 서로 싸우려는 데, 왜선이 흩어져 달아나서 끝까지 섬멸할 수가 없었습니다. 제(세남)가 탔던 배와 다른 배 여섯 척은 강풍에 배를 제어할 수가 없어 서생포 앞바다까지 표류하여 어쩔 수 없이 육지로 상륙하다가 일본 육군에게 모두 살육 당하고 저만 살아 도망쳐 왔습니다."고 했습니다. 만약 좀 더 강한 악천후를 만났다면 칠천량전투 이전에 괴멸되었을 수도 있었던 것입니다. 당시로서는 악천후는 예측이 불가능합니다. 악천후를 만나면 조속히 해안으로 철수하여야 하나 가덕도를 넘어가는 순간부터는 모든 해안이 일본군의 수중에 있기 때문에 조선 수군은 악천후를 피할 방법이 없습니다. 일본 수군은 악천후를 만나더라도 신속히 해안으로 피신하면 됩니다. 조선 수군은 정예화된 병력으로서 임진왜란 당시 조선의 버팀목이며 주력군이 거의 다 한산도 진영에 있었기 때문에 이를 온전히 보전하는 것 자체가 제일 중요한 일입니다. 당시의 조선 수군은 방어전에서 만큼은 동양 최강의 해군이기 때문입니다. 일본이 아무리 병력을 증강시켜도 한산도를 넘는 것은 불가능한 것입니다. 한산도를 고수하면 호표가 버티는 형세가 되기 때문입니다. 이렇게 막강한 조선 수군을 먼바다로 몰아 기상변화에 무방비로 노출시킨다는 것은 바다를 모르는 자들의 무지의 산물인 것입니다. 일찍이 원나라가 일본 원정에 실패한 교훈을 까마득하게 잊어버린 것입니다. 태풍이나 악천후도 양심은 있는지라 전쟁이나 일으키는 일본의 해안만 노릴 뿐, 평화를 사랑하는 조선의 해안은 의리상 노릴 리가 없다고 착각한 것을 용서해야 하나요?

명량해전과 이순신 장군의 유지

7

> 선조실록 1597.08.08: 도체찰사 이원익이 왜군의 진주 입성을 보고하다.
>
> 선조실록 1597.08.18: 남원성이 함락당하고 부총 양원을 비롯하여 10여 명만이 살아 돌아오다

=> 칠천량해전에서 조선 수군이 참패하자 드디어 대마도에서 대기하던 일본의 대규모 육군 병력이 바다를 건너 부산포에 상륙한 후 진주를 거쳐 전라도 남원 방면으로 쳐들어가기 시작했음을 알 수 있습니다. 정유재란이 본격적으로 시작된 것입니다.

1597.09.16 드디어 그 유명한 명량해전에서 이순신 장군이 판옥선 13척으로 왜적선 130여 척을 크게 물리쳤습니다.

  자세한 내용은 "위대한 전략가 이순신, 싸우기 전에 승리하다." 라는 책에서 설명드린 바 있습니다.

  잠시 간략하게 설명하겠습니다.

  명량해전은 이순신 장군이 일본 수군을 좁고 기다란 명량해협으로 유인하여 대승한 해전입니다. 일본 수군은 130척의 대함대로 좁은 명량해협으로 쳐들어 오다보니 기차처럼 기다란 행렬로 항해를 하게 되었습니다. 조선 수군은 선두부터 차례로 왜선 30여 척을 함포사격 등으로 쳐부수자 일본 측 난파선 30척이 가뜩이나 좁은 명량해협에서 조선 수군과 일본 수군 사이를 가로막아 저절로 전투가 종료된 것입니다. 그러자 곧 시작될 썰물 때 난파선들이 거꾸로 왜선들을 덮칠 상황이 예상되자 왜선들은 신속히 퇴각함으로써 조선 수군이 대승한 것입니다. 특히 명량해전 하루 전에 진도 벽파진에서의 17일간의 버팀을 미련없이 던져 버리고 울돌목 뒤에 있는 전라우수영으로 신속히 진을 옮김으로서 왜적들에게 드디어 이순신 함대가 힘이 다하여 도망치고 있다는 시그널을 주어 일본 함대를 좁은 명량해협 안으로 유인한 것입니다. 한산도대첩 당시 견내량 유인작전을 능가하는 유인전입니다. 왜냐하면 일본 입장에서 보면 한산도대첩은 처음 당하는 유인전이었으나 명량해전은 이미 한번 당한 유인전에 일본 수군이 또다시 당했기 때문입니다. 이순신을 천재라고 할 수밖에 없는 이유입니다. 다만 한산도대첩 당시 처절하게 당했던 와키자카 만은 뭔가 짚이는 것이 있었는지 명량해전에서는 몸을 사린 덕분에 부상도 당하지 않았습니다.

　명량해전도 다른 해전과 마찬가지로 이순신 장군이 필승을 확신하고 스스로 기획하고 실행한 해전입니다. 먼저 낸 책 제목을 '싸우기 전에 승리하다'로 한 이유입니다. 난중일기 등에는 명량해전에서의 승리를 미리 확신하였음을 알려주는 글이 제가 본 것만 네 번 있습니다.

　1597년(정유년) 8월 2일자 난중일기에 보면 "꿈에 임금의 명령을 받을 징조가 있었다"고 썼습니다. 승리를 미리 확신하지 못했다면 꿈까지 꿔가면서 재임명 교서를 학수고대할 수는 없기 때문입니다. 명량해전 전에 선조가 이순신에게 갑자기 육지로 가서 힘을 보태라고 하자 '신(이순신)이 죽지 않는 한 적이 감히 우리를 업신여기지 못할 것입니다'라고 보고한 것 역시 승리를 확신하지 못했다면 쓸 수 없는 글입니다. '적이 감히 우리를 업신여기지 못한다' 함은 특히 명량해전이 끝난 후 일본 수뇌부가 뒤를 받치고 있던 일본 수군을 다시 동원하더라도 명량으로 쳐들어올 수 없음을 말한 것입니다. 명량해전이 끝난 후 안심하고 고군산군도까지 올라갈 수 있었던 근거를 쓴 글이기도 합니다. 솔직히 이 말 때문에 첫번째 책을 쓰면서 중도에서 포기할까 몇번 고민하였습니다. 분명 이 말의 뉘앙스는 명량해전이 끝나고 고군산군도까지 올라가더라도 왜군이 다시는 명량으로 쳐들어올 수 없다는 뜻을 말한 것은 분명한데 이를 증명할 방법이 없었기 때문입니다. 다행히 후에 세역고위를 해석해 냄으로써 이를 해결할 수 있었습니다.

명량해전 하루 전(난중일기 정유년 2편 1597.09.15.)에는 두 번이나 승리를 장담하는 표현이 있습니다. "한 사람이 길목을 지키면 천명도 두렵게 할 수 있다. 이는 오늘의 우리를 두고 하는 말이다"라고 하여 분명하게 명량에서 싸운다면 승리가 확실하다는 것을 말했습니다. 마지막에는 꿈에 신인(神人)을 등장시켜 '이렇게 하면 크게 이기고, 저렇게 하면 진다'고 함으로써 부하들이 용감하게 싸워만 준다면 대승이 가능함을 썼습니다. 그냥 이기는 것이 아니라 대승을 한다고 분명하게 쓰셨습니다. 여담입니다만 네 번 중 두 번을 꿈을 동원하여 썼습니다. 이는 이순신 장군의 글 쓰는 스타일이라고 봅니다. 실제로 꿈을 꾸었다 하더라도 그것은 자신의 생각이 꿈으로 나타난 것 뿐입니다. 설마 신령님이 정말로 가르쳐줘서 이겼다고 쓴 것은 아니겠지요? 마지막으로 (명량해전에서의 승리는 천행이었다)라고 한 것은 하늘에 감사하는 마음을 쓴 것으로서 일종의 클로징 멘트입니다. 참고로 세역고위는 일본 측 난파선 30여 척이 명량해협의 거센 물결을 따라 제멋대로 쓸려 다니는 위험한 상황을 표현한 글임을 먼저 번 책에서 자세히 설명하였습니다.

명량해전에서 대승을 한 후 이순신에게 가장 시급한 일은 무엇이었을까요?

명량해전 이후 조선함대를 이끌고 목포를 넘어 전북 군산 앞바다 고금산군도까지 올라간 이유는 수군재건자금을 마련하기 위함이었습니다. 이는 이순신 장군께서 난중일기에 아주 재미있게 쓰셨습니다. 난중일기를 직접 보시면서 한번 재미 삼아 풀어보시겠습니까? 난중일기 1597.09.17~20 사이에 있습니다. 약간의 분량이니 누구나 10분 정도면 읽을 수 있습니다. 힌트는 난중일기 정유년 1편과 2편을 비교해 보시면 알 수 있습니다. 이 힌트는 이순신 장군께서 일부러 주신 힌트입니다. 이순신 장군의 천재적인 발상과 글솜씨를 직접 실감해 보세요. 그 와중에 혹시나 명량에서 무서워서 도망치고 일본 수군이 서해안을 따라 추격했다고 오해할까봐 이를 해명하는 글도 함께 썼습니다. 명량해전 이후 일본 수군이 조선함대를 추격했니 안 했니 하는 미래의 논란을 미리 예측하고서 "천만의 말씀입니다. 전혀 그렇지 않습니다. 만약 그렇다면 제가 어떻게 명량을 비워두고 군산 앞바다까지 갈 수 있겠습니까?"라고 쓰신 글입니다.

　이순신 장군은 고군산군도까지 갔다 오면서 마음속으로는 단숨에 조선 수군 재건자금을 넉넉히 마련하였으므로 이후 목포 앞바다 고하도로 진을 옮기고 본격적으로 수군 재건에 박차를 가한 것입니다. 이순신을 오늘날로 표현한다면 펀딩의 귀재라 할 수 있습니다. 절체절명의 순간에 돈의 흐름을 정확히 읽고 조선 조정의 도움 없이 순식간에 수군 재건 비용을 조달한 것입니다. 그동안은 명량해전에서 대승하자마자 왜 부리나케 군산앞바다까지 갔을까? 항상 의문이었습니다.

 이제야 비로소 알고 보니 칠천량해전에서 괴멸된 조선 수군의 재건자금을 마련하기 위함이었습니다. 머리 숙여 공경하지 않을 수 없습니다.

 명량해전을 연구하다가 난중일기에서 이순신 장군의 유지(遺旨)를 찾았습니다. 난중일기 정유년 2편 명량해전 당일(1597년 9월 16일)의 글입니다.

> "안위야, 군법에 죽고 싶으냐? 네가 군법에 죽고 싶으냐? 도망간다고 어디 가서 살 것이냐?"
>
> "(응함아!) 너는 중군장이 되어서 멀리 피하고 대장을 구하지 않으니, 그 죄를 어찌 면할 것이냐? 당장 형(刑)을 집행하고 싶지만 왜적의 형세가 또한 급하므로 우선 공을 세우게 해주마"라고 적으셨습니다.

 이 말은 명량해전 당일 실제로 한 말이 아닙니다. 그 이유는 〈위대한 전략가 이순신, 싸우기 전에 승리하다〉라는 책에서 자세히 설명하였습니다. 다시 간략하게 설명하자면, 안위와 김응함을 이순신 장군으로 보고, 대장을 선조 임금으로 바꿔보면 됩니다.

그리하면...

(선조 임금이 말하기를) "이순신아, 군법에 죽고 싶으냐? 네가 군법에 죽고 싶으냐? 도망간다고 어디 가서 살 것이냐?"

(선조 임금이 말하기를) "(이순신아) 너는 수군 대장이 되어서 멀리 피하고 임금을 구하지 않으니, 그 죄를 어찌 면할 것이냐? 당장 형(刑)을 집행하고 싶지만 왜적의 형세가 또한 급하므로 우선 공을 세우게 해주마"라는 글이 됩니다.

말하자면 난중일기 속의 이 글은 선조가 죄 없는 이순신을 압송하여 처형하려다가 백의종군시키고, 칠천량해전에서 원균이 참패하자 이순신을 통제사에 다시 임명하면서〈우선 공을 세워보라〉한 것을 이순신 장군이 우회적으로 쓰신 글입니다.

난중일기에는 명량해전이 1편 2편으로 나누어져 있습니다. 그런데 1편을 보면 김응함에게 직접 말했다고 하지 않고, 마음속으로만 목을 베어 효시하고자 했다고 썼습니다. 그러나 2편에서는 '김응함을 직접 불러서 말했다' 라고 변경하셨습니다. 이는 분명 김응함에게 한 말이 실제 상황이 아니라는 것을 넌지시 알려주신 것입니다. 만약 이 글이 단순한 전투 독려 장면이라면 두 번에 걸쳐 엇갈리게 쓰실 이유가 없기 때문입니다. 이순신 장군이 실수로 엇갈리게 썼을 리도 없습니다.

이순신 장군은 왜 자신의 일기를 스스로 수정했을까요? 일기를 수정하는 것은 말을 번복하는 것과는 차원이 다른 일 입니다. 고심에 고심을 계속한 결과입니다. 나라의 존망을 걸고 전쟁하는 와중에 당파싸움과 의장증만으로 잘 싸우고 있는 장수를 잡아들이는 관료사회와 임금에게, 그리고 자신이 사랑하는 백성과 후손들에게 자신은 공을 탐내서 전투에 나선 것이 아니라는 점을 분명히 말하고 싶었던 것입니다. 설명이 길어집니다만 무엇보다도 김응함에게 한 말이 함포사격 중에 했다고 하기에는 너무 깁니다. 저는 믿기지 않아 여러 번 큰소리로 따라 해 봤습니다. 독자분들께서도 한번 따라해 보시면 느낌이 오실 것입니다.

이순신 장군께서 이렇게 긴 말을 했는지 안 했는지 생각이 안나서, 한번은 말 안했다고 쓰고, 한번은 말했다고 쓴 것이 힌트인 것입니다. 일부러 힌트를 주신 것입니다.

바다 전투에서는 유독 깃발을 많이 사용합니다. 웬만한 말은 잘 들리지 않기 때문입니다.

특히 판옥선은 길이가 20미터로서 노끼리 충돌하는 것을 방지하기 위하여 서로 간의 간격을 30~50미터 정도는 유지해야 한다고 합니다. 매우 적절한 설명이라고 생각합니다. 이를 가장 잘 아는 분이 이순신 장군입니다.

그런 분이 함포사격 중에 다른 판옥선을 지휘하는 부하 장수들을 순차적으로 직접 불러서 말했다는 것이 너무 재밌습니다. 말하자면 역발상의 기지를 발휘하신 것입니다.

명량해전 당일 난중일기를 자세히 읽어보면 안위와 김응함에게 한 말이 사실이 아니라는 것을 이순신 장군이 일부러 가르쳐 주고 있습니다.

　왜냐하면 이 말을 하기 바로 직전에 이미 이순신이 지휘하는 대장선에서 함포사격을 개시하여 탄환이 나가는 소리가 바람과 우레처럼 맹렬하였다고 쓰셨습니다. 바다에서는 말이 잘 들리지 않습니다. 하물며 왜선을 상대로 함포사격을 하는 중에 이렇게 긴 말이 들릴 리 만무합니다. 들리게 하려면 잠시 함포사격을 중단시켜야 하는데 그것마저도 불가능함을 또다시 강조하셨습니다. 대장선을 돌려 군령을 내리려 하니 왜적들이 그 틈을 노려 더 대들 것 같아서 나아가지도 물러나지도 못할 형편이었다고 쓰셨습니다.

　말하자면 잠시라도 배를 돌려 함포사격을 중지하면 왜적들이 백병전을 노리고 더 달려들 것 같아서 잠시도 한눈 팔 수 없는 긴박한 상황이라고 쓰고서, 이어서 두 장수가 지휘하는 판옥선을 순차적으로 불러 말로서 혼을 냈다는 것이 포인트입니다.

　기차 두칸 크기의 노젓는 판옥선 두 대를 대장선과의 충돌을 방지하면서 순차적으로 불러서 이야기를 하려면 도대체 시간은 얼마나 걸릴까요? 일본 전투선에 탄 왜적들도 조용히 오고 있는 것이 아닙니다. 조총을 빵 빵 쏴대고 북을 둥둥 두드리며 소리를 고래 고래 지르면서 달려 올 것은 당연합니다.

　함포사격 중에 말을 하면 어찌 되는지를 잘 보여주는 글이 있어 잠시 소개하겠습니다.

　인터넷 나무위키 제2연평해전을 검색하면 탈북 시인 장진성이 남긴 증언 중에 나오는 북한 해병의 진술입니다. 시대가 다르기 때문에 참고만 하시면 되겠습니다.

　"영화에서 보면 전투 중 이름들을 서로 부르는데 당해보니깐 그건 완전한 거짓말이에요. 일단 포 소리만 한번 울리면 귀에서 쨍- 하는 울림밖에 더 없어요, 그래서 우린 서로 찾을 때 포탄 껍데기로 철모를 때리며 소통했어요."

　이 이야기는 같은 배에 타고 있는 동료 간의 대화도 함포 사격이 시작되면 불가능함을 말해주는 글입니다. 제 경험상으로는 임진왜란 때에도 귀가 약한 사람은 함포사격 전에 솜 뭉치 등으로 미리 귀를 막아야 한다고 생각합니다.

　이순신 장군께서 안위와 김응함을 등장시켜 쓰신 글의 의미는 다음과 같습니다.

　첫번째: 안위에게 한 말은 〈자신(이순신)은 임진왜란 내내 안위처럼 일등으로 달려나가 열심히 왜적을 물리쳤음에도, 정작 자신에게 돌아온 것은 군법 위반이었다〉라는 것을 표현한 글입니다. 즉 이 말의 핵심은 '군법에 죽고 싶으냐'입니다.

　두번째: 김응함에게 한 말은 특별히 정유년(1597년)으로 한정해

서 쓴 글입니다. 즉, 〈자기(이순신)는 왜적들이 가토의 상륙일자를 일부러 가르쳐 준 것이 적들의 속임수 임을 간파하여 출정하지 않았음에도, 선조 임금은 오로지 '출정명령 불응'만을 핑계로 이순신에게 죄를 주고, 원균이 왜적의 속임수에 넘어가 참패하자, 어쩔 수 없이 다시 통제사에 임명하면서 '우선 공을 세워보라' 한 것〉을 표현한 글입니다.

특히, 선조가 통제사 재임명 교서를 보내면서 마지막 구절에 〈명나라 왕손이 죄인의 몸으로 적을 소탕하여 공을 세운 것처럼 (이순신 너도 아직은 죄인이지만) 우선 공을 세워보라〉고 한 것을 우회적으로 표현한 것입니다.

김응함에게 한 말의 핵심은 '너는 죽을 죄를 면할 수 없으나 왜적의 형세가 매우 급하므로 우선 공을 세우게 해주겠다' 입니다. 재임명 교서의 마지막 부분을 압축한 표현입니다. 여담이지만 당시 김응함은 대장선의 깃발을 보고 선두로 달려 나오다가 그만 안위에게 추월을 허용한 죄 밖에는 없습니다. 말하자면 죽음을 당할 죄인은 아니라는 것입니다.

선착순을 돌렸더니 판옥선 12척 가운데서 처음에는 일등으로 달려오다가 막판에 2등으로 들어온 것뿐입니다. 그러한 연유로 보면 안위가 군법 위반이라는 것은 더더욱 아니겠지요, 장군님?

이순신 장군은 이 글을 통하여 자신은 공을 세우기 위하여 싸우는 것이 아니라는 것을 분명히 남기신 것입니다.(일종의 반어법 또는 역설법을 구사하신 것입니다.)

> 나 이순신은 공(功)을 세워 죄를 면하고 높은 벼슬을 얻기 위하여 싸우는 것이 아닙니다. 나 이순신은 전쟁으로 고통받는 불쌍한 백성들을 구하기 위하여 싸우는 것입니다.

이순신 장군은 안위와 김응함에게 했다는 말을 통하여, 왜 상중(喪中)임에도 재임명 교서를 받아들였는지, 왜 꿈까지 꿔가면서 재임명 교서를 학수고대했는지, 왜 선조가 자신을 아직도 죄인이라 하면서 '우선 공을 세워보라'는 내용의 교서를 보냈음에도 아무런 이의없이 수용했는지를 웅변으로 설명하고 있는 것입니다. 즉 자기(이순신)는 시급히 조선과 백성을 구하기 위하여 재임명 교서를 학수고대했다는 것입니다. 선조가 자신을 아직도 죄인 취급을 하든 말든, 자신의 직급을 종전보다 낮췄든 말든 자기에게는 큰 의미가 없다는 뜻입니다. 오로지 일본 수군의 서해 진출을 막아야만 하는 것이 백성들이 자기에게 내리는 명령이라는 것입니다. 결국 위 글들은 이순신 장군이 살아온 일생의 신념을 명량해전 일기에 압축해서 표현한 글입니다. 이순신 장군이 살아 생전에 후손들에게 남기신 유지(遺旨)의 글입니다.

난중일기는 유독 정유년(1597년)에만 두 번 기록하셨습니다. 특히 두 번째 기록은 8월부터 시작됩니다. 두 번째 기록의 핵심은 명량해전 당일(1597.09.16)의 기록입니다. 난중일기를 통틀어 가장 긴 일기 가운데 하나가 명량해전입니다.

저는 이순신 장군께서 후손들에게 자신의 큰 뜻을 전하기 위하여, 이렇게 열심히 명량해전 일기를 또박또박 쓰시고(1편), 또다시 심혈을 기울여 1편보다 쉽게 또박또박 쓰셨다고(2편) 확신합니다.

1편에서도 나름 후손들에게 유지(遺旨)를 남기신 것을 볼 수 있습니다.

> 1편에서는 다음과 같이 썼습니다. 내가 안위를 불러 말하기를 "네가 억지 부리다 군법에 죽고 싶으냐?"고 했다. 다시 불러 "안위야, 군법에 죽고 싶으냐? 물러나 도망가면 살 것 같으냐?" 고 했다.
>
> =〉이 말 역시 〈선조가 이순신을 압송한 것〉을 이순신 장군이 안위를 내세워 우회적으로 쓴 글입니다. 무엇보다도 〈네가 억지 부리다 군법에 죽고 싶으냐?〉가 이를 잘 말해주고 있습니다. 왜냐하면 안위는 왜적이 무서워 머뭇거렸는지는 모르지만, 억지 부린 적은 없기 때문입니다. 앞에서와 마찬가지로 나(이순신)를 선조임금으로 바꾸고, 안위를 이순신으로 바꿔보겠습니다. 그러면 선조임금이 이순신에게 말하기를 "네가 억지 부리다 군법에 죽고 싶으냐?"

> 라는 말이 됩니다.
>
> 　애당초에 이순신은 선조의 출정명령을 받고 〈일본 선발대장 고니시가 가토 기요마사의 남해안 상륙일자를 은밀히 가르쳐 준 것은 왜적의 속임수입니다.〉라고 했습니다. 그러자 선조임금이 "아니야. 고니시가 가토를 죽일려고 진짜로 몰래 가르쳐 준 것이다. 고니시의 은혜도 모르는 이순신아! 너는 겁을 먹고 출정하지 않아 다 잡은 가토를 놓친 것이다. 이제 와서 책임을 면하려고 억지부리지 마라" 라고 했다는 것입니다. 이순신 장군이 이 글을 통하여 말하고자 하는 것은 다음과 같습니다. 〈장수는 전쟁에 임하여 나아갈 때가 있고 지켜야 할 때가 있습니다. 저는 조선 수군이 왜적의 속임수에 넘어가 (칠천량해전에서 보듯이) 참패를 당할 뻔한 것을 미연에 방지한 것 뿐입니다. 나만의 안전을 위하여 억지를 부린 것은 절대로 아닙니다.

　그러나 겨울이 되어 여유를 갖고 1편을 다시 읽어보니 아무래도 유지(遺旨)로 쓴 글이 너무 어렵다는 생각이 들었던 것입니다. 그리하여 2편을 보다 자세하게 그리고 쉽게 쓰시면서 자신의 유지(遺旨)를 분명하게 남기려 하셨다고 생각합니다.

　1편도 그대로 남기신 이유는 1, 2편을 서로 비교해 가면서 자신이 남긴 유지(遺旨)를 알아줬으면 하는 바램이 있었다고 생각합니다. 제 개인적인 생각입니다만 난중일기 정유년 2편은 일종의 자서전이라고 생각합니다.

무술년(1598년) 난중일기가 1월 5일부터 갑자기 중단되고 9월에 가서야 다시 시작된 것으로 보아 그동안 두 편의 유지(하나는 따로 설명드립니다)를 완성한 것을 볼 수 있습니다. 특히 무술년 1월부터 2월까지는 한겨울이라서 바다에서의 전투는 사실상 종료된 시기입니다. 그동안에 정식 일기는 접고 정유년 2편 재구성에 집중하신 것을 알 수 있습니다.

저는 책을 처음 출간할 때만 해도, 안위와 김응함에게 한 말이 〈실제 전투상황에서 하신 말씀은 아니다〉라는 확신은 있었습니다. 그러나 이 글이 무엇을 의미하는지를 완전하게는 몰랐습니다. 그러나 그 후에 이순신 장군에 관한 글들을 다시 읽고 사극과 영상 강의를 반복 시청하면서 점차 그 깊은 뜻을 알게 되었습니다. 그리하여 이렇게 추가로 설명드리는 것이오니 내용이 일목요연하지 못하고 중복되더라도 용서 바랍니다.

망나니 진린, 이순신을 만나 순한 양이 되다.

8

　임진왜란에 대한 기록을 살펴보면 우리나라 뿐 아니라 일본의 장수들도 이순신 장군에 대하여 높은 평가를 하고 있음을 알 수 있으나, 명나라가 이순신을 어떻게 보고 있는지는 잘 나오지 않습니다. 징비록에도 진린과 이순신의 관계 정도만 소개되고 정작 명나라 황제가 이순신을 어떻게 보고 있는가는 잘 나오지 않습니다. 명나라 황제가 보냈다는 명조팔사품이 있지만 진위 여부를 놓고 논란이 있습니다. 과연 진린은 성품이 사나워서 류성룡이 보기에도 이순신이 그를 극복하기 어려운 상대였는가? 무엇보다도 이순신은 명나라 장수 경리 양호가 훌륭하게 평가하고, 사나운 진린을 감복시킨 조선 수군 장수에 그쳤는가?
　천만의 말씀입니다. 명나라 황제는 누구 못지않게 이순신을 높이 평가하고 있습니다. 이러한 사실은 선조실록에 자세히 나와 있고, 난중일기에도 이를 엿볼 수 있는 기록들이 있습니다. 이하에서는 이러한 역사 기록을 소개하겠습니다. 분명 명나라 황제가 이순신을 높게 평가하고 있으나 이러한 사실이 우리 역사에 잘 기록되지 않고 있는 것은, 임진왜란 이후 당파싸움에서 정권을 잡은 세력들이 선조의 잘못을 감추고 조선왕조를 옹호하기 위하여, 의도적으로 이순신을 감추는데 급급했던 것이 주된 원인임을 알 수 있습니다. 참고로 당시 명나라 황제 신종은 태정(황제의 역할과 정무를 소홀히 함)중이었다고 하니, 황제라 함은 황제와 명나라 조정을 총칭하는 것으로 보면 될 것 같습니다.

선조실록 1598.06.26.: (남해바다로 떠나는) 도독 진인을 동작강에서 전별하다 : 임금이 동작강 언덕까지 가서 명나라 수군 도독 진린을 전별하면서 두 번 읍하고 다례와 주례를 행하였다. 진린이 말하기를, "배신들 중에 혹 명을 어기는 자가 있으면 일체 군법으로 다스려 절대로 용서하지 않을 것입니다." 임금이 신식에게 이르기를, "이 말은 매우 중요한 일이니 비변사에 일러서 의논하여 조처하게 하라."
임금이 진린과 두 번 읍하고 물러나와서 환궁하였다.
〈하이고 임금님! 처음부터 이렇게 저자세로 나가시면 감당이 어렵습니다. 로우킥 한방 날리세요...〉

다음은 징비록 "통제사 이순신이 왜적을 진도 벽파정 아래에서 격파하고 적장 마다시를 죽였다."로 시작되는 글의 중간부분입니다.

> ...중략...명나라 수군 제독 진린이 왔다. 진린은 성품이 사나워서 ... 사람들은 그를 두려워하였다. 임금께서는 청파 (선조실록에는 동작강) 들판까지 가서 남해안으로 내려가는 진린에게 잔치를 열어주었다.
>
> 나(류성룡)는 진린 부대의 군사가 함부로 조선의 관리를 때리고 욕을 하며, 찰방 이상규의 목에 밧줄을 걸어 끌고 다녀 얼굴에 피가 흐르는 모습을 보았다. 그래서 통역관을 시켜 이상규를 풀어주도록 청하였지만 듣지 않았다. 나는 장차 진린이 이순신에게 사사건건 간섭하면서 충돌이 일어난다면 이순신의 군대가 왜적들에게 질 것 같다고 걱정하면서 옆에 있던 신료들에게 말하였다. 그랬더니 같이 있던 사람들도 "그렇습니다" 하면서 서로 걱정만 할 뿐이었다.
>
> 그러나 이순신은 진린이 온다는 소식을 듣고 부하들에게 사냥을 하게 하고 물고기를 잡아 명나라 군사들을 융성하게 대접하였다. 그리고 왜선들이 다시 쳐들어오자(정유재란 때인 1598년 7월 전라남도 고흥의 거금도 일대에서 벌어진 절이도해전) 왜적들을 쳐부수고, 적군의 머리 40여 개를 진린에게 주어 그의 공으로 하도록 했다. 진린은 이후 모든 일을 이순신에게 물었으며, 나아갈 때는

> 이순신과 나란히 하고, 감히 앞서 나가지 않았다.
>
> 　이순신은 드디어 명나라 수군도 조선 수군과 차별을 두지 않고 공평하게 규율하겠다는 다짐을 진린에게 받아냈으며, 스스로 조그마한 물건 하나라도 빼앗은 병사가 있으면 명나라와 조선을 구분하지 않고 모조리 잡아다가 매를 쳤기 때문에 감히 군령을 어기는 자가 없어져 섬 안이 평온해졌다.
>
> 　진린은 선조 임금에게 "이순신 통제사는 하늘을 경영하고 땅을 다스리는 경천위지(經天緯地)의 재주와 하늘을 보하고 해를 목욕시키는 보천욕일(補天浴日)의 공로가 있는 사람입니다."라는 글을 올렸으니, 이는 진심으로 이순신에게 감복한 것이다.

　참으로 감동적인 글이 아닐 수 없습니다. 그러나 아무리 진린이 조선을 지원하기 위하여 온 명나라 수군 제독이라도 조선 임금이 보란 듯이 조선의 관료에게 치욕적인 모욕을 줄 수는 없습니다. 명나라에서도 이러한 병폐를 감독하기 위하여 항상 감찰관을 보내기 때문에 이러한 행동은 가차 없이 탄핵당할 수밖에 없습니다. 또한 "경천위지 보천욕일"은 명나라 그 누구도 함부로 쓸 수 있는 말이 아닙니다. 이 말은 황제 중에서도 특별히 선정을 베푼 황제에게나 붙여주는 말 입니다. 황제를 제외한 관료나 장수들에게 이런 찬사를 한다면 황제에 대한 불경죄가 되고 역모를 꾸미는 것으로 오해받습니다. 따라서 황제를 제외한 사람들에게 이 말을 해 줄 수 있는 사람은 황제 혼자만이 가능합니다. 왜 진린은 조선의 관료에게 모욕을 주고 선조에게는 이순신 장군을 경천위지, 보천욕일이라고 했을까요. 왜 선조는 이런 무뢰한에게 청파(혹은 동작진)까지 쫓아가서 잔치를 열어 줬을까요? 이하에서는 이해를 쉽게 하기 위하여 선조실록을 살펴보겠습니다.

> **선조실록 1597.10.24.: 우리 측의 태도를 질책하는 중국 황제의 칙서**
>
> "짐(명나라 황제)이 생각해보니 너희 나라가 명나라에서 가까운 동쪽 주변에 있으면서 대대로 우리에게 공손함을 보여왔는데, 몇 해 전에 왜적이 너희 영토를 침략하자 의주까지 옮겨와서 애절하게 지원을 청하였다. 짐이 측은히 여겨 문무 중신들을 특별히 보내서 군사를 거느리고 지원하되, 불에 타는 자를 구원하고 물에 빠진 자를 건지듯이 했었다. 그때는 다행히 너희 온 나라가 굳은 뜻이 있어서 함께 명나라 군대를 도와 토벌했으므로 너희 강토를 다시 회복하고 너희 왕자와 배신을 도로 찾았다. 왜적도 두려워서 도망하고 머리를 숙여 봉공을 구걸하므로 짐은 너희 나라가 백성과 물자가 흩어지고 탕진됨을 생각하여 우선 그 소청을 따랐으니 너희 나라를 편안하게 하려 함이었다.

그런데 어찌하여 몇 해 동안 휴식하면서도 훈련은 더 하지 않고 스스로 와신상담을 잊고 토붕와해(土崩瓦解)(이순신 압송에 따른 칠천량해전에서의 참패를 의미합니다.)를 좌시하는가. 교활한 왜적이 다시 들어오자(정유재란을 의미합니다) 전과 같이 장황하게 아뢰어 명나라에 지원을 청하니 이 때문에 다시 조선으로 명나라 군대를 추가로 파병하게 되었다. 군사를 수고롭게 하고 매우 험악한 지역을 식량까지 운반해 와서 너의 나라를 위해 지원하였으니, 짐이 작은 나라를 보살펴 줌과 어려움을 불쌍하게 여김은 또한 부지런하다 할 것이다. 들으니, 너희 군신들이 왕사(임금이 거느리는 군사) 보기를 진월과 같이 하여 조금도 생각하는 정의가 없고, 국도 버리기를 헌신짝처럼 여겨 전혀 고려하는 기색이 없으며 식량이 떨어져도 도와주지 않고 기계를 감추어 두고 내놓지 않으며 백성이 흩어져도 수합하지 않고 배신이 도망해도 처벌하지 않는다고 하니, 짐은 지원병을 보내는 것을 어렵게 여기지 않고 만리 먼 길을 달려가 도와주는데 너희들은 나라를 지키는 일에 소홀해서 한 가지 계책도 세우지 않았으며, 이미 명령할 능력이 없으면서 또한 명령을 받지도 않았다. 우리 경리(명나라 총대장)가 그곳에 있으니 나랏일(이순신 압송)에 대해 그의 명을 받았어야 했는데 한 번도 신민에게 경계해 나의 교훈을 받게 하였다는 말을 듣지 못하였다. 정의가 어긋나 서로 맞지 않고 법령도 행해지지 않으니 어떻게 오래도록 흩어진 백성을 수합하여 하나가 되게 하고 쌓여온

> 쇠약한 형세를 떨치고 일어나 굳세게 하겠는가. 너희 마음이 너무 어두워 (당파싸움과 중상모략을 지적하는 표현) 가련할 뿐이다.
> 깊이 생각하여 자세를 고칠 것이니 명나라 사신에 의지해서 정돈하고 명나라 군사의 도움을 받아 함께 지키도록 하라. 너희 지축을 넓히고 너희 기계를 수리하며 너희의 요새지를 지키고 너희 방패와 창을 높이 들며, 명령을 엄격히 선포하여 힘써 싸울 계략을 세우고 군법을 거듭 밝혀 도망하는 죄를 준엄하게 다스려 충성을 진기하고 의리를 고취해서 안전함을 보유케 하라. 이에 어사 한 사람을 보내서 군사를 감시하고 싸움도 독려케 하며, 보검 한 자루를 군문에게 주어 장사들 중에 따르지 않는 자가 있으면 먼저 처벌한 다음 아뢰게 하였다. 너희 군신(임금과 신하)도 온 나라가 함께 노력해서 왕사(군사)를 도와주고 스스로 천명을 끊어 후회하는 일이 없도록 하라. 삼가할지어다. 짐짓 이르노라."

=〉 전체적인 말은 길지만 요약하면 이순신을 모함하여 압송함으로써 칠천량해전 참패와 정유재란을 자초했다고 질책하고 있는 것입니다. 왜냐하면 1597년을 통틀어 토붕와해를 초래한 사건은 칠천량해전에서의 참패에 따른 정유재란 말고는 딱히 조선이 잘못한 일은 없기 때문입니다. 조선 뿐 아니라 명나라 입장에서도 칠천량 패전은 다 된 밥(임진왜란 승리)에 재를 뿌린 것이며, 명나라 바다까지 무방비상태에 놓인 것입니다.

솔직히 당시의 형세를 냉정하게 살펴보면 일본은 얻는 것 없이 3년 이상을 경상도 해안에 매달려 숨만 헐떡 거리다가 꼴깍하기 직전에 〈못 먹는 감(이순신) 찔러나 본다는 심산〉으로 가토의 상륙 일자를 가르쳐 준 것인데, 조선왕이 〈내가 바로 바라던 바요... 고맙소〉하면서 날름 이순신을 압송하여 스스로 토붕와해를 자초한 것입니다.

"너희 군신들이 왕사(임금이 거느리는 군사 : 여기서는 이순신을 의미함) 보기를 진월과 같이 하여 조금도 생각하는 정의가 없고, 국도 버리기를 헌신짝처럼 여겨 전혀 고려하는 기색이 없으며..."란 말은 이순신을 모함하여 압송한 것을 나라를 생각하는 정의가 없고 국도 버리기를 헌신짝처럼 한다고 규정한 것입니다. 무엇보다도 군신(임금과 신하를 아울러 이르는 말)이라는 말을 사용하여 선조와 간신배들이 공동으로 함께 이순신을 모함하여 토붕와해를 자초하였다고 정식문서로 지적하고 있습니다. 매우 건방지고 화나는 표현이지만 사실이 사실인지라 할 말은 없습니다.

또한 "어사 한 사람을 보내서 군사를 감시하고 싸움도 독려케 하며, 보검 한 자루를 군문에게 주어 장사들 중에 따르지 않는 자가 있으면 먼저 처벌한 다음 아뢰게 하였다"함은 특별히 어사를 보내 〈또다시 이순신을 모함하는 자가 있으면〉 즉시 처벌하겠다는 뜻을 우회적으로 표현한 글이기도 합니다. 그리고 군법을 거듭 밝혀 도망하는 죄를 준엄하게 다스려 충성을 진기하라 함은 간신배들을 처벌하라는 지시입니다.

가고 오며 통신에 소요되는 시간과 명나라의 대책 논의를 감안할 때 칠천량해전(1597.07.15) 참패 후 최단시일(3개월) 안에 칙서가 온 것을 알 수 있습니다. 명나라는 그전에 이미 이순신이 압송되자마자 선조와의 독대를 요청하며 이순신 압송 때문에 명나라가 혼돈에 빠졌다고 한 적이 있었습니다. 잠시 뒤에 따로 설명드립니다.

이날의 칙서는 조선이 정신 차리라는 뜻과 함께 이순신을 명나라의 허락 없이는 함부로 건들지 말라는 일종의 명령문이라고 볼 수 있습니다. 그렇다면 어사로는 과연 누가 왔을까요? 아마도 이날 이후로 임금과 대신들의 최대 관심사는 〈누가 보검을 옆에 차고 어사로 오는가?〉일 것 같습니다.

선조실록 1597.11.03 : 영의정 류성룡이 명장, 황제의 혐의를 받아 무마용으로 사직을 청하다.
…중략… 이번에 황제의 칙서에서 이른바 '배신이 도망을 쳤는데도 베지 않는가.'라는 말도 누구를 지적한 것이겠습니까. 신은 황공하고 가슴이 떨려 죽으려고 하여도 되지 않습니다. 예로부터 국가가 이렇게 되면 대신이 당연히 먼저 죄를 받는 일은 당연한

일인데, 더구나 저 같은 자는 여러 해 동안 관직을 더럽히며 그르친 일이 한 두 가지가 아닙니다.

...중략... 더구나 황제의 칙서가 이미 내려졌으니 마땅히 반성함을 보여 명나라로 하여금 조선이 마음을 가다듬고 있다는 뜻을 알게 하는 것이 오늘날의 급선무입니다. 그런데도 신 같은 자가 미련하고 무지하게 여태 이 자리를 맡아 대신이라는 이름으로 날마다 명나라 장수들을 상대한다면, 황제의 칙서가 이토록 준엄한데도 조선의 군신들은 나태한 마음을 움직이지 않고 자리만 지키고 공밥을 먹으며 관직의 체통을 무너뜨리는 자가 여전히 자리를 점거하여 조선이 가망이 없다고 생각할 것이니, 우리나라의 근심됨이 어찌 한량이 있겠습니까. 신은 밤낮으로 헤아려보아도 반드시 신을 내쫓고 다른 이를 정승으로 교체하여 반성하는 뜻을 보이는 것이, 일의 체모로 보아 지극히 당연하고 나라의 일로 보아서도 매우 다행스럽겠습니다. 삼가 바라건대 임금께서는 깊이 생각하시고 멀리 내다보시어 뭇신하들이 으례 하는 말로 보지 마시고 속히 저를 파면시키소서. 황공한 나머지 감히 아룁니다."

선조실록 1597.11.03 : 우의정 이원익이 명장, 황제의 혐의를 받아 파면을 청하다

...중력...황제의 칙서에는 대략 '다른 일은 그만두고 도망친 죄

> 나 논하라.' 하였으니, 이른바 도망쳤다는 것이 누구를 지칭하는지를 분명히 알지는 못하겠으나, 제본 속에 일컬은 '왜인 지역으로 도망쳐 갔는데, 그곳을 알지 못한다.'는 등의 일인 듯한데 신이 바로 이 죄목 안에 들어 있습니다. 황제의 칙서가 이와 같으니 의당 먼저 하여야 될 일은 신의 관직을 파직하여 명나라에게 우리나라가 칙서를 받들고 나서 마음을 가다듬고 있다는 뜻을 알도록 해야 합니다. 오늘날 신이 직위에 무릅쓰고 있으면서 태연히 명나라의 장관과 상대를 한다면 일의 체모는 어떻게 되겠으며 여론은 어떻게 되겠습니까. 삼가 후일의 문책이 조정에까지 미칠까 두렵습니다. 빌건대 신의 관직을 파면하고 다른 정승을 정하소서."

=〉 명나라 황제가 국도 버리기를 헌신짝처럼 하는 간신배들을 처벌하라 했으니 당연히 이순신을 모함한 자들이 파직을 자청해야 함에도 어디에 숨었는지 보이지도 않습니다. 그제나 이제나 간신배들이 하는 짓이 어쩜 그리 똑같은지 참으로 가관입니다. 보다 못한 류성룡과 이원익이 스스로 간신배를 자청하며 사직과 파면을 청하고 있습니다. 특별히 위 사직서를 소개하는 이유는 황제의 칙서를 이해하는 데 도움이 되기 때문입니다. 위 두 개의 사직서를 보면 류성룡과 이원익이 황제의 칙서를 어떻게 해석하고 있는지를 잘 볼 수 있습니다. 즉 황제의 칙서는 간신배들을 처벌하라는 뜻임을 분명히 말하고

있기 때문입니다.

 류성룡은 자신의 사직 사유를 쓰면서 작심한 듯 임금과 간신배들을 엄히 질책하고 있습니다. 군신(임금과 간신배)들이 자리만 지키고 공밥을 먹고 있다는 것을 자신에 빗대어 썼습니다. 그동안 참던 울분을 한꺼번에 토로한 것 같은 느낌이 듭니다. 이 정도면 사간원, 사헌부, 간신배들이 벌떼같이 일어나 불순한 언어를 구사했다고 류성룡을 파직시키라고 주청해야 하나, 모두가 쥐 죽은 듯이 숨소리 하나 내지 않는 것이 신기합니다. 섣불리 나섰다가는 명나라 황제가 보내는 어사의 보검에 목이 달아날까 두려운 것입니다.

 선조실록 1597.11.08 : 황제의 문책 칙서 때문에 왕 스스로 물러날 절차를 밟도록 지시하다.
 "황제의 칙서가 매우 엄절하니, 우리나라의 군신들은 모두 그 죄를 피할 수가 없다. 그러나 한 나라의 일은 모두 임금에게 몰려 있으니, 임금이 마땅히 먼저 그 죄를 받아야 한다. ...중략.... 군부가 지극히 준엄한 명령을 내렸는데도 전혀 움직이지 않는다면 인신의 도리가 아니다. 지금 대신을 차출하여 명나라에 보내기에 좋은 때이니, 임금이 사위(사직)할 것을 서둘러 명나라에 아뢰어 단연코 시행하라고 승문원에 말하라."

선조가 책임을 지고 물러나겠으니 명나라 황제에게 보고하여 허락을 받으라고 하고 있습니다.

> 선조실록 1597.11.09 : 류성룡·윤두수·이원익 등 중신들이 왕의 사위 전교의 부당함을 간하다
>
> 영의정 류성룡, 행 판중추부사 윤두수, 우의정 이원익이 아뢰기를,
>
> "신들이 삼가 어제 승문원에 내리신 전교를 보고 당황하는 마음을 금치 못하였습니다. 이처럼 위급한 때를 당하여 매번 이와같이 사직하겠다는 전교를 내리시니 신들은 어찌할 바를 모르겠습니다. 황제의 칙서가 진실로 엄절한 만큼, 온 나라가 걱정하고 두려워하는 마음이야 어찌 한이 있겠습니까. 그러나 우리나라가 이로 인하여 정령이 개선되고 폐습이 진작되어 부적격한 신하가 내쫓기고 법령이 잘 시행되어 황제의 명을 받들어 마음을 새로이 가다듬는 뜻을 보인다면, 위로는 황제의 견책을 풀 수 있고 아래로는 기울어질 것 같은 국사를 바로잡을 수 있을 것이니, 이것이 바로 오늘날의 급선무입니다. 만약 그렇지 않고 임금이 갑자기 사직할 것을 명나라에 주문한다면 명나라도 반드시 이번 칙서로 인하여 이같이 불순한 거조를 하는 것이라고 할 것이니, 견책이 한결 더 심하여 일의 난처함이 오늘날에 그치지 않을까 염려됩니다. 신들은 황제의 칙서가 있은 이후 밤낮으로 우려하여 어찌할 바를 모르고 있었는데,

> 또 이러한 전교를 받드니 더더욱 황공합니다. 삼가 바라건대 임금께서는 더 깊이 생각하시어 또다시 사직한다는 전교를 내려 한양성 안의 중국 관원으로 하여금 전해 듣지 않도록 하신다면 매우 다행이겠습니다." ...이하 생략...

=> 선조가 황제의 칙서 때문에 스스로 물러날 절차를 밟도록 지시한 것에 대한 답변입니다. 당시 불이 난 곳은 조선만이 아닙니다. 명나라도 발등에 불이 떨어진 것입니다. 명나라 바다가 무방비상태에 놓이게 된 것입니다. 이 상황에서 명나라 황제가 정신차리라고 했는데 선조가 왕위를 넘기겠다고 한다면 불난 집(명나라)에 부채질하는 꼴이 된다고 주청하고 있는 것입니다. 즉 선조 임금이 스스로 물러날 것을 명나라에 보고하면 일종의 항명으로 받아들여져 더욱 난처할 것이니 정신차리고 임금의 책무를 충실히 하라고 주청을 하고 있습니다.

선조실록에 의하면 다음날 (1597.11.10) 한번 더 류성룡·윤두수·이원익이 간언을 하자 선조가 스스로 물러나는 일을 철회합니다. 그리고 이후로는 간신배들을 처벌하는 일은 결국 아무런 조치를 하지 않고 그대로 넘어갔던 것 같습니다. 다만 직책이 낮은 몇몇 장수들만 처벌한 것을 실록에서 간간이 볼 수 있습니다. 결국 화가 난 명나라는 이를 좌시하지 못합니다. 그러한 정황이 진린의 행동으로 나타난 것입니다.

진린의 행패가 무엇을 뜻하는지 잘 알고 있는 선조가 이순신을 모함한 간신배들을 처벌하지 못한 것에 대하여 사죄하는 뜻으로 청파 혹은 동작진까지 가서 잔치를 베푼 것입니다. 선조는 왜 간신배들을 처벌하지 못했을까요? 간신배들은 선조의 뜻을 받들어 이순신을 모함한 것이기 때문입니다.

앞에서 본 〈선조실록 1598.06.26 : 도독 진인을 동작강에서 전별하다〉를 잠시 다시 보겠습니다. 진린이 "배신들 중에 혹 명을 어기는 자가 있으면 일체 군법으로 다스려 절대로 용서하지 않을 것입니다." 하니, 임금이 이르기를," 이 말은 매우 중요한 일이니 비변사에 일러서 의논하여 조처하게 하라."라고 합니다. 〈이를 달리 표현하면〉 진린이 "제가 바로 황제로부터 보검을 하사받은 어사입니다" 하니, 선조가 "알겠소. 비변사에 일러서 황제의 뜻을 받들도록 조처하겠소" 라는 의미로 보면 되겠습니다. 진린은 선조를 만나자 자신은 단순한 수군 대장이 아니고 황제가 보낸 어사임을 공개적으로 천명한 것이고, 선조 역시 뭔 말인지 알았다고 응답한 대화 내용입니다.

앞에서 본 〈선조실록 1597.10.24 : 우리측의 태도를 질책하는 중국 황제의 칙서〉 내용 중에 다음과 같은 내용이 있습니다. 잠시 다시 보겠습니다.

명나라 황제가 말하기를 "... 이에 〈어사 한 사람〉을 보내서 군사를 감시하고 싸움도 독려케 하며, 보검 한 자루를 군문에게 주어 장사들 중에 따르지 않는 자가 있으면 먼저 처벌한 다음 아뢰게 하였다... 이하 생략...

 이 말은 〈이순신을 또다시 모함하는 간신배가 나타난다면 단칼에 베겠다〉는 경고의 의미를 가지고 있음을 위에서 설명하였습니다.

 진린은 이순신을 보호하기 위하여 명나라 황제가 보낸 〈보검을 옆에 찬 어사〉였던 것입니다. 진작부터 이순신을 유심히 바라보던 명나라가 명량해전을 보고 모두 다 놀라 뒤로 자빠진 것입니다. 물론 기뻐서 자빠진 것입니다. 그리고는 이순신을 보호해야겠다고 생각해서 조선으로 떠나는 진린에게 어사의 특명을 부여한 것입니다.

 제가 이렇게 해석한 이유는 진린이 명나라 황제의 칙서에 나오는 어사의 임무(장사들 중에 따르지 않는 자가 있으면 먼저 처벌한 다음 아뢰게 하였다)를 복창하자, 선조가 〈이 말이 중요하다〉며 비변사(오늘날의 국무회의)에서 의논하여 조처하라고 했기 때문입니다. 또 하나의 포인트는 〈왜 하필 이순신 옆으로 떠나는 진린에게 특별히 어사의 임무를 주었겠는가?〉 입니다. 설마 이순신이 말을 안 들으면 단칼에 베라고 한 것은 아니겠지요? 명나라 입장에서는 면사첩만으로는 안심이 되지 않자 어사를 붙여서 이순신을 함부로 건들지 말라는 경고를 보낸 것입니다. 이는 조선의 장수와 관료 뿐 아니라 선조에게도 보내는 경고입니다. 왜냐하면 황제의 칙서에 두 번씩이나 군신(임금과 신하)이라는 표현을 써서 〈선조 너도 마찬가지야...〉라고 했기 때문입니다.

명나라는 이순신이 압송되자 마자 멘붕에 빠졌음을 보여주는 글이 선조실록에 있습니다.

> 선조실록 1597.04.13 : 접대 도감이 호 도사가 왕과의 접견을 요청하였음을 보고하다.
>
> "신 이항복이 명나라 호 도사에게 가서 〈내일은 임금께서 바쁜 일이 있기 때문에 접견이 어렵다〉는 뜻으로 말을 하니, 호 도사가 당장 붓을 적셔 갈겨 쓰기를 '내가 한낱 영화를 추구하여 그대 나라의 임금(선조)을 만나자는 것이 아니다. 남을 통해서는 말할 수 없는 일이기에 비밀리에 국왕과 친히 만나자는 것이다. 내일 새벽에 한 번 만나 보아야 되겠다.' 하였습니다. 또 '천하의 일은 사사로운 일이 아니라 곧 군문의 일이니 모두가 귀방(조선)의 안위에 대한 말들이다. 별도로 할 이야기가 있다. 내일 조선 국왕을 면담하고 큰 계획을 세워야 되겠다. 병마의 일은 이미 윤허하는 성지가 내려 장수가 남쪽으로 떠났을 것이다.' 하고 또 '절강성의 수병은 곧 부총병 진잠이 가서 거느리고 올 것이며 복건성의 수병도 곧 참장 계금이 대동하고 올 것이니, 수군과 육군이 도합 10만

이다' 하고, 또 은밀히 종이 쪽지에 쓰기를 '명나라가 지금 혼돈(混屯)한 상황이다.' 하고는 곧장 그 쪽지를 불살랐습니다. 신(이항복)이 혼돈의 뜻이 무엇인지를 물으려고 하니, 도사가 머리를 흔들며 '내일 국왕과 자세히 말하겠다. 임금께서 바쁘다 하시니 어쩔 수 없이 내일 이른 아침에 만나서 말씀드려야 하겠다.'고 하였습니다... 이하 생략... 선조 임금이 전교하기를, "그렇다면 내일 만나는 것이 옳겠다." 하였다.

=〉 너무 재미있는 기록이라서 여러 번 읽었습니다. 종이 쪽지에 쓴 것도 흥미롭지만 곧바로 태워버렸다 하니 정말 재밌습니다. 이때부터 벌써 명나라 수군이 조선으로 가기 위하여 채비를 갖추기 시작한 것을 알 수 있습니다. 아! 그런데 명나라가 반란 때문에 혼돈에 빠진 것을 왜 조선 임금에게 비밀리에 말하겠다는 것입니까? 수군을 보내니 군자금 좀 내라는 것이지요? 아니라고요? 그럼 뭔 말을 하시려는 겁니까? 속 시원히 말씀 좀 해 보세요...

　이순신을 압송한 것이 명나라를 혼돈에 빠지게 한 것이라고요? 그렇군요. 그때까지는 이순신 때문에 바다 걱정은 안 하고 있었군요. 이순신이 압송되니 명나라 넓은 바다가 왜적들에게 유린 당할 염려에 빠진 것이군요. 빨리 가서 왜적들이 서해로 진출하는 것을 막아야겠다는 것이네요. 원균을 믿으니 차라리 명나라 수군을 보내는 것이 안심이라는 뜻이군요. 워매! 중국사람들이 듣던 것과는 달리 동작 하나는 엄청 빠른 것 같습니다. 눈치 하나는 10단 인정합니다. 이항복도 뭔 말인지 알아들은 것 같기도 하고 아닌 것 같기도 하고... 제가 이렇게 해석한 이유는, 반드시 선조 임금을 만나야 하는 이유가 〈모두가 귀방(조선)의 안위에 대한 말들이다〉고 했기 때문입니다. 아마도 이순신을 즉시 복귀시키라는 것 아닐까요? 오고 가는 통신 시간과 명나라 스스로의 대책협의 등을 감안할 때 이순신 압송 지시(선조실록 1597.02.06.) 후 두 달만에 호 도사가 선조를 직접 알현하겠다는 것을 알 수 있습니다. 당시에는 왜적들이 다시 쳐들어온다는 것은 공공연한 비밀입니다. 그러니 명나라가 혼둔에 빠질 수밖에 없었던 것 같습니다. 이러한 기록이 그대로 있으니 조선왕조실록을 재삼 칭송할 수밖에 없습니다.

참고로 혼둔(混屯)은 혼돈을 의미하는 임진왜란 당시의 중국어 같습니다. 옥편을 보면 屯은 언덕 구릉을 의미하는 둔, 어렵고 험난함을 의미하는 준의 두 가지로 쓰인다고 했습니다. 따라서 한글 발음은 혼준이 맞지 않나 생각합니다. 명나라도 혼둔에 빠질 정도니 조선 백성들의 애타는 마음은 어느 정도였겠습니까? 억장이 무너지는 참담함을 느꼈을 것입니다. 이순신의 압송으로 의병 활동도 급속도로 위축되었다는 기록도 볼 수 있습니다.

선조가 다음날 호 도사를 만난 것은 사실이겠으나 이에 대한 내용이 선조실록에 없는 것으로 보아 사관들도 물리치고 단둘이 만난 정황을 알 수 있습니다. 전쟁을 도와주던 명나라 측의 요청이니 사관들도 양보한 것 같습니다.

호 도사는 선조에게 무슨 말을 했을까요? 소설을 쓴다면 너무나 재미있는 광경이라고 생각합니다. 그렇다면 선조는 뭐라고 했을까요? 저는 이렇게 추측하겠습니다. "원균이 〈겁쟁이 이순신〉보다 훨씬 우수합니다. 두고 보시면 압니다. 가까이서 본 제가 왕위를 걸고 보증합니다."

이후 특별한 기록이 없는 것으로 보아, 아직은 조선 수군이 건재하고 있으므로 명나라는 우려를 표명하는 정도로 사안을 마무리 한 것 같습니다.

참고로 계금(명나라 수군 선발대장)이 선조실록에 처음 등장하는 것은 〈1597.03.25 주문사 정기원의 서장〉입니다. 압송 명령이 1597년 2월 6일 임을 감안할 때 이순신을 압송한다는 소식을 접하자 마자 명나라가 잽싸게 수군 출동을 준비시킨 것을 알 수 있습니다. 실제로 계금이 강화도에 도착한 것은 10월 중순쯤(난중일기 1597.10.24. 참조)인 것으로 보아 호 도사가 선조를 접견할 때 선조가 〈조선 수군만큼은 걱정하지 않아도 된다〉며 강하게 어필하자 명나라도 긴가민가 하며 수군 선발대 출발을 잠시 미뤘다가 칠천량해전 참패 소식을 듣고 바로 출발시킨 것 같습니다.

역사 기록에 잘 나오지 않아 간과하고 있는 것이 있습니다. 전쟁이 일어난지 5년이 지나도록 명나라가 수군을 보내겠다는 기록조차 없습니다. 심지어 수군 전투에 대하여 훈수 한번 둔 적이 없습니다. 이유야 뻔한 것 아니겠습니까? 이순신을 그냥 믿는 정도가 아니라 이순신 앞에서 훈수를 둔다는 것이 바둑으로 치자면 아마추어가 프로 10단에게 훈수를 두는 것과 같기 때문입니다. 그런 이순신을 터무니없이 잡아들였으니 명나라가 화들짝 놀라 자빠진 것은 당연합니다. 명나라는 이순신이 압송되자마자 부리나케 수군 파병을 논의하기 시작한 것도 아울러 볼 수 있습니다. 여하튼 이순신의 압송은 너무나 뼈아픈 일이지만 명나라가 혼돈에 빠질 정도니 이순신은 대한민국의 자랑입니다.

이상의 내용을 가장 잘 아는 사람이 바로 류성룡입니다. 특히나 선조가 진린의 말을 듣고 "이 말은 매우 중요한 일이니 비변사에 알려라"고 했기 때문입니다. 류성룡은 비변사의 수장입니다. 황제의 칙서를 유심히 살펴보고 스스로 사표까지 내며, 이원익과 함께 간신배를 자청하여 나름 칙서 사태를 침착하게 수습한 장본인이기도 합니다. 류성룡이 〈진린은 명나라 황제가 보낸 어사〉라는 사실을 잘 안다고 가정하시고 징비록 상의 진린 관련 글을 읽는다면 매우 흥미가 있습니다. 류성룡의 글 쓰는 재주와 마음까지 읽을 수 있기 때문입니다. 이순신 장군이 진린의 정체를 알았는지, 알았다면 언제부터인지는 각자 상상하시면 됩니다.

다시 징비록으로 가 보겠습니다. 조선으로서는 치욕일 수 있는 진린의 안하무인격인 행패와 그런 망나니 진린에게 선조가 잔치를 베푼 내용을 우정 징비록에 기록한 것은 류성룡 또한 그러한 내막을 알고 있다는 뜻입니다. 징비록에 진린이 "이순신은 경천위지 보천욕일의 공이 있다."고 선조에게 글을 올렸다고 쓴 것 역시 류성룡은 그 내막(황제의 말을 진린이 대신 전달함)을 안다는 뜻입니다. 왜냐하면 이 말은 명나라 황제만이 할 수 있는 말이기 때문입니다. 황제가 아닌 사람들은 오로지 황제를 칭송할 때에만 이 말을 할 수 있습니다. 일개 장수가 황제가 아닌 사람을 지칭하여 이 말을 하는 것은 역모 의심받기 때문에 쓸 수 없는 말입니다. 특히 진린은 조선에 오기도 전에 이미 파직을 경험한 사람입니다. 그럼에도 이런 말을 했다는 것은 명나라 황제가 선조에게 전하라는 말을 대신 전한 것입니다. 만약 진린이 스스로 이런 말을 했다면 "나(진린)는 이순신을 조선국왕 뿐 아니라 명나라 황제보다도 더 높게 평가한다"라는 뜻이 되므로 바로 명나라에 소환될 수밖에 없습니다. 류성룡이 글 맨 끝에 "이는 마음속으로 이순신에게 감복한 것이다."라고 쓴 것 역시 명나라 황제가 감복한 것을 진린이 감복한 것이라고 우회적으로 쓴 글입니다. 오로지 선조의 총애를 받아 영의정으로 등극하여 임진왜란 내내 전쟁을 총 지휘한 류성룡으로서는 명나라 황제가 이순신에게 감복했다고는 차마 쓸 수 없었던 것입니다. 그리 한다면 칙서를 받은 선조의 굴욕에 한방을 더 날리는 격이 되기 때문입니다. 류성룡은 차마 명나라 황제의 칙서 사태를 징비록에 쓰지는 못하고, 대신에 진린의 행동을 통하여 명나라 황제의 생각을 간접적으로 표현한 것입니다. 명나라로서는 동북쪽의 오랑캐를 잠재우는 데 이순신이 꼭 필요하였던 것입니다.

진린이 황제로부터 받은 명령은 무엇이었을까요? 이하에서는 저의 상상을 한번 적어보겠습니다.

〈진린아! 조선에 가서 이순신을 만나거든 처음에는 짐짓 허세를 부려 보거라. 그리하여 그의 인간됨을 잘 살펴보거라. 전투수행능력은 더 이상 볼 필요도 없다. 그의 인간성이 합격이라고 판단되면 나에게 보고하고 본격적으로 그에게 러브콜을 보내라. 조선과의 우호 관계를 고려할 때 그를 귀화시키는 것은 무리가 있으니 전쟁이 끝나면 조선 임금에게 정식으로 파견을 부탁할 생각이니라.〉

그렇다면 과연 이순신은 명나라에게 어떤 존재일까요? 그냥 전투만 잘하는 조선의 수군 장수일까요? 이순신은 명나라 넓은 바다를 지켜주는 수호신입니다. 그것도 명나라 수군의 도움을 전혀 받지 않고 두 번씩이나 지켜준 것입니다. 한산도대첩과 명량해전이 없었다면 명나라 바다가 결코 안전할 수는 없는 것입니다. 그는 한번도 명나라 수군의 지원을 바란 적도 없습니다. 명나라는 이순신이 압송되기 전에는 수군을 보내려고 한 적도 없습니다.

이순신 구애작전을 가장 잘 아는 사람은 이순신 본인입니다. 난중일기 1598년을 보면 1월 5일부터 9월 14일까지 빠져 있습니다. 대신에 4월 26일과 10월 4일에 중국 장수로부터 받은 선물을 자세히 적고 있습니다. 모두 15명으로부터 70여 종의 선물을 받았다고 썼습니다. 갯수로 계산하면 그보다 훨씬 많습니다. 별다른 설명 없이 자세히 쓰셨습니다. 꼭 한번 읽어보시기 바랍니다. 선물 목록을 보는 것도 매우 흥미롭습니다. 그전에 이미 명나라 장수 경리 양호가 비단도 보내고 면사첩도 보냈다고 했습니다.(난중일기 1597.11.16~17) 양호와 진린의 일련의 행동, 그리고 15명의 명나라 장수들이 벌떼같이 보낸 선물은 명나라 황제의 뜻을 모르고서는 있을 수 없는 일입니다. 그중 명나라 격장 계금이 선물로 준 물품만 한번 적어보겠습니다. 참고로 계금은 진린보다 8개월 먼저 수군 3천 명을 인솔하고 조선에 도착한 명나라 수군 선발대장입니다. 〈청운비단 한 단, 남은 비단 한단, 비단버선 한 쌍, 구름무늬 신 한 켤레, 향기 한 벌, 향패 한 벌, 절명차 두 근, 향춘 두 근, 사청차 사발 열 개, 산닭 네마리〉 이상입니다. 산닭까지 보내서 읽을 때마다 웃음을 주어 계금에게 감사드립니다. 이순신 장군이 건강이 안 좋은 것을 보고 인삼 넣고 삼계탕 푹 끓여 몸 보신하라고 한 것 같습니다. 이후에도 명나라 유격 복일승이 또다시 산닭 두 마리를 보낸 것으로 보아 이순신 장군의 건강이 좋지 않다는 것은 명나라 장수들도 알고 있었던 것 같습니다.

여담이지만 각각의 선물마다 그 분야 전문가들이 보면 그 뜻 또한 선물 못지 않게 재밌을 것 같습니다. 명나라 장수들의 선물 공세로 미루어 보아 이순신 장군이 명나라에 가면 이들보다는 확실히 높은 상관(동북쪽 오랑캐 전담 총사령관)에 임명된다는 뜻 같습니다.

이순신 장군이 선물 목록을 아무런 설명 없이 자세히 기록한 뜻은 다음과 같습니다.

첫째는 명나라 장수들이 왜 선물을 벌떼처럼 주고 있는지 알고 있다는 뜻입니다. 명나라 장수들이 준 비단, 면사첩, 선물은 모두 명량해전 뒤의 일입니다. 명량해전에서 승리한 것을 축하하는 것은 당연하나, 한편으로는 전쟁이 막바지에 다다랐기 때문에 명나라가 서둘러 이순신 구애작전에 돌입한 것을 명나라 장수들이 먼저 알아보고 선물 공세를 하고 있다는 뜻이 담겨져 있습니다. 전쟁이 끝나면 명나라가 이순신을 모셔가려 했다는 가장 확실한 증거는 바로 난중일기에 자세히 기록된 명나라 장수들의 선물 리스트 입니다. 이순신 장군은 차마 명나라의 구애작전을 쓰지는 못하고 선물 리스트를 쓰는 것으로 대신한 것입니다.

둘째는 무수한 선물들에 대하여 고맙기는 하지만 자신은 명나라로 갈 생각이 추호도 없다는 뜻입니다. 그리하여 담담하게 선물 목록을 자세히 써내려 갈 수 있었던 것입니다.

셋째는 이순신 장군은 전쟁이 끝나면 조선 백성의 가슴속에 영면하겠다는 의지를 쓰신 것입니다. 전쟁은 머지않아 끝날 것으로 보고 자신의 마지막 유지를 쓰신 것입니다.

무술년(1598년) 난중일기가 1월 5일에 중단되고 9월 15일에 재개되었습니다. 선물 리스트는 1월 5일과 9월 15일 사이에 기록되어 있습니다. 그러나 선물 리스트를 자세히 보면 4월 26일 이후 받은 선물이 나열되다가 갑자기 10월 4일 이후 받은 선물들도 함께 나열되어 있습니다. 10월 4일 이후의 선물은 분명 10월 4일 이후 받은 것입니다. 그것이 9월 15일 일기 전에 기록된 것이 흥미롭습니다. 이는 분명 뒤에 받을 지 모르는 선물을 추가로 쓰기 위하여 앞의 공간을 미리 비워둔 것을 알 수 있습니다. 그렇지 않다면 10월 4일 이후의 선물은 10월 4일 이후에 기록되어야 합니다. 왜냐하면 정상적인 일기는 11월 17일까지 썼기 때문입니다. 만약 일기가 하루 하루 낱장으로 되어 있더라도 그 의미는 같습니다. 뒤에 받은 선물 리스트도 일부러 일기장을 소급하여 앞에 쓴 선물 리스트에 같이 편철한 것입니다. 제가 이러한 제반 상황을 말씀드리는 이유는 난중일기 마지막에 기재된 선물 리스트가 그냥 받는대로 무심코 당일 당일 적은 것이 아니라는 사실을 말씀드리고 싶어서입니다. 날짜를 소급해 가면서까지 선물 리스트를 함께 기록하여 무언가 의미(메시지)를 남기려 했다는 것을 알 수 있기 때문입니다. 제가 그 뜻을 해석한 것이 틀렸다 하더라도 〈이순신 장군은 선물 리스트를 날짜를 소급하면서 까지 한 곳에 일목요연하게 기록하면서 후손들에게 무엇을 말하고 싶었는가?〉 만은 앞으로도 계속 훌륭한 연구가 나오기를 기대합니다. 결국 이순신 장군은 마지막 노량해전(11월 18일) 출정을 앞두고 미리 남겨둔 빈 공간에 마지막 선물 목록을 추가한 것을 알 수 있습니다.

10월 4일 이후 약 한 달 보름 사이에 8명의 중국 장수가 선물을 보냈다는 것은 무엇을 의미할까요? 도요토미 히데요시는 8월 18일에 사망하였습니다. 그가 사망했다는 소식이 전해지자 명나라 장수들이 〈이런! 전쟁이 생각보다 빨리 끝나게 생겼구먼, 난 아직 멀었는지 알았는데... 급하다 급해!〉 하면서 황급히 이순신에게 선물 공세를 했던 것입니다.

난중일기 명량해전 편에서 안위와 김응함을 내세워 자신의 압송, 백의종군, 통제사 재임명을 우회적으로 쓰신 뜻도 (공을 세워 높은 벼슬을 얻고자 싸우는 것이 아니라) 오로지 나라와 백성을 위하여 싸우는 것이란 뜻입니다. 이순신 장군의 이러한 생각(공명을 바라지 않음)을 잘 표현한 글이 보여서 잠시 인용하겠습니다.

"이순신의 화평 하고 어진 덕과 과단성 있게 일을 처리하는 재능 그리고 상과 벌을 곧바로 주는 용기, 만일 다른 사람이 이런 정도의 분이라면 백세에 이름을 날릴 사람이라 하겠지만, 이순신에게 있어서는 그저 당연히 해야 할 하찮은 일로 여겼을 뿐 공명을 바라지 않았던 그런 사람이었다." 영의정 백사 이항복 (출처:인터넷, 가덕도 향토역사문화보존회, 이순신 추모어록)

이순신 장군이 난중일기에 남긴 두 가지 글(명량해전에서 안위와 김응함에게 한 말, 명나라 장수의 선물 리시트)은 이순신 장군의 유지(遺旨)를 쓰신 것입니다. 난중일기에는 또다른 유지도 있다고 생각합니다. 이순신 장군의 숭고한 정신은 난중일기 속에 모두 녹아 있습니다. 이순신 장군의 깊은 뜻은 일제시대 독립운동에서 그 빛을 더욱 발하고, 오늘날에도 여전히 살아 숨쉬고 있습니다. 이순신 장군은 하고 싶은 이야기를 난중일기에 오롯이 담고 있습니다. 특히 감옥에서 나온 날부터 칠천량해전과 정유재란 같은 사태를 예견하며 걱정하는 모습 〈더하는 슬픈 마음을 이길 길이 없었다〉을 보이더니, 마침내 자신이 압송당함으로써 야기된 정유재란의 참상을 보며 분하고 원통하며 안타까운 마음을 수시로 표현하고 있습니다.

또다시 여담입니다만, 난중일기와 선조실록 그리고 징비록을 하나로 묶어 풀어낸다면 삼국지에 버금가는 대하소설을 쓰고도 남는다고 생각합니다. 삼국지에서 제갈공명은 훌륭한 재상이지만 감히 이순신을 따라 올 수 없습니다. 제갈공명은 참모이고 이순신은 장수이기 때문입니다. 참모는 머리속으로 구상만 하면 되지만, 장수는 스스로 군대를 육성하고 전투를 지휘해야 합니다. 이순신은 일인이역(참모 + 장수)을 모두 훌륭하게 해냈기 때문입니다. 뿐만 아니라 임진왜란은 국가 간의 전쟁을 넘어 국제전의 성격을 띠기 때문에 감히 삼국지를 넘어서며, 등장인물들의 대화 기록과 일기, 책 등이 생생하게 남아 있기 때문입니다. 삼국지에는 조조가 있다고 하겠지만 임진왜란에는 조조 버금가는 사람이 일본과 조선에 능히 몇명은 된다고 봅니다.

이제는 임진왜란을 마무리할 시간입니다. 왜적들이 1597.09.14

부터 시작된 철수작전에 따라 순천, 사천, 울산에 있는 왜성으로 퇴각한 이후 근 1년간은 전쟁이 소강상태에 들어갑니다. 왜적들은 배수의 진을 치고 일본으로부터 다음 명령이 오기를 기다리지만 일본으로부터는 아무런 조치가 오지 않습니다. 명량해전에서 일본 수군이 야심차게 준비한 큰 안택선을 가지고도 한번 제대로 써보지도 못하고 이순신에게 참패하자 히데요시가 충격을 받아 자리에 누워 버린 상황을 추측해 볼 수 있습니다. 〈선조실록 1598.02.24: 평수길이 죽었다는 치보를 받고 사실인지의 여부를 논란하다〉를 보면 히데요시가 죽었다는 보고를 받고 선조가 왜적의 계략이라고 하면서 말하기를 "히데요시는 어찌하여 그토록 여러번 죽고 여러번 살아난단 말인가?"라고 하여 히데요시 사망설이 여러 번 보고된 정황을 알 수 있습니다. 이때 이미 히데요시의 건강이 정상적인 상태가 아니었기 때문이라고 생각합니다. 도요토미 히데요시는 이후 8월18일에 사망하였습니다. 결국 히데요시의 죽음은 이순신 장군의 불패신화와 무관하지 않습니다. 히데요시는 태어나 오로지 단 한 사람 이순신에게 진 것입니다.

이순신은 적이 육지를 점령하고 있는 바다(순천으로부터 사천을 거쳐 부산포에 이르는 바다)로 섣불리 진격하다가는 또다시 칠천량해전과 비슷한 패전을 할 수 있기 때문에 섣불리 고금도를 넘어 부산포 방향으로 진격하지 못하고 있습니다. 이순신 장군은 압송 전이든 후든, 한결같이 일본 육군이 육지를 점령하고 있는 바다 턱밑까지 가서 진을 치고 그 이상은 진격하지 않는 것을 볼 수 있습니다. 바다 전투의 속성을 누구보다 잘 알기 때문입니다. 마침내 히데요시가 사망하자 일본군은 시간을 갖고 치밀하게 퇴각 작전에 들어갑니다. 조선은 퇴각하는 일본군을 남김없이 쳐부수기 위하여 최선을 다하지만 명나라 장수들의 견제에 밀려 생각한 만큼 뜻을 이루지 못합니다. 이순신 장군은 드디어 노량해전에 출정합니다. 노량해전에 임하는 이순신의 전략은 간단합니다. 퇴각하는 일본군을 모조리 수장시키는 것입니다. 목숨을 바쳐서라도 왜적을 한 명이라도 더 수장시키기 위하여 몸소 선두에 서서 전장을 지휘하신 것입니다. 전쟁은 끝났기 때문입니다. 진린은 이순신과 함께 참전하여 최선을 다하여 왜적을 무찌르고 있었습니다. 이순신을 지키라는 것이 명나라 황제의 명령이기 때문입니다. 진린의 비문에 나온다는 무후(제갈공명)의 예방법 이야기와 진린이 이순신을 명나라 황제에게 추천했다는 글은 이러한 이치에 비추어 보면 충분히 이해가 되지만 정확한 증거자료가 없기 때문에 여기서는 생략합니다. 다만 누군가가 지어낸 것이라 해도 지은이 역시 그러한 이치(명나라의 구애작전)를 잘 아는 사람임은 분명하다고 생각합니다.

조선은 왜적의 교란책에 넘어간 선조와 이순신 반대파들에 의하여 이순신이 압송되는 바람에 충분히 막을 수 있었던 정유재란을 자초하였습니다. 이를 명시적으로 지적한 사람은 명나라 황제입니다(선조실록 1597.10.24 : 중국 황제의 칙서 참조). 또한 선조는 칠천량 패전 대책회의에서 엉겁결에 정유재란이 자기 책임임을 실토하였습니다. 황신의 보고에는 일본 장수끼리의 수싸움 뿐 아니라, 일본 장수 (유천조신)의 정유재란 전략 가르쳐주기, 이를 알아보지 못한 조선 조정의 무지 등이 잘 실려 있습니다. 조선시대 역사가들이 쓴 임진왜란은 이씨왕조 하에서 선조와 조정의 실수를 감추려고 어쩔 수 없이 모든 책임을 히데요시의 망령과 고니시. 심유경의 협상안 조작설에 올인하는 것을 엿볼 수 있습니다. 이 모든 것이 조선왕조실록이 없었다면 그대로 기정사실로 인정되었을 것입니다. 1596~97년 선조실록을 살펴보면 협상안이 조작되었다는 흔적을 조선과 일본, 명나라 어디에서도 발견할 수 없었습니다. 솔직히 정유재란이 선조의 잘못으로 일어난 것이 공표되는 날에는 이씨 왕조의 근간이 흔들릴 수 있는 엄청난 사건이므로 권력을 잡은 자들이 선조의 잘못을 감추느라 기댈 곳을 찾은 것이 협상안 조작설이었던 것입니다.

선조수정실록 1596.12.01: 〈풍신수길의 요구가 봉왕을 받는 것보다 훨씬 크다〉란 글을 볼 수 있는데 〈풍신수길의 요구는 매우 커서 봉왕을 받는 데 그치지 않았다. 심유경이 고니시의 말을 경신하여 구차스럽게 미봉하려고 했던 것이며 고니시는 온갖 방법으로 반복했을 뿐이었다〉라고 하여 선조실록에서 황신이 보고한 기록과는 전혀 다른 설명을 함으로써 그동안 협상안 조작설의 근거가 되었던 것을 알 수 있습니다. 이는 선조의 잘못(이순신 압송)을 감추려는 의도가 잘 드러난 역사 왜곡의 현장입니다. 말하자면 정유재란의 발생 원인을 협상안 조작으로 끌고 감으로써 자연스럽게 선조의 잘못은 정유재란과는 별개의 해프닝으로 희석시키려는 것입니다. 그들은 선조를 위해서가 아니라 자신들의 권력을 유지하기 위하여 조선왕조가 흔들리는 것을 미연에 방지해야 하기 때문입니다. 선조실록을 자세히 살펴보면 선조의 망령(의장증)만 아니였다면 정유재란은 〈도요토미 히데요시가 혼자서 어떠한 망령을 부리더라도〉 일어날 수 없었습니다. 이순신이 지키는 한산도를 돌파할 수가 없기 때문입니다. 이는 명나라 황제, 선조, 도요토미 히데요시가 모두 인정한 사실임이 또한 선조실록에 잘 나타나 있습니다. 선조수정실록이 나왔더라도 전에 편찬한 선조실록을 파기하지 않고 함께 보존한 것은 임진왜란 연구를 위하여 너무나 다행이라 할 수 있습니다.

조선왕조실록이 건재하고 또 이를 누구나 볼 수 있게 해주신 분들 덕분에 앞으로도 잘못된 역사 기록들은 조선왕조실록을 중심으로 재정비되기를 기대하겠습니다.

류성룡: 전쟁이 끝나감을 미리 예견하다

9

  징비록은 매우 훌륭한 역사 기록입니다. 류성룡은 유려한 문장을 구사하며 자신이 세운 국가 대계에 따라 임진왜란이 극복되고 있음을 쓰고 있습니다. 그러나 잘 극복되어 가던 전쟁이 정유년(1597년) 초에 이순신의 압송이라는 전혀 예상치 못한 돌발악재를 만나면서 류성룡의 국가 대계는 큰 시련을 만나게 됩니다. 그러나 영웅은 시련 속에 탄생한다고 합니다. 류성룡은 정유재란이라는 또 하나의 참담한 시련 속에서 왜적의 퇴각을 미리 예측하여 선조의 두 번째 피난(파천)을 막아냅니다.

  잠시 징비록을 보겠습니다. 정유재란 당시 "왜적이 퇴각하였다"로 시작되는 글입니다.

...중략... 정유재란 당시(1597년 8월) 서울(한양)을 거의 지킬 수 없는 상황이 되자 조정의 신하들이 다투어 피난할 계책을 올렸다.

...중략... 한 대신이 조당에서 "이 왜적을 두려워할 것이 뭐가 있겠습니까? 시간이 지나면 왜적들은 스스로 물러날 것입니다. 따라서 여차하면 임금님을 (잠시) 편안하고 안전한 곳으로 모실 따름입니다." 라고 하였다.

...중략...권율장군이 경상도에서 한양으로 달려왔습니다.

임금께서 권율에게 대책을 물으니 권율이 다음과 같이 대답했습니다.
"애당초 임금께서 급히 한양으로 돌아와서는 안 되는 것이었습니다. 마땅히 서쪽(평양)에 계시면서 왜적의 형세가 어떠한지를 살펴야 하였습니다."...이하 생략

류성룡은 정유재란의 발생 원인과 정유재란 당시 일본군이 갑자기 남해안의 울산 사천 순천의 왜성으로 퇴각한 이유를 가장 잘 아는 사람입니다. 위 글에 보면 "왜적을 무서워할 이유가 뭐가 있겠습니

까? 시간이 흐르면 왜적들은 스스로 물러날 것입니다"라고 조당에서 한 대신이 말했다고 썼습니다. 조당에서 말했다 함은 임금께 아뢰었다는 뜻입니다. 한 대신은 바로 류성룡입니다. 그리고 실제로 얼마 후 왜적들이 갑자기 남해안의 울산 사천 순천의 왜성으로 퇴각하였습니다. 왜군의 갑작스런 퇴각은 정유재란 최대의 미스터리로서 선조실록에도 그대로 실려있는 실화입니다.

　류성룡은 무엇을 보고 왜적의 퇴각을 예측하였을까요? 저는 류성룡이 선조실록을 자세히 연구했기 때문이라고 생각합니다. 물론 당시에는 선조실록이 따로 있는 것이 아니므로 각종 보고서, 장계 등을 의미하는 것으로 이해 바랍니다. 1596년 일본에 다녀온 황신의 보고로부터 1597년 칠천량전투 이전까지의 선조실록만 자세히 읽어보아도 왜적의 퇴각이 멀지 않았음을 예측하는 것은 아주 어려운 일은 아닙니다. 류성룡은 당대로부터 지금까지 통틀어 선조실록을 가장 잘 아는 사람입니다. 또한 직책상 왜적의 일거수일투족에 집중하고 있었습니다. 그런 연고로 왜적의 퇴각을 예측한 것입니다. 그리하여 정유재란 때 대부분의 신하들이 또다시 평양이나 의주로 도망치자고 선조에게 조를 때, 류성룡 혼자서 선조의 파천을 아슬아슬하게 막아냈습니다. 당시 징비록과 선조실록을 보면 선조와 신하들이 피난을 떠나자고 이구동성으로 떠들고, 류성룡은 〈그리되면 명나라 군사까지 후퇴하게 되어 최악의 상황이 된다〉며 끝까지 파천을 반대하고 있음을 볼 수 있습니다. 만약 정유재란 때 일본군이 경기도 근처까지

치고 올라 온 것을 보고 또다시 평양이나 의주로 파천을 하였다면 전쟁은 더 악화되었을 것은 당연합니다. 결국 류성룡은 〈미워도 다시 한번〉의 마음으로 나라와 백성을 지켜낸 것입니다. 그러나 류성룡은 끝내 그 〈위대한 예측〉의 근거를 징비록에 쓰지 않았습니다. 그것은 류성룡에게는 숙명이었는지 모릅니다. 참고로 〈미워도 다시 한번〉은 이순신을 압송한 선조가 용서가 되지 않지만, 나라와 백성을 구하기 위해서는 더욱 열심히 선조를 보필해야만 하는 영의정 류성룡의 얄궂은 운명을 제 나름대로 표현한 말입니다.

〈왜적은 스스로 물러날 것〉이라는 류성룡의 말에 대하여 다른 신하들은 어떻게 생각했을까요? 왜 그들은 류성룡의 말은 귀담아 듣지 않고 피난만을 주청했을까요? 징비록에 있는 몇 가지 퀴즈 중의 하나입니다. 정답은 〈듣지 못했기 때문〉입니다. 이 말은 특급 군사비밀입니다. 이 말이 왜적의 귀에 흘러들어간다면 왜적들이 발끈하여 "뭐라! 류성룡이 그렇게 잘났어?" 하면서, 퇴각을 멈추고 다시 한양으로 치고 올라올 수 있기 때문에 공개적으로는 할 수 없는 말입니다. 따라서 이 말은 임금에게만 은밀히 한 말 입니다. 징비록에 나오는 류성룡의 말 중에는 임금만이 아는 말이 있습니다. 대표적인 것이 국가 대계입니다. 안주에서 육탄 방어하겠다고 주청을 올린 것도 그 중 하나입니다. 이 세 가지 발언들은 선조실록에 나오지 않습니다. 두 가지는 사관과 신하들은 듣지 못한 말이고, 하나(육탄방어)는 보았으나 내용을 이해하지 못한 계청입니다.

〈왜적은 스스로 물러날 것〉이라는 발언에 대하여 선조는 어떻게 반응하였을까요?

정유재란 당시 왜적은 남원성을 점령하고 경기도 안성, 죽산까지 치고 올라왔다가, 갑자기 남해안의 울산 사천 순천의 왜성으로 퇴각하였습니다. 이로써 임진왜란은 사실상 끝난 것이나 마찬가지입니다. 그 후의 과정은 일종의 마무리 절차라고 보면 됩니다. 그렇다고 보면 류성룡이 〈왜적들은 스스로 물러날 것이다〉라고 말한 것은 임진왜란이 끝나가고 있음을 미리 예측한 대단한 발언입니다. 그것도 전쟁이 끝나기 무려 일 년 전에 한 말입니다. 무엇보다도 타임이 절묘합니다. 당시는 칠천량해전에서 조선 수군이 참패하여 일본 육군이 드디어 기회가 왔다며 전라도와 충청도 양 갈래로 거세게 치고 올라오고 있었습니다. 그래서 한양을 거의 지킬 수 없는 상황이 되어 조정의 모든 신하들이 다투어 피난할 계책을 내놓던 절박한 상황이었습니다. 이는 징비록과 선조실록의 기록이 일치합니다. 이렇듯 절체절명의 순간에 류성룡은 〈왜적들의 퇴각을 예측하고 선조에게 설명하여〉 결국은 선조의 파천을 막아낸 것입니다.

〈선조실록 1597.08.05 : 내전의 경호 문제, 중국군의 남방 방어 문제, 서울의 내성 수축 문제를 논의하다〉를 보면 류성룡이 끝까지 파천을 반대하자 선조 임금이 류성룡을 고집불통이라고 질책하는 것을 볼 수 있습니다.

〈선조실록 1597.08.18 : 영돈녕부사 이산해 등이 면담을 청하여 남원성 함락 이후의 사태를 논의하다〉를 살펴보면 류성룡을 제외한 대부분의 신하들이 집단으로 선조에게 달려가 하루빨리 피난을 떠나자고 재촉하는 것을 볼 수 있습니다. 이들은 임금의 안전 못지 않게 자신들의 안전이 발등의 불 이었던 것입니다. 참고로 소설이나 사극을 쓰실 분들을 위하여 재미있는 선조실록 하나를 소개하겠습니다.

　　선조실록 1597.08.14: 영돈녕부사 이산해 등의 면담을 거절하다.

　　영돈녕부사 이산해, 판중추부사 윤두수, 좌의정 김응남, 지중추부사 정탁 등이 면담을 청하니, 임금이 말했다. "내가 마침 기분이 좋지 않고 또 오늘 중국 관원을 접견할 일이 있으니 뒤에 만나도록 하겠다. 할 말이 있으면 문서로 보내라."

=〉 이 날은 신하들의 면담 신청이 실패하고, 4일 뒤에야 겨우 면담을 성사시킨 것을 알 수 있습니다. 제 개인적인 생각으로는 선조가 류성룡이 말한 〈왜적은 스스로 물러날 것〉이라는 설명을 듣고 이를 곰곰이 생각하느라 일단은 면담을 뒤로 미룬 것 같습니다. 류성룡이 〈왜

적은 스스로 물러날 것〉이라고 선조에게 말한 것은 8월 5일 부터 8월 14일 사이에 한 것 같습니다.

　무엇보다도 류성룡은 왜적이 스스로 물러나야 하는 이유를 잘 알고 있었다는 점이 매우 중요합니다. 영의정이 임금에게 〈왜적은 스스로 물러날 것입니다〉라고 은밀히 말하면, 임금이 무슨 근거로 그리 말하냐고 물을 것은 당연합니다. 그런데 영의정이 "글쎄요. 그냥 해본 말인데요". 또는 "왠지 느낌이 그렇습니다" 할 수는 없는 것입니다. 임금이 묻지 않아도 그 이유를 소상하게 설명해야 합니다. 그리 본다면 선조도 류성룡이 왜적의 퇴각을 예측한 이유를 들어 알고 있을 것은 당연합니다. 8월 18일의 논의는 지방 출장 중인 류성룡을 제외한 신하들이 두 번에 걸친 간청 끝에 성사시킨 회의입니다. 이날 회의에서 선조는 회의 중간에 "오늘 면담을 요청하여 말하려 한 것은 무슨 일인가?"하고 되묻고 있습니다.

　선조 임금님! 정말로 몰라서 물었나요? 신하들은 남원성전투에서 명나라 군대가 대패한 것을 보고 모두들 놀래서 뛰어온 것을 선조는 잘 알고 있습니다. 그런 상황에서 임금이 신하들에게 웬 호들갑이냐고 되묻는 것 같습니다. 선조가 류성룡의 〈왜적퇴각 예측발언〉을 듣고 난 후 부터는 파천논의에서 약간 발을 빼는 느낌입니다. 류성룡의 발언이 선조의 마음을 피난(파천)에서 벗어나 한양을 끝까지 지키는 쪽으로 돌리게 했다고 생각합니다. 류성룡은 도대체 어떻게 설명했기에 8월 5일에는 피난을 못 가서 초조해하던 선조가 8월 18일에는 이렇게 여유를 찾았을까 놀라움을 금할 수 없습니다.

8월 19일 이후에는 선조실록에서 파천 논의가 아예 사라지고 그렇게 9월 15일까지 버틴 것을 볼 수 있습니다. 왜적은 경기도 안성, 죽산까지 쳐들어 왔다가 9월 14일 퇴각을 시작했습니다. 류성룡은 당연히 자신이 한 발언으로 선조의 파천을 저지할 수 있었다고 써야 하나 그런 말은 찾을 수 없습니다. 이는 류성룡의 글쓰는 스타일입니다. 국가 대계를 말할 때도 그랬고, 안주에서 선조의 요동파천을 몸 개그로 막았을 때도 그랬습니다. 그래서 징비록이 난중일기와 마찬가지로 정확히 이해하기가 쉽지 않은 전쟁기록물입니다.

〈선조실록 1597.08.22 : 영의정 류성룡의 사직을 만류하다〉라는 재미있는 기록이 있습니다.

> 영의정 류성룡이 사직을 청하니, 임금이 답하였다. "차자를 살펴보고 경에게 진심으로 사과하는 바이다. 요즘 도성 사람들 대부분이 가족을 피난시켰는데 여론이 모두 내(임금) 탓이라 하면서 못하는 말들이 없기에 나는 참으로 개인적인 분노를 참지 못하고 있었다. 이 때에 논핵하는 자가 또 단지 몇 사람을 예로 들어 책임을 메꾸려 하고 그때 마침 대신(류성룡)이 가족을 피난시킨다는 말이

> 전파되어 모르는 자가 없었으므로 논계할 적에 우연히 언급했던 것인데 그 뒤에 대간의 계사를 보고서 그것이 와전된 것임을 알았다. 한번 웃어버릴 일을 가지고 어찌 사직하려 하는가. 경은 사직하지 말고 속히 올라오라."

=> 이 말을 풀어보면 " 류성룡아! 너는 임금 보고는 피난가지 말라고 하더니, 네 가족만은 은밀히 피난시킨다는 말이 떠돌았다. 그래서 내가 우연히 말했던 것이다. 이제 보니 모두 헛소문이었다. 진심으로 사과한다. 한번 웃어버리면 될 것을 가지고 너(류성룡) 답지 않게 뭘 사직서까지 내느냐? 어서 서울로 올라와라...

 8월 5일 회의에서는 선조가 피난을 반대하던 류성룡을 고집불통이라고 하였으나 이제는 제법 유연해진 것을 볼 수 있습니다. 류성룡이 〈왜적은 스스로 물러날 것〉이라고 설명하자, 선조가 서둘러 피난가려던 절박한 상황에서 벗어나 류성룡에게 농담을 걸 정도로 여유를 찾은 것 같아서 소개하였습니다.

 "여론이 모두 내(임금) 탓이라 하면서 못하는 말들이 없기에 나는 참으로 개인적인 분노를 참지 못하고 있었다."란 말은 전형적인 오리발입니다. 다만 어쨌거나 피난가려던 생각을 접은 것만은 확실한 것 같습니다. 류성룡 덕분입니다.

이상의 상황을 보면 뭔가 떠오르는 것이 있지 않나요?
전쟁 초기 임금이 의주에서 요동으로 도망치려고 할 때 류성룡이 안주에서 육탄방어로 임금의 요동 파천을 막아냈습니다. 그리고 또다시 정유재란 때 모두가 평안도로 피난갈 궁리만을 할 때 류성룡 혼자서 누가 봐도 황당한 논리〈왜적이 곧 스스로 물러난다니까요...〉로 임금의 파천을 막아낸 것입니다. 이러니 선조가 미우나 고우나 류성룡을 옆에 둘 수밖에 없는 것입니다.

류성룡은 이 두 번의 대단한 업적을 짧게 몇마디로 적고 있습니다. 그것도 다소 아리송하게 표현하고 있습니다. 한번은 명나라 선발대가 평양성전투에서 패하여 요동으로 후퇴한 긴박한 상황에서 안주에 있겠다고 하여 여러 사람들로 하여금 〈별 것을 다 계청을 올리는군... 류성룡 이친구 아주 싱거운 사람이구나...〉하게 만들더니, 이번에는 한 대신이 말했다고 쓰고 그 이유를 밝히지 않으니 〈무슨 소린가? 혹시 제정신인가?〉 의아하게 만들고 있습니다. 그러나 알고 보면 그 의미는 국가의 안위와 관련된 매우 중차대한 일들입니다. 이는 류성룡 특유의 글쓰는 스타일입니다. 다만 안주에서 올린 계청에 대해서는 그 이유를 이순신의 한산도대첩 대승부터 시작하여 의병의 궐기, 명나라 대규모 지원병의 평양성 공격까지 마치 파노라마를 쓰듯 길고 자세히 언급하였습니다. 그러나 이번에는 예측의 근거를 전혀 쓰지 않았습니다. 그것은 류성룡으로서는 말해서는 안 되는 일이기 때문입니다. 참고로 안주에서 계청을 올릴 때는 혹시라도 뭔 말인지 모를까봐 〈인심이 동요할까 염려되어〉라고 앞에다 부연 설명했습니다. 역시나 이번에도 이해를 쉽게 하기 위하여 〈왜적을 무서워할 이유가 뭐가 있겠습니까?〉라는 멘트를 덧붙여서 왜적들이 스스로 퇴각할 것이라는 점을 강조하고 있습니다.

〈왜적은 스스로 퇴각할 것〉이라는 류성룡의 발언은 단일 멘트로서는 임진왜란을 통틀어 최고의 명언이라고 생각합니다.

류성룡이 왜적의 퇴각 이유를 잘 알고 있었음 역시 선조실록에 실려 있습니다. 그것은 결국 임진왜란이 끝난 직접적인 이유가 되므로 잠시 살펴보겠습니다.

선조실록 1597.09.15 : 왜군이 철수하는 까닭에 관해 비변사 당상들과 논의하다.
...중략...임금이 말하기를, "비변사의 여러 재신들은 어떻게들 의논하였는가? 나는 그 사이의 곡절을 모르니 의혹이 없을 수 없다. 왜적이 물러가는 것은 그 뜻이 어디에 있는가? (왜적들이) 별로 두려워할 것도 없는데 이와 같이 하니 흉모를 추측할 수가 없다.
홍진이 아뢰기를, "어제 저녁 비변사에서 이에 대한 논의가 있었

> 습니다. 신이 말하기를 '이 왜적이 안성을 경유하여 곧장 여주로 향해서 상류(양평)로 돌아나오려는 계책이 아닌가?' 하니, 사람들이 모두 그렇지 않을 것이라 하였습니다... 중략... 류성룡은 역시 말하기를 '왜적이 바로 쳐들어 올 수 있는 세력을 갖고 있는데 무엇을 꺼려 이렇게 군사를 몰래 움직여 돌아나오는 계책을 세우겠는가.' 하였습니다."

=〉 류성룡의 발언은 왜적이 계책(속임수)을 세운 것이 아니라 정말로 퇴각하고 있다는 설명입니다. 자기가 예측한 〈왜적들은 스스로 물러날 것이다〉가 드디어 현실로 일어난 것을 설명하는 말이기도 합니다. 비변사에서 수장 영의정이 하는 말은 당연히 임금에게도 보고가 된다고 봐야 합니다. 따라서 스스로 책임지지 못할 말은 할 수 없습니다. 그는 이 말을 통하여 다시 한 번 선조에게 〈왜적들의 퇴각이 다 이유가 있습니다. 그 이유는 이미 설명드린대로 입니다.〉라고 알려주고 있는 것입니다.

이날의 선조실록은 매우 중요한 역사적 사실을 말해주고 있습니다. 왜적의 퇴각이 명량해전(9월 16일) 전에 이미 시작되었다는 점입니다. 명량해전 이후에 퇴각하였다면 얼마나 좋았을까 하는 아쉬움은 있지만 사실은 사실대로 인정할 수밖에 없습니다. 물론 스스로 퇴각하지 않았더라도 명량해전 이후 이순신 함대가 신속히 재건되고 있었으므로 왜적들은 또다시 보급로 차단으로 결국 퇴각할 수밖에 없었을 것은 당연합니다.

이 날의 선조실록을 자세히 살펴보면 특별히 선조와 영의정 류성룡이 〈왜적들이 별로 두려워할 것도 없는데...〉 또는 〈왜적이 바로 쳐들어올 수 있는 세력을 갖고 있는데〉 스스로 철수하고 있다고 언급하여, 일주일 전인 9월 7일 충청도에서 벌어진 명나라 군대의 직산전투 승리가 결정적인 원인이 아님도 알 수 있습니다. 그래서 류성룡의 예측이 대단한 이유입니다.

참고로 직산전투의 성과는 9월 9일에 보고되었음이 선조실록에 나와 있고, 그 후에도 한강 방어 문제를 가지고 수 차례 대책을 강구하고 있으며, 9월 14일자 선조실록에 의하면 왜적은 10일에 안성을 노략질하고 죽산까지 치고 올라온 것을 볼 때, 직산전투가 왜적의 퇴각에 별다른 영향을 주지 못했음을 알 수 있습니다. 무엇보다도 직산전투 한 달 전에 〈칠천량해전에서 승리한 왜군이 거세게 쳐들어 올 때, 그래서 모두들 피난가자고 아우성 칠 때〉 류성룡은 왜적의 퇴각을 미리 예측하였습니다. 단순히 퇴각만 예측한 것이 아니라 〈왜적들이 스스로 물러난다〉고 함으로시 왜적들의 갑작스런 퇴각이 바다 건너 일본 측 사정으로 야기된 것임을 알려주고 있습니다.

도요토미 히데요시는 결국 일본 내의 여러 변수로 인하여 스스로 퇴각을 결정한 것입니다. 이는 달리 말하면 류성룡이 일본의 정세를 정확히 읽고 있었다는 뜻이 됩니다. 정유재란의 발생 원인과 일본군의 갑작스런 퇴각은 서로 간에 실타래처럼 얽혀있는 수수께끼라고 할 수 있습니다. 류성룡은 일본의 정세를 열심히 연구한 덕분에 일본 내에서 내란이 멀지 않았음을 직감하고 히데요시 측 병력이 철수할 수밖에 없음을 예측한 것입니다.

일본이 임진왜란이 끝난 2년 후에 자국 내에서 벌어진 세키가하라 전투를 어떤 식으로 설명하든 그것은 히데요시 측이 패한 후에 새롭게 정권을 장악한 에도막부의 눈치를 보며 쓴 기록입니다. 세키가하라 전투가 일본의 패권을 다투는 전투라면 그 준비에 수년 이상이 걸렸을 것은 당연하다고 봅니다. 그러다 보니 히데요시 측에서도 이를 간파하였던 것입니다. 이미 살펴본 바와 같이, 1597년 5월 25일, 바다 멀리 명나라에서도 이를 간파하고 히데요시에게 〈내란의 조짐이 있으니 빨리 군대를 철수시켜 이를 진압하라〉는 자문 형식의 충고를 보낸 것만 보아도 세키가하라 전투는 1597년 이전부터 미리 미리 준비하고 있었다는 것을 잘 알 수 있습니다. 이러한 자문을 보낸 기록이 선조실록(1597.05.25)에도 실려 있으니 영의정 류성룡이라면 이 정도의 예측을 하는 것은 충분히 가능하다고 생각합니다. 물론 류성룡은 그 외에도 우리가 알지 못하는 여러 정보를 가지고 있었을 것은 당연합니다. 류성룡은 왜적이 물러날 것을 미리 예측하였으므로 왜적의 퇴각 사유를 잘 아는 것은 당연한 일입니다. 그러나 그는 그 사유를 징비록에 쓰지 않았습니다. 왜 류성룡은 퇴각 사유에 대해서는 침묵하였을까요? 징비록 최고의 난제가 아닐 수 없습니다. 류성룡은 임진왜란 내내 왜적이 진격을 멈추거나 퇴각을 한 경우 그 사유를 한 번도 빠짐없이, 경우에 따라서는 상세히 길게 또는 짧막하게 징비록에 썼습니다. 그러나 정유재란 때 왜적이 갑자기 남해안으로 퇴각한 사유만은 아무런 언급이 없고 심지어 하늘이 도왔다는 표현도 하지 않았습니다. 다만 왜적의 퇴각을 미리 예측하였음 만을 다소 아리송하게 쓰고 있습니다. 말 못할 사정이 있었다고 보는 이유입니다.

> 선조실록 1597.09.16 (이날은 명량해전 당일이기도 합니다; 이는 우연의 일치입니다): "왜군의 갑작스런 퇴각이 서울 공격을 위한 속임수인지 확인하도록 지시하다."
>
> 임금이 정원에게 전교하였다. "왜적이 지극히 간사하고 용병을 잘하여 변환하는 것이 한이 없다. 지금 왜적이 군대를 세 길로 나누어 그 한 부대로 곧장 경기도를 공격하다가, 이제 까닭 없이 갑자기 퇴각하고 있다. 만일 왜적이 거짓으로 물러가는 체하는데 중국 군대가 그 꾀에 빠져 정예병을 다 동원해서 남쪽으로 내려가고 그 후 다른 길의 왜적이 그 뒤로 돌아나와 바로 한강을 공격하여 근본을 뒤엎는다면, 어떻게 될지 차마 말할 수 있겠는가. 이럴 이치는 절대로 없겠지만, 그렇더라도 꼭 그럴 리가 없다고 단언할 수도 없다. 이것은 큰일이니, 정원은 마땅히 거짓인지 사실인지의 곡절을 대신에게 상세히 물어보도록 하라."

=> 임금이 다시 한번 왜적이 까닭 없이 갑자기 퇴각한다고 언급하고 있습니다. 이날의 발언을 풀어보면,

"류성룡이 이틀 전(14일) 저녁에 비변사에서 진짜로 퇴각한다고 했으니 왜적들의 속임수 일리는 없겠지만 그래도 나(선조)는 안심이 안된다. 정원아! 네가 직접 대신(류성룡)에게 가서 왜적의 퇴각이 거짓인지 사실인지의 곡절을 상세히 물어보고 나에게 보고하도록 하라. 류성룡이 이미 한 달 전에 나한테만 은밀히 〈왜적은 스스로 물러날 것〉이라고 말하길래 〈그동안 반신반의 하면서〉 다시 평양으로 도망칠까 말까 고민했는데, 다행히도 이제 과연 류성룡의 말대로 왜적이 퇴각하고 있다. 참으로 신통방통한 일이다. 류성룡은 그 곡절을 잘 알고 있을 것이다."

그 후 이에 관한 류성룡의 보고 내용이 어느 곳에도 없는 것으로 보아 정원이 류성룡의 설명을 선조에게만 은밀히 보고한 것 같습니다. 워낙 중요한 기밀인지라 사관에게도 감춘 것 같습니다. 이렇게 해서 정유재란 당시 한양이 다시 함락될지도 모르는 긴박한 상황 속에서도 선조의 파천만은 아슬아슬하게 방지가 되고 점차 전쟁은 종료되었던 것입니다. 참고로 정원은 당시 비서실장 또는 차장인 것 같습니다. 앗! 죄송합니다. 저의 착각이었습니다. 정원은 승정원(비서실)을 의미한다고 합니다.

류성룡은 정유재란이 1597년 말에는 끝나고, 세키가하라 전투는 늦어도 1598년에 일어나는 것으로 예측한 것입니다. 바다 멀리 명나

라까지 일본에서 내란이 일어날 것을 감지했다는 것은 내란이 임박했다는 뜻이 됩니다. 뿐만 아니라 명나라 까지 나서서 내란을 진압해라 했으니 류성룡이 볼 때 일본의 내란은 이미 뇌관에 불이 붙은 것이나 마찬가지라고 판단한 것입니다. 다만 히데요시는 일본군을 남해안 3개 성으로 일단 퇴각하라고 명령한 후 건강 악화로 전쟁을 지휘할 수 없게 된 것 같습니다. 당시의 선조실록을 살펴보면 1597.09.14 일본군이 남해안으로 퇴각한 이후 1598.08.18 히데요시가 사망할 때까지 약 1년간은 일본 본토에서의 움직임을 볼 수 있는 기록이 거의 없습니다. 갑자기 일본 전체가 정전(전기가 나감)이 되었나 싶을 정도입니다. 히데요시가 건강 악화로 쓰러지지만 않았다면 실제로 류성룡의 예측대로 되었을 것입니다. 류성룡의 예측대로라면 세키가하라 전투는 1598년에는 일어나야 정상이나, 히데요시 사망 후 2년이 지나서 일어난 연유는 히데요시가 사망함에 따라 군대를 철수시키고 전후 처리도 완료하여야 함은 물론, 일본의 여론을 의식한 일종의 자숙기간 때문이라고 생각합니다. 히데요시가 죽자마자 자기들끼리 내전에 돌입한다면 일본 내 여론이 좋지 못할 것은 당연하고 그것은 에도막부의 탄생에 불리하게 작용할 것이기 때문입니다.

> 선조실록 1598.09.27 : 영의정 류성룡이 탄핵으로 인해 사직하고자 하는 차자를 올리다.

> 선조실록 1598.09.28 : 영의정 류성룡이 관직을 체직하기를 바라는 차자를 올리다.
>
> 선조실록 1598.10.02 : 영의정 류성룡이 사직하고자 하는 상차를 올리다.
>
> 선조수정실록 1598.09.01: 류성룡을 태학생과 옥당 등에서 탄핵하니 영의정에서 체차시키다. (선조수정실록은 한달치를 함께 모아 1일자로 기록하였으므로 정확히 언제인지 모르겠으나 일의 순서상 앞의 기록 이후로서 10월 2일~3일인 것 같습니다.)
>
> 태학생 이호신 등이 상소하기를, …중략… 류성룡은 본래 사특한 사람으로서 교활한 말과 행동으로 일세를 감쪽같이 속여서 조정의 기강을 마음대로 농락하고 흉칙한 일들을 자행하였습니다. 이하 생략

히데요시가 죽고 전쟁이 끝나가자 그동안 류성룡을 아니꼽게 보던 반대파들은 벌떼같이 류성룡 탄핵에 나섭니다. 이를 미리 예측한 류성룡은 미리 수 차례 사직상소를 올려 선조로 하여금 마음의 부담 없이 자신을 파직시키도록 도와줍니다. 이후 마지막 남은 일(징비록 저술)을 위하여 미련없이 낙향합니다. 상대방(정적)을 탄핵시키는 데 있어서는 누구보다 용감한 간신배들이 임진왜란 중에는 감히 류성룡을 탄핵시키지 못한 이유는 오로지 단 하나, 자신들을 왜적으로

부터 보호하기 위해서는 류성룡의 존재가 절대적이었기 때문입니다.

　징비록은 단순한 전쟁 기록이 아니라 류성룡의 전쟁극복전략(국가대계)을 쓴 글입니다. 전쟁 전부터 이미 왜적이 단기적으로는 무적임을 간파하고 적절히 백스텝과 보급로 차단(이순신의 발탁), 의병·승병의 궐기, 명나라 참전 등을 이끌어냄으로써 마침내 조선 쪽으로 승운을 가져온 자신의 전략을 설명한 책입니다. 정상적이었다면 그의 예측보다 일 이년 늦어지기는 하나 1597년에는 전쟁이 끝날 수 있었던 것입니다. 전쟁 승리를 목전에 둔 상황에서 이순신 압송이라는 전혀 상상하지 못한 돌발 악재가 터짐에 따라 정유재란이 터진 것입니다. 징비록과 선조실록을 보면 류성룡은 임금 앞에서 울기도 잘 합니다. 이순신이 옥문을 나온 다음날 저녁, 서로 만나 밤샘을 하였다고 난중일기에 적혀 있습니다. 무슨 얘기를 하였을까요? 우선은 둘이 만나 목을 놓아 울었을 것입니다. 전쟁 승리를 눈앞에 둔 상황에서 앞날이 캄캄해졌기 때문입니다. 긴 대화 끝에 둘이 다짐을 하며 헤어졌다고 봅니다. 둘 다 당장 은퇴하고 싶었지만 그리 된다면 불쌍한 백성들은 어찌하냐고, 참담한 현실 앞에 백성을 그대로 두고 떠날 수는 없다고, 각자 자기 자리에서 최선을 다하자고, 서로가 서로를 격려하며 헤어졌을 것입니다. 류성룡은 전쟁이 끝나고 조선 백성들에게 사죄하는 마음을 징비록 서문에 밝혔습니다. 그리고는 죽을 때까지 청빈한 삶으로 사죄를 계속한 것을 볼 수 있습니다. 류성룡이 가장 안타까워하는 것은 이순신의 압송을 저지하지 못하여 정유재란을 자초한 일입니다. 이를 사죄하는 것입니다.

선조는 전쟁 초기 나름 류성룡의 전쟁 극복 방안을 경청하고 이순신을 발탁하는 등 전쟁 극복에 최선을 다했습니다. 그러나 전쟁이 길어지면서 점차 집중력이 떨어지더니 결국은 의장증(훌륭한 장수를 의심하는 병적 증세)이 악화되어 이순신을 압송하라는 최악의 사태를 유발하여 정유재란을 자초하였습니다.

류성룡은 제갈공명에 버금가는 탁월한 식견으로 전쟁 초기 백스텝을 통한 지구전(持久戰)으로 왜적의 거센 진격을 슬기롭게 완화시켜 절대적으로 불리한 형세를 조선에 유리하도록 바꿈으로써 임진왜란 극복에 큰 공을 세웠습니다.

임진왜란의 전 과정을 통하여 맡은 바 임무를 100% 이상 완수하며 오로지 백성만을 위하여 홀로 분투하시다가 모든 명예를 훌훌 털어 버리고 조선 백성의 가슴속에 영면하신 이순신 장군은 대한민국이 존재하는 한 영원한 정신적 지주로 남을 것입니다.

녹후잡기 1

10

죄송합니다. 징비록을 따라 제목을 붙였습니다.

> 고니시야! 너는 왜 평양에서 진격을 멈추었느냐? 이실직고하지 못할꼬?

고니시가 평양에서 진격을 멈추게 한 일등공신이 이순신임을 모르는 사람은 없을 것입니다. 남해안에서 일본 수군의 서해 진출을 봉쇄한 것이 결정적이었음은 누구나 아는 사실입니다. 그러나 의아한 점 또한 없지 않습니다. 의주든 요동이든 비록 춥고 척박한 땅이라 해도 어차피 사람이 사는 곳이고 겨울을 나기 위한 곡식이 어느 정도는 비축되어 있을 것이니 군량미를 현지조달하는 것이 절대 불가하지만은 않다고 봅니다. 특히나 일본군 선봉대장 고니시가 평양을 함락한 날은 음력 6월 14일로서 양력으로는 7월 중순 한여름입니다. 더우면 더웠지 추위 때문에 의주로 진격을 못할 이유가 없습니다.

〈선조실록 : 1592.07.29 : 정철 등을 인견하고 평양성의 왜적, 요동 망명 등을 논의하다〉에 의하면 선조는 왜적이 평양에서 더 이상 진격하지 않는 것에 대하여 "적이 평양을 차지하고서 나오지 않는 것은 무슨 까닭인지 모르겠다." "왜적(고니시)이 반드시 간사한 꾀가 있기 때문이다. 혹 시원한 가을을 기다리는 게 아닌가?"라고 말하고 있습니다.

징비록에서도 류성룡은 고니시가 진격을 멈춘 것이 다행이었다고 썼습니다. 하늘이 조선을 도왔다고도 했습니다. 이순신의 한산도 대첩은 음력 7월 8일 입니다. 24일 정도의 간격이 존재합니다. 그동안 만약 고니시가 쉬지 않고 의주까지 진격을 계속했다면 선조는 요동으로 도망치고 전쟁은 훨씬 더 어려워졌을 것은 분명합니다. 고니시가 평양성에서 진격을 멈춘 것은 임진왜란 최대의 미스터리 중 하나입니다. 징비록에 의하면 평양성 함락 당시 그 안에 있던 10만 석의 군량미까지 왜적에게 빼앗겼다고 했습니다. 진격을 멈춘 고니시에게 감사라도 해야 할 것 같습니다. 그러나 자세히 알고 보면 고니시에게 감사할 이유가 전혀 없습니다. 왜냐하면 고니시가 아니었다면 일본군은 몰살당할 뻔했기 때문입니다.

어디서부터 이야기를 시작해야 하나요? 일본을 통일한 히데요시는 왜 고니시를 신뢰하고 그를 제1 선봉대장에 세웠는가부터 시작하겠습니다.

징비록을 보면 히데요시는 용모가 왜소하고 볼품없으며 얼굴빛이 검어서 특출난 점은 없었지만 눈빛이 번뜩여서 사람을 쏘아보는 것 같았다고 조선통신사의 말을 전했습니다.

조선통신사 부사(부반장) 김성일은 히데요시의 용모를 유심히 보았고, 정사(반장) 황윤길은 그의 눈을 유심히 본 것입니다. 두 사람 모두 제대로 본 것입니다. 주안점을 어디에 두었는가의 차이뿐입니다. 히데요시는 용모는 초라하나 매의 눈을 가진 자라고 보면 되겠습니다. 그가 만약 백 년만 일찍 태어났더라면 그는 잘해봐야 유능한 다이묘 중 하나로 일생을 마쳤을 것입니다. 그러나 그가 장수가 되었을 당시는 바야흐로 화약이라는 괴물이 인류 앞에 나타나 점차 그 위력을 뽐내고 마침내 조총을 비롯하여 각종 화약 무기가 등장하고 있었던 것입니다. 그는 매의 눈을 가지고 조총을 누구보다 먼저 주시하고 그 위력을 깨달았던 것입니다. 조총을 잘 활용하면 일본 통일도 노려볼 만하다고 생각한 것입니다. 당시 조총은 서양 선교사들이 포교의 일환으로 장사꾼들과 함께 일본에 소개하고 있었던 시절입니다. 히데요시는 외국인과의 접촉이 쉽지 않았을 것입니다. 조총을 가져야겠는데 말은 안 통하고... 그의 눈에 띈 것은 장사꾼이었던 것입니다. 그것도 외국인과 거래하는 장사꾼이었던 것입니다. 그러자 고니시가 보인 것입니다. 더구나 고니시는 크리스찬이었으므로 외국 선교사를 통하여 외국인 장사꾼과 가장 잘 통하는 일본인이었던 것입니다. 히데요시가 신속히 고니시를 발탁했을 것은 당연한 순서라 하겠습니다. 그후 고니시는 서양인과의 거래를 통하여 조총을 제일 먼저 히데요시 부대에 전수하였고 당연히 조총 전문가로 거듭나게 되었던 것입니다. 히데요시가 고니시를 평양으로 가게 하고 가토를 함경도로 가게 한 것은 고니시가 조총 전문가인 것이 주효했다고 생각합니다. 히데요시는 조총만 잘 활용하면 조선을 넘어 중국연안을 무인지경으로 진격할 수 있다고 생각한 것입니다.

짜잔! 일본군이 평양에 당도하여 곧 중국진출을 코앞에 둔 시점에서 고니시는 갑자기 조총 전문가로서의 꿈이 엄청난 시련을 맞게 된 것입니다. 탄약이 점차 줄어들고 있었던 것입니다. 그대로 진격했다가 탄약 보급이 어려워진다면 조총이 총검술(칼을 총에 꽂아 적을 무찌르는 기술)이나 하는 쇠막대기로 전락할 위험이 생긴 것입니다. 고니시는 무슨 생각을 했을까요?

> 아차! 내가 너무 빨랐구나. 잠시 평양에서 일본 수군이 어디까지 오나 기다려 봐야겠다. 괜히 나혼자 잘났다고 전진하다가 바다 보급로가 막혀 버리면 큰일이로다. 아니나 다를까? 잠시 살펴보니 조선 수군 때문에 바다를 통한 보급로가 여의치 않습니다. 이런

> 낭패가 있나? 어쭈! 아가(조선 수군)들이 제법이구나. 좋다! 좀 쉬었다 진격한다. 놀면 뭐하니? 조선왕에게 항복하라고 편지나 써야지…
>
> 뭐라꼬? 한산도 대첩에서 와키자카가 초반에 KO패 당했다고? 저런 바보같은 놈 같으니! 소식을 들은 고니시가 갑자기 현기증을 느끼며 주저앉습니다.

고니시는 왜 주저앉았을까요? 군량미가 문제겠지만 군량미야 이미 10만 석이나 확보하였습니다. 한 석은 한 말의 열 배로 약 180리터에 해당한다고 합니다. 1800만 리터에 해당하는 군량미입니다. 군량미가 너무 무거워서 진격을 못했나요?

천만의 말씀! 고니시는 조총 전문가였던 것입니다. 가장 중요한 탄약이 올 수 없게 된 것을 깨달았던 것입니다. 조총이 창과 검만도 못하게 된 것입니다. 탄약이 왜 못 오냐고요? 글쎄요? 탄약은 일본에서 가져와야 합니다. 부산까지야 무난하게 가져옵니다. 그 다음부터가 장난이 아닙니다. 일단은 우마차가 기본입니다. 탄약을 중도에서 빼앗긴다면 모든 것은 도로아미타불입니다. 호위병이 전후좌우를 철통같이 지켜야 함은 당연합니다. 당시에는 육로가 많지 않아 우마차가 갈 수 있는 길은 너무나 뻔한 길입니다. 쉽게 적이 눈치챌 수 있습니다. 길은 비포장, 섣불리 달리다가는 폭발이 무섭습니다. 전문가가 따라 붙어야 함은 당연합니다. 산과 강은 또 얼마나 많습니까?

갈수록 첩첩산중입니다.

　강에는 배가 있겠지만 우마차를 실을 수 있는 큰 배를 찾기는 쉽지 않습니다. 있었다 하더라도 조선 관군이 후퇴하면서 모조리 불태워 버렸습니다. 탄약이 물에 닿는 순간 어떻게 되는지는 누구나 잘 압니다. 큰 배를 준비한다면 그만큼 노출 위험은 증가합니다. 한번 노출된 행렬은 끝까지 임무를 완수하기가 하늘의 별따기입니다. 그것 뿐이겠습니까? 속도는 느리니 밤은 얼마나 많이 찾아오나요. 밤에 우마차는 진군이 불가능합니다. 밤에는 더욱 경계를 철저히 해야 합니다. 졸려 죽겠는데 경계까지 서라? 경계를 서려면 불을 밝혀야 하나요? 아니면 꺼야 하나요? 당시는 점차 지방 관군과 의병 승병이 도처에서 봉기하던 타임입니다. 탄약을 실은 우마차가 공격목표가 될 것은 불을 보듯 뻔한 이치입니다. 고니시의 고민이 이만저만이 아닙니다. 점차 줄어들고 있는 탄약을 바라보면서 그의 마음은 새까맣게 타들어 가고 있었던 것입니다. 바다로 운반하면 이러한 문제가 일시에 해소되지만 이순신 때문에 그것이 불가능하게 된 것입니다. 그래서 조총 전문가 고니시는 평양에서 더 이상 진격할 수 없었던 것입니다.

　고니시가 보기에 일본이 운용하는 탄약 보급대에게 가장 위협적인 조선의 무기는 무엇이겠습니까? 지천에 깔려 있습니다. 바로 최종병기 활입니다. 밤에 쉬고 있는 우마차를 상대로 불화살 몇 방이면 모든 것이 끝장입니다. 더 무서운 것은 운송 중인 탄약이 불화살에 맞아 폭발하는 날에는 일본군의 최대 약점이 고스란히 노출되어 일본군은 사기가 땅에 떨어지고 조선의 의병들은 기세 등등하게 됩니다. 탄약 폭파 특공대가 편성될 것도 자명합니다.

정유재란을 앞두고 왜적들이 조선 수군 격파에 목숨을 건 이유도 바로 탄약의 보급 때문입니다. 임진왜란 당시에 탄약은 육지로는 사실상 운송이 불가능했던 것입니다. 고니시가 일본군을 살린 것이라 함은 이러한 연유를 근거로 한 말입니다. 만약 앞뒤 가리지 않고 의주를 넘어 요동으로 진격했다면 끝내 조총으로 총검술만 하다가 전멸당했을 것이기 때문입니다.

류성룡과 심유경도 이러한 연유를 알았는지 정확히 알 수는 없습니다. 여하튼 한산도에서 왜적의 보급로를 차단한 것은 결정적으로는 바다로든 육지로든 탄약의 보급을 어렵게 만들어 조총의 위력을 무력화시킴으로써 고니시의 북진을 불가능하게 만든 일등공신인 것입니다. 이것은 당시에 아무도 모르는 고니시 만의 고민이었습니다. 제가 이 말씀을 드리는 이유는 〈아무리 첨단 기술이라도 약점이 없는 것은 아니다〉 라는 점을 쓰고 싶기 때문입니다. 특히 두서없이 앞에서도 대동강이 명나라 수군에 의하여 봉쇄되면 탄약이 올 수 없다고 했다가 뒤늦게 탄약의 보급로에 대하여 자세히 언급하는 것은, 전에는 연구한 정도가 그 수준이었고, 차츰 연구를 더해보니 탄약의 보급 문제가 일본 육군의 진퇴에 가장 큰 역할을 했을 것이 분명해 짐에 따라 따로 설명드리는 것입니다. 무엇보다도 처음부터 안 것이 아니고 차츰 차츰 연구를 더해감에 따라 좀 더 깊이 알아가는 과정을 보여드리고 싶은 욕심 때문입니다. 제가 처음부터 안 것은 정말로 보잘 것 없었습니다.

　만약 부산에서 평양까지 탄약을 운반한다고 하면 임금님 행차에 버금가는 대단한 작전이 필요할 것입니다. 한번 조선 측의 눈에 띄면 끝까지 임무 완수를 한다는 것은 불가능하다고 봅니다. 재미있는 것은 선조실록을 비롯하여 어떠한 곳에서도 탄약보급대를 습격했거나 저지했다는 기록을 볼 수 없습니다. 조총이 탄약을 장전하는데 시간이 다소 걸린다는 단점을 지적하는 글은 많아도, 탄약을 어떻게 운반하더라는 기록은 거의 본 적이 없습니다. '탄약'으로 조선왕조실록을 검색하면 국역 15건 원문 31건 총 46건이 나오나 놀랍게도 선조실록에서는 단 한 건도 검색되지 않았습니다. 임진왜란이 탄약을 가지고 전쟁한 것이 맞는가요? 잠시 어안이 벙벙해졌습니다. 참으로 귀신도 모르게 탄약을 운반한 왜적들에게 찬사를 보냅니다. 이게 도대체 뭔 황당 시튜에이션인가요...?

　여기에 누구도 상상하지 못한 답이 있습니다. 조총 겸 탄약 전문가 고니시가 평양을 함락하고 보니 〈아무리 머리를 짜내도〉 육로로 탄약을 운반한다는 것은 원천적으로 불가능하다고 결론을 내린 것입니다. 섣불리 육지로 탄약을 운반하다가는 자신들의 가장 큰 약점만 노출시키고 성공 가능성은 거의 없다고 본 것입니다. 이를 극비리에 히데요시에게 보고하고 히데요시의 추인을 받았던 것입니다. 달리 방법이 없자 협상을 빌미로 버티다가 한양(서울)까지 철수한 것입니다. 그리고는 잠시 더 버텨보다가 또다시 부산까지 철수한 것입니다.

이렇게 해석한 이유는 임진왜란 초기 단계인 1592년과 1593년을 볼 때 탄약 재고량의 소진 정도와 일본 육군의 후퇴 과정이 거의 일치하기 때문입니다. 특히 한양에서 일본의 전체병력이 모였다가 부산 쪽으로 일시에 퇴각하는 과정이 너무나 허술하고 다소 서두른 다는 생각을 지울 수 없기 때문입니다. 무엇보다도 일본이 전쟁 역사상 유례를 찾아보기 힘든 전략을 사용하고 있다는 점이 매우 중요합니다. 전쟁에서 협상을 하는 경우는 많으나 먼저 퇴각하고 후에 협상하는 전략은 본 적이 없습니다. 정상적이라면 평양과 함경도로 분산되어 있던 병력이 한양으로 집결하였으니 비록 침략 당시에 비하여 인명피해가 많다고 하더라도, 일방적으로 밀릴 상황도 아니므로, 먼저 협상 타결을 시도하고 그후 퇴각 여부를 결정하는 것이 일반적입니다. 그러나 당시 일본군은 정반대로 먼저 퇴각한 다음 부산에서 배수의 진을 치고 협상을 추진하고 있기 때문입니다. 그럴 수밖에 없는 다급한 사정이 있었다는 방증입니다. 한양에서 협상 타결을 시도하려면 협상단이 명나라 조정과 상의하기 위하여 오고 가는 시간을 감안할 때 자칫하다가는 일본군이 탄약 없는 조총부대로 전락할 위험에 처한 것입니다. 그래서 협상하는 척 하면서 스스로 후퇴한 것입니다. 일본군이 한양에서 스스로 퇴각하고 있음은 선조실록에 그대로 나타나 있습니다. 다시 한번 보겠습니다.

> 선조실록 1593.04.23 : 비변사가 재신을 보내 서울 수복을 치사하라고 청하다
>
> 비변사가 아뢰기를, "서울이 수복되었다는 보고는 정확하지는 않으나 오늘 내일 안으로 분명한 소식이 있을 것입니다. 재신을 보내어 감사하는 것을 잠시라도 늦춰서는 안 됩니다…중략…(명나라)제독에게 감사하는 일은 좌승지나 우승지 중에 한 관원을 미리 보내어 그대로 머무르면서 임무를 수행하게 함이 어떻겠습니까?"
>
> 그러자 선조 임금이 이르기를, "아뢴 대로 하라. 그러나 왜적이 스스로 물러가는데도 중국군은 공격하지도 않고 그대로 호송하여 보내주었으니 서울이 수복된 것을 굳이 감사 표시할 것 없다."

=> 전쟁 총 사령관 선조가 보기에도 왜적이 스스로 물러가고 있었던 것입니다. 물론 휴전 협상이 어느 정도 진척됨에 따라 물러났다고 할 수도 있으나 협상 타결은 단 한 건도 성사되기 전에 왜적이 한양에서 철수하는 것을 볼 수 있습니다. 징비록 녹후잡기 맨 끝에 보면 류성룡은 이를 두고 '심유경이 겁을 주자 고니시가 두려워하며 퇴각했다'라고 적고 있습니다.

고니시야! 너는 정말로 중국에서 사신으로 온 심유경이 하는 말이 무서워서 퇴각한 것이더냐? 그렇다면 가토 기요마사도 심유경의 말

이 무서워서 너의 등 뒤에 숨어서 퇴각한 것이더냐?

〈선조실록 1593.02.05: 이 제독(명나라)이 파주에 진주했다가 벽제에서 왜적에게 대패한 상황에 대한 기록〉에 의하면 "가토가 함경도에서 되돌아와 서울에서 군대를 합치자 왜적의 군세가 더욱 강성해져서 명나라 제독은 이 때문에 감히 재차 군사를 일으킬 계획을 하지 못하였다."라고 적혀 있더라. 그런데 심유경이 겁을 주자 두려워서 퇴각했다는 것이 어찌 이상하게 들리는구나... 그뿐만이겠느냐? 듣자 하니 가토는 너만 보면 으르렁 거리며 화해 협상하는 것을 반대했다고 하더라. 그런데 우째 한양에서는 갑자기 순한 양이 되어 너를 졸졸 따라 부산으로 퇴각하였느냐? 내가 보기에는 조선의 왕자를 2명이나 포로로 잡고 있던 가토를 퇴각시킬 수 있는 사람은 히데요시 밖에는 없다고 본다. 미리 히데요시의 전원 퇴각 명령이 있었다고 이실직고하지 못할꼬?

=> 고니시는 심유경 앞에서 속마음은 감추고 두려운 척하면서 "좋소! 내가 퇴각할테니 대신 조명연합군이 우리를 공격하지 못하도록 보장하시오." 했던 것입니다. 일본군이 전원 한양에서 부산으로 스스로 퇴각한다는 것은 조선의 반(한양 이남)을 일본에게 넘기라는 협상전략을 포기했다는 것과 다를 것이 없습니다. 왜적들이 스스로 퇴각하니 다행이기는 하나 그 연유가 궁금한 것은 떨쳐 버릴 수가 없습니다. 왜적들은 도대체 왜 이러는 걸까요?

전쟁을 시작한 지 일 년 만에 〈협상타결 한 건도 없이〉 일본군이 약속이나 한 듯 평양과 함경도에서 후퇴하고, 한양에 모인 다음 한꺼번에 한양에서 부산으로 퇴각하기 시작하였습니다. 심지어 일본군은 〈중간에 방어선도 치지 않고〉 부산까지 일시에 퇴각하였습니다. 이는 어찌 보면 항복선언이나 크게 다를 것이 없습니다. 무엇보다 간과할 수 없는 사실은 이 정도 퇴각이라면 도요토미 히데요시의 명령 없이는 불가능하다는 것입니다. 특히 고니시와 가토 기요마사는 틈만 나면 서로 으르렁거리며 싸운 것은 잘 알려져 있습니다. 뿐만 아니라 일본군 총사령관 우키타 히데이에를 비롯하여 얼마나 많은 일본 장수들이 한양에 있었습니까? 그들이 일사분란하게 퇴각한 것만 보더라도 심유경이 겁을 주어 퇴각했다는 것은 설득력이 부족합니다. 도요토미 히데요시의 퇴각 명령이 없었다면 상상하기 어려운 일이기 때문입니다. 조선의 임금 선조는 아마도 일본에서 큰 지진이나 반란이 일어난 것 아닐까 생각했을 것 같습니다. 그러나 그 후의 일본 측 기록을 보더라도 일본 측 사정은 아닌 것을 잘 알 수 있습니다. 여기서 매우 중요한 사실을 알 수 있습니다. 히데요시의 퇴각 결정이 조선에 있는 일본군의 긴박한 사정에 기인한 것이라는 사실을 알 수 있습니다. 탄약이 급속도로 소진되고 있었던 것입니다. 그렇다고 보면 최초에 조선에 있는 일본군 진영에서 퇴각할 수밖에 없다는 긴박한 사정(S.O.S)을 히데요시에게 보고하고 히데요시 진영에서 은밀히 작전회의를 하거나 히데요시의 장고를 거쳐 최종 퇴각 명령이 떨어지고, 이를 다시 한양에 있는 일본 진영까지 전달하는 데

소요되는 시간을 고려하면, 한양 퇴각 시점(선조실록 1593.04.23.) 수개월 전에 퇴각이 불가피하다는 최초 보고서가 일본으로 출발한 것을 알 수 있습니다. 이러한 정황을 더 자세히 알 수 있는 기록이 선조실록에 있습니다.

> 선조실록 1593.02.18 : 경상좌도 관찰사 한효순이 왜적이 부산 등지에 성을 쌓고 있다고 치계하다.
> "왜적이 전에는 가지고 있던 우마를 전부 팔아 버리더니 이달 20일부터는 진주를 공격하려고 밤낮없이 군사들을 조련시키며 전일에 팔아 버린 우마를 도로 사들입니다. 부산·동래·서평·다대포 등지에는 지역을 구획하여 성을 쌓으려고 성터를 설계하고 있는데 주위가 대략 50여 리는 됩니다. 동래창의 곡식을 부산포로 옮겨두고 일본 군량은 부산 앞바다의 아차도에 운반해 놓았다고 합니다."

=〉 왜적들이 미리부터 제2차 진주성 전투(1593년 6월)를 준비하는 것을 잘 알 수 있습니다.

1593년 2월 18일이라면 왜군의 주력부대는 한양 부근에 몰려 있던 타임입니다. 그리고 부산포 수비 병력은 이미 제1차 진주성전투에서 크게 패한 바 있습니다. 그렇다면 무슨 수로 진주성을 다시 공격하겠다는 것일까요? 이해가 가지 않습니다. 그래서 이날의 보고서가 중요한 것입니다. 임금과 관료들은 당연히 의문을 가져야 합니다.

{진주성을 공격하려는 것이 사실인가? 그렇다면 전라도를 다시 노린다는 것이냐? 누구한테 들은 것이냐? 부산포 수비 병력으로 진주성을 공격하기는 무리일 것 같은데... 그렇다면 일본 나고야에 있는 예비병력이 증파된다는 뜻인가? 만약 그렇다면 이는 매우 큰 일이니 좀 더 자세히 탐문하여 보고하라. 혹시 이것이 히데요시의 명령인가도 은밀히 알아보라.}

이런 지시 정도는 했어야 마땅하나, 조선 조정에서는 아무도 이를 주시하지 못하고 패싱(흘려버림)한 것 같습니다. 만약 그리했다면 엄청난 정보를 추가로 얻을 수 있었다고 확신합니다. 이날의 보고서 자체만으로도 임진왜란의 역사를 뒤바꿀 수 있는 대단한 정보입니다.

서둘러 한양에서 퇴각하는 일본군이 부산에 가면 탄약의 재충전이 가능해지므로 〈전체병력의 퇴각을 전제로〉 부산포에 있는 일본군 진영에서는 한양 철수(징비록 기준 : 1593.04.19)가 시작되기 무려 3개월 전부터 미리 미리 제2차 진주성 공격 준비에 나선 것을 알 수 있습니다. 결국 일본군은 4월에 한양에서 퇴각하고 6월에 2차 진주성 공격에서 진주를 함락하였습니다. 당시 조선에 와 있던 일본군 병력이 모두 부산포로 후퇴한 다음 총력전을 펼쳐 곡창지대 전라도로 쳐들어가고 있었던 것입니다. 그러나 조총 전문가 고니시의 고

민은 여전히 해결이 되지 않은 것입니다. 누가 봐도 전라도로 진격하면 군량미는 별 걱정이 없습니다. 그러나 남해 바다의 제해권을 장악하지 못하면 비록 부산과 전라도 사이의 거리가 부산과 평양에 비하여 매우 짧기는 하여도 육지를 통해서 탄약을 운반하는 일은 사실상 불가능하였던 것입니다. 탄약을 우마차에 싣는다면 운송 도중에 발생할 불화살 공격을 피할 방법이 없는 것입니다. 우마차를 출발시켜 봤자 경상도를 벗어나기도 어려운 것입니다. 우세한 병력으로 전라도로 진격해 봤자 얼마간 버틸 수는 있겠지만 그 후에는 탄약이 떨어져 몰살당할 염려가 커 진 것입니다. 당시는 이미 명나라 지원군이 왔기 때문에 전쟁 초기의 압도적 우위는 사라지고 서로 간의 우열을 장담하기 어려운 때입니다. 하는 수 없이 주력군을 다시 부산으로, 그리고는 일본으로 철수시킨 후 협상에서나마 보상을 받아 보려고 부산포를 중심으로 버티고 있으면서 일본에서는 다른 꿍꿍이(조선 수군 격파전략 개발)를 하고 있었던 것입니다.

　물론 앞에서 설명 드린 고니시의 평양성 칩거 사유가 모두 일본의 후퇴를 유도한 것은 당연하나 가장 직접적이고도 치명적인 원인은 바로 탄약의 보급이 원천적으로 불가능해진 것에 기인한 것입니다. 탄약의 특성 때문입니다. 제2차 진주성전투는 히데요시의 명령으로 전라도를 점령하려고 치밀하게 준비한 전투입니다. 특히 일본군이 모두 모여 한꺼번에 쳐들어간 전투입니다. 당시 진주성 침략에 동원된 일본 병력은 대략 9만 명이 조금 넘습니다. 다만 전투가 끝난 후 진주성을 함락했음에도 일본군이 부산으로 퇴각한 연유가 궁금합니다. 그것 역시 고니시와 히데요시만의 비밀입니다. 진주를 함락할 때까지도 조선 수군을 격파하지 못하여 탄약 보급 문제가 해결되지 못하면 그때에는 부산 쪽으로 철수해도 좋다고 미리 승락을 한 것입니다. 실제로 일본 수군도 〈2차 진주성전투를 전후하여〉 바다를 통하여 전라도로 진격하려다가 이순신 함대에 가로막혀 뜻을 이루지 못하였음을 여러 기록에서 확인할 수 있습니다. 인터넷에서 〈진왜정장 1593년 8월 10일〉을 검색하면 당시 진주성 공격이 육지와 바다 양갈래로 전라도를 침범하려던 것을 잘 알 수 있습니다. 결국 일본 육군은 일본 수군이 한산도를 돌파하지 못하게 되자 탄약의 보급이 어려워질 것을 감안하여 어쩔 수 없이 부산포 쪽으로 철수하였음을 알 수 있습니다. 제2차 진주성전투는 비록 패하기는 했으나 결사항전의 귀감으로서 칭송받아 마땅한 조선의 자랑입니다.

1593년 8월 10일자 이순신의 진왜정장.

「… 지난 6월 14일 육지에서는 창원에 있는 왜적들이 곧바로 함안으로 돌입하자, 함안에 머물고 있던 각 도의 여러 장수들이 의령 등지로 퇴각하여 진을 쳤으며, 15일 바다에서는 적선 대, 중, 소 합쳐서 무려 7~8백여 척이 부산, 양산, 김해로부터 웅천, 제포, 안골포 등지로 옮겨 정박하기 위해 매일 잇따라 오고 있었는

> 데, 이는 바다와 육지로 갈라서 동시에 침범하려는 계획임이 분명하였습니다.
>
> 　우리 수군들은 만약 거제도 안쪽 바다에 진을 친다면 바다 바깥쪽으로 침범해 오는 적들을 미쳐 달려가 막지 못할 것이고, 바깥쪽으로 진을 친다면 안쪽 바다의 적을 미쳐 맞아 치지 못할 것이므로, 거제 땅 안팎 바다로 갈라진 요충지와 작년에 크게 승리한 견내량 한산도 등지에 진을 합하여 왜적의 길을 끊어 막고 안팎의 공격에 대비하기로 하였습니다. … 」

　이상의 기록을 종합해보면 제2차 진주성전투가 단지 제1차 진주성전투의 패배를 복수하기 위하여 쳐들어온 전투라는 것은 설득력이 부족합니다. 특히나 그러한 말은 분명 일본 측 장수들에 의하여 전파된 말입니다. 왜적들은 제2차 진주성전투 후 스스로 퇴각한 원인이 밝혀지는 것이 두려운 것입니다. 이순신 함대를 격파하지 못하여 퇴각하는 것이 알려지게 된다면 결국은 탄약이 육지로도 배달될 수 없음이 탄로 나게 될 것이고 그리되면 일본은 그야말로 독 안에 든 쥐가 될 가능성이 크므로 서둘러 2차 진주성 공격은 1차 진주성 전투 패배에 대한 단순한 보복전이었다고 미리 연막을 친 것입니다.

　2차 진주성 전투 이후의 전쟁 과정은 이미 알고 있는 대로 진행된 것입니다. 징비록을 보면 류성룡도 평양에서부터 뭔가 이상하다는 느낌은 적어 놓았습니다. 〈명나라 선발 대장 조승훈이 평양성전투에서 패하여 군사를 퇴각시켰으나 왜군은 급히 추격하지 않았다〉고 썼습니다. 고니시는 탄약의 소진이 무서웠던 것입니다. 당시는 심유경이 평양성에 들어가기 훨씬 전입니다. 즉 화해 논의가 본격적으로 시작되기도 전입니다. 류성룡은 몇 페이지 뒤에 이순신이 한산도 대첩에서 크게 승리하여 전라도에서 평안도 연안 일대를 지켜냄으로써 (조선은) 군량미를 조달할 수 있었고 명나라의 연안 지역이 전란을 입지 않아 명나라 지원병이 큰 무리 없이 올 수 있었다고 쓰고 있습니다. 당시로서는 대단한 정세 분석이고 하나도 틀린 말이 아닙니다. 다만 한산도대첩이 결과적으로는 육지를 통한 탄약의 보급까지도 원천 봉쇄하는 바람에 고니시가 더 이상의 진군을 포기하고 부산으로 퇴각할 수밖에 없었던 근본적이고도 직접적인 원인 만큼은 아무도 몰랐던 것 같습니다. 당초 일본의 협상전략이 여러가지 무모한 내용을 담고 있었고 그중에서도 가장 중요한 것은 한양 이남을 일본에 귀속시키라는 것은 누구나 아는 바입니다. 일본이 진주성전투가 끝나고 부산으로 퇴각하였습니다. 그리고는 차츰 주력부대를 일본으로 철수시킨 후 약 4만 정도의 병력만으로 탄약의 보급이 가능한 부산포 주변 지역만을 지키면서 버텼다는 것은 일본이 조선의 반을 내놓으라는 협상전략을 사실상 포기했다는 뜻이 되는 것입니다. 이 정도에서 설명을 끝내려 했으나 궁금증이 계속되므로 할 수 없이 당시 부산포에 근무하던 일본 장수를 만나 보았습니다.

곰순: 하이! 일본장수씨! 도대체 언제부터 진주성전투를 준비하셨소?

일본장수 왈: 선조실록에 다 나와 있잖아! 선조실록 날짜가 1593.02.18.이고, 보고 내용 중에 (아직 도래하지도 않은) 이달 20일부터라고 했으니 일본군은 1593.01.20 부터 진주성 공격을 준비했겠지. 안 그러냐? 너네 임금이 있는 의주 또는 평양까지의 통신시간을 감안한다면 경상좌도에서 관찰사가 보고서를 발송한 타임은 아마도 1월말 같구나.

곰순 : 댕큐, 일본장수씨! 그렇다면 누가 진주성 공격을 미리미리 준비하라고 명령했습니까?

일본장수 왈: 잘 알면서 그래. 히데요시 말고 누가 감히 시키겠어...

곰순: 그렇군요! 그렇다면 역시나 일본에서 히데요시의 명령이 현해탄을 건너오는 통신 시간을 감안하여, 1593.01.20 부터 역산하면 1593년이 도래하기 전에 히데요시가 전원 퇴각 및 진주성 공격을 명령했다는 뜻이군요. 참으로 신기하네요... 그때는 고니시가 아직 평양에 있던 타임인데요... 〈그렇다고 보고 또다시 역산하면〉 최초에 고니시가 평양에서 〈탄약이 부족하여〉 퇴각이 불가피하다는 SOS를 보낸 날짜는 언제쯤 일까요?

일본장수 왈: 각자 상상하시오. 현해탄 바다 날씨에 따라 천차만별이요...

아! 드디어 윤곽이 그려집니다. 고니시가 평양에서 탄약은 부족해지는데 이순신 때문에 바다로는 보급이 불가능하고, 그렇다고 육지로는 불화살 공격 가능성 때문에 그 또한 불가능하다고 은밀히 보고하자, 히데요시가 장고 끝에 전략을 대폭 수정한 것입니다. 평양은커녕 한양도 사수가 불가능하다고 판단하고 부산으로 철수하여 전열을 재정비하고 전라도로 쳐들어가라고 명령한 것이군요. 위에서 본 경상좌도 관찰사 한효순의 보고가 중요한 이유는 일본군의 후퇴가 평양성전투(1593년 1월 8일)에서 지는 바람에 한양으로 퇴각한 것은 분명하지만, 그 전에 이미 일본에서는 도요토미 히데요시의 〈전면 퇴각 후 전라도를 침공하라〉는 결정이 내려졌다는 분명한 증거가 되기 때문입니다. 히데요시의 명령이 아니라면 감히 누가 미리부터 (1593년 1월 20일부터) 진주성 총공격을 준비하라고 시키겠냐는 점 때문입니다.

진주성 공격 준비가 시작된 1593년 1월 20일부터 시간의 궤적을 추적해 보면, 1592년 10월을 전후하여, 평양성에서 선봉대장 고니시가 〈퇴각이 불가피하다〉는 S.O.S 발송, 11월 일본 도착, 12월 히데요시의 〈전원 퇴각 및 진주성공격 준비명령〉 발송, 1593년 1월 명령문 부산포 도착, 1593년 1월 20일부터 군사훈련 및 축성시작 순으로 진행되었다는 것을 알 수 있습니다.

결국 히데요시의 첫 번째 명령은 이순신과의 정면 대결을 피하라는 것이고, 두 번째 명령은 바로 〈모두 부산 방면으로 퇴각한 후 전라도를 공격〉하라는 것입니다. 1593년 1월 20일 전에 이미 일본에 있는 히데요시가 〈전원 부산으로 퇴각한 후 전라도를 공격하라〉는 명령을 내렸다는 것만큼은 〈이날의 선조실록을 감안할 때〉 분명한 역사적 사실로 입증된 것입니다. 전라도로 가는 관문인 진주성 공격 준비만 시킨 것이 아니고, 이미 평양과 함경도, 한양에 있는 일본군 전체 병력의 부산 퇴각을 전제로 이들을 수용할 성까지 여러 군데 축조에 나선 것을 알 수 있으며, 군량(탄약 포함)까지 일본에서 실어 오고 있음을 볼 수 있습니다.

일본군이 부산 방면으로 퇴각한 것이 히데요시의 명령이라는 것을 알 수 있는 글이 선조실록에 또 있습니다. 선조실록 1597.03.30 자 〈도원수 권율의 장계〉에 나옵니다. 잠시 보겠습니다.

…중략…청정(가토 기요마사)이 말하기를 "1593년 4월에 서울에서 심유경과 고니시가 화평을 약속할 때 왕자 형제를 송환하면 조선 국왕이 일본에 건너와서 사례하고, 조선의 팔도도 끊어서 일본에 귀속시킨다"고 하였다. 이 말을 관백(히데요시)에게 아뢰었기 때문에 왜병이 한양에서 모두 남하하여 경상도 해안에서 기다리고 있었다. 이하 생략

=〉이 말은 가토 기요마사가 정유재란을 준비하기 위하여 조선에 건너와서 한 거짓말(뒤에 설명드립니다)이긴 하지만, 한 가지 중요한 사실을 얘기하고 있습니다. 즉 1593년에 일본군이 한양에서 경상도 해안으로 퇴각한 것이 히데요시의 명령에 따른 것이라는 사실을 가토가 직접 말하고 있기 때문입니다. 또 다른 의미는 가토는 퇴각할 생각이 없었는데 히데요시가 퇴각하라는 바람에 마지못해 퇴각했다는 심정을 토로하고 있습니다.

징비록 녹후잡기 〈왜군의 전략실패〉에 나오는 글입니다. "왜군은 매우 간교해서 그들의 군사작전은 요사한 술법에서 나오지 않은 것은 하나도 없다."고 썼습니다. 매우 적절하고 명석한 분석입니다만, 왜적들의 한양 철수 작전은 화해를 빌미로 류성룡과 심유경 까지도 속인 요사한 군사작전이었던 것입니다.

이 군사작전은 당시 고니시와 히데요시만이 아는 극비사항입니다. 당초에 일본은 서해안을 따라 배로 탄약을 운반한다면 의주를 넘어 중국 연안까지도 조총으로 진격이 가능하다고 생각했던 것입니다.

자! 그렇게 본다면 지방 관군과 의병, 승병의 봉기가 우리가 알던 것보다 훨씬 강하게 일본을 옥죄는 결과가 된 것을 알 수 있습니다. 단순히 왜적을 공격하는 것보다 훨씬 더 무서운 존재가 된 것입니다. 그때 쯤이면 지방 관군과 의병, 승병들은 혹시나 탄약보급대가 지나

가지 않나 눈에 불을 켜고 살펴보았을 것은 당연합니다. 제일 중요한 이유는 무엇이겠습니까? 다 아시죠? 이순신 장군입니다. 자세한 설명이 필요 없습니다. 이순신이 없었다면 아무리 조선의 판옥선과 각종 총통이 우세했다고 하더라도 속도에서 빠른 일본 수군을 당할 수 없음을 칠천량해전에서 역사가 가르쳐주고 있으니까요. 이상의 이치를 종합해 보면 이순신이 한산도에서 바다를 지키는 한, 일본 육군이 진출할 수 있는 조선의 땅은 종국적으로는 경상도 해안을 벗어날 수 없다는 것이고, 이를 도요토미 히데요시도 결국에는 잘 알게 되었다는 것입니다. 왜냐하면 히데요시는 한산도대첩 이후에는 항상 말하기를 '먼저 조선 수군을 격파한 다음에야 조선육군을 노획할 수 있다.'고 했기 때문입니다.

1592년 9월에 고니시가 평양에서 심유경과 50일간의 휴전을 한 이유도 히데요시에게 퇴각이 불가피함을 알리고 그의 승인을 받기 위하여 시간이 필요했기 때문입니다. 이후의 전쟁 과정을 설명하는 일은 이러한 일본 측의 딜레마를 감안하면 그리 어려운 일이 아닙니다. 달리 표현한다면 1592년(임진왜란 발생년도) 7월 8일 이순신 장군이 한산도대첩에서 대승을 함으로써 사실상 전쟁은 승패가 갈린 것임을 알 수 있습니다. 임진왜란 발생 후 3개월이 지나기 전에 전쟁의 승패가 갈린 것입니다.

이순신 장군이 육지로도 탄약을 보급할 수 없다는 이치까지 알았는지는 잘 알 수 없습니다. 난중일기 1597.07.16자를 보면 〈우리나라에서 믿는 바는 오직 수군에 있었는데, 수군이 이와 같으니 또다시 가망이 없을 것이다.〉고 하여 어찌 보면 안 것 같기도 하고, 다른 정황을 보면 육지를 통한 탄약 보급이 원천적으로 불가능하다는 것까지는 잘 모른 것 같기도 합니다. 조선이 부산포의 일본 탄약고를 공격한 것이 1597년 1월임을 감안할 때 그리고 그 내용을 살펴보면 부산왜영방화사건이라는 제목에서도 보듯이 북서풍을 이용하여 불을 지른 것이 결국은 탄약고 폭발로까지 이어진 것임을 볼 때, 임진왜란 초기에는 아무도 조총과 탄약의 취약점에 대하여 깊게 생각하지는 못한 것 같습니다. 결국 일본은 해상보급로가 막히자 바다를 통하든 육지를 통하든 사실상 탄약을 운반할 수 없어 평양에서부터 미리 히데요시의 승인을 받아 화해를 핑계로 부산 쪽으로 후퇴한 것을 알 수 있습니다. 말하자면 조선의 수군 장수 하나 때문에 그들이 자랑하는 조총이 통째로 총검술하는 쇠막대기로 변할 운명에 처한 것입니다. 막상 조선에서는 그 이치를 자세히 알지 못하는데 말입니다. 어디에 하소연도 못하고 속만 부글부글 끓으니 히데요시의 건강이 예상보다 빨리 악화되었을 것은 당연지사입니다. 탄약이 조총과 결합하면 대단한 무기가 되지만 운반을 위하여 우마차에 쌓는 순간 한낱 위험천만한 폭발물에 불과했던 것입니다.

징비록 녹후잡기를 보면 마지막에 유명한 말이 있습니다.

> **심유경이 한양에서 고니시를 찾아가 말했습니다. "내가 너와 친**

> 해서 특별히 말해준다. 곧 명나라 대군이 서해를 통하여 충청도로 들어와 너희들의 퇴각로를 끊을 것이다. 그리되면 퇴각하고 싶어도 할 수 없을 것이다." 이말을 들은 고니시가 두려워하며 한양성에서 퇴각했다. 이 일은 심유경이 우의정 김명원에게 말해주고, 김명원이 다시 나(영의정 류성룡)에게 말해 주었다.

징비록 마지막을 장식한 이 글을 읽으며 저는 〈우와 ! 심유경이 대단하구나 ! 고니시는 생각보다는 겁이 많았구나…〉라고 생각하였습니다. 이제와 생각해 보니 심유경, 김명원, 류성룡은 고니시의 마음 속 진짜 고민은 몰랐던 것 같습니다. 저라도 뭐 다르겠습니까? 책 쓰기 시작한 지 일년 반 만에 알았으니까요.

참고로 중국 초.한의 전쟁을 다룬 초한지, 위·촉·오 간의 전쟁을 다룬 삼국지, 몽골제국의 대륙정벌 등 수많은 전쟁 기록을 보더라도 군량미를 육지로 나르는 것이 어려워 전쟁을 포기했다는 기록은 없습니다. 따라서 군량미가 결정적으로 군대의 진격을 막을 정도의 치명적인 문제는 아니었음을 잘 알 수 있습니다. 그럼에도 임진왜란에서 일본군이 평양에서 더 이상 진격할 수 없었던 이유 중의 하나가 육지로는 보급품 공급이 어려워서였다는 설명은 한국과 일본의 많은 역사학자들이 공감하고 있습니다. 이는 바로 보급품 중에 탄약이 있었던 것이 결정적 요인입니다. 개인이 사용하는 무기(조총)에 화약이 사용된 것은 동양에서는 임진왜란이 사실상 처음이었습니다. 처음 당하는 일이라 조선으로서는 미처 알 수가 없었고, 일본인 중에서도 비교적 탄약을 잘 아는 고니시가 처음으로 이를 알아보고 히데요시의 허락을 받아 부산으로 철수할 수밖에 없었던 것입니다. 당시의 과학 수준으로는 탄약의 속성 때문에 전쟁 중에 육지로는 수송이 사실상 불가능했던 것입니다.

처음부터 탄약이 일본의 약점은 아니었습니다. 전쟁을 하다 보니 상황이 점차 그렇게 흘러간 것 뿐입니다. 도요토미 히데요시는 탄약의 위험성을 잘 아는 전쟁 전문가입니다. 그러나 정작 탄약은 일본에서는 별다른 보급상의 위험을 보이지 않다가 히데요시가 조선침략전쟁의 승리를 목전에 뒀을 때 갑자기 그 무서운 발톱〈나는 불화살만 보면 터진다! 아군 적군을 가리지 않는다!〉을 드러낸 것뿐입니다.

일본이 20만 병력을 동원하여 조선을 침공한 후 1년 3개월 만에 많은 희생자를 남기고, 겨우 4만 명의 병력만 경상도 해안에 남겨두고, 본국으로 철수한 것은 임진왜란을 통틀어 일본군 최대의 굴욕사건입니다. 일본이 심유경의 화해 약속을 믿고 철수했다고 하는 것은 그들의 굴욕과 복수작전계획(정유재란)을 감추기 위한 의도적인 변명에 불과합니다. 다만 이러한 일본의 굴욕은 일본의 전략 실패만은 아닙니다. 그것은 아무도 예상할 수 없었던 이순신의 등장과 조총에 꼭 필요한 탄약의 폭발성이라는 특성이 함께 만들어 낸 역사의 아이러니라고 할 수 있습니다.

녹후잡기 2

11

저는 녹후잡기(1) 에서 1592년 7월 8일 이순신 장군이 한산도대첩에서 대승을 함으로써 사실상 전쟁의 승패는 갈린 것이라고 했습니다. 그렇다면 논리상 전쟁이 1~2년 사이에 끝나야 하는데, 협상 국면이 3년 이상 지속된 이유는 무엇일까요? 이를 알아야 정유재란을 좀 더 깊게 이해할 수 있습니다. 이제부터 그 이유를 살펴보겠습니다.

전쟁에서 화해 협상이 이루어지려면 중요한 전제조건이 있습니다. 전쟁 당사자 간에 힘의 균형이 이루어져야 협상이 가능해집니다. 어느 한쪽도 상대방을 무력으로 제압할 수 없을 때 비로소 협상이 가능해지는 것입니다. 일본이 한양에서 부산까지 후퇴한 이유는 한양에서는 힘의 균형을 유지할 수 없다는 판단을 했다는 뜻입니다. 그 이유는 녹후잡기1에서 설명한 탄약의 보급 불능 때문입니다. 그렇다면 어떻게 부산에서는 겨우 4만의 군사로 힘의 균형을 맞출 수 있었을까요? 그 비밀 역시 조총입니다. 탄약만 충분히 조달된다면 당시로는 조총이 육지 전투에서는 무적이었던 것입니다. 특히 성을 쌓고 성안에서 벌집처럼 구멍을 내고 그 사이로 조총을 발사하면 이를 대적할 방법이 없었던 것입니다.

일본군에 조총이 전체적으로 몇 정이 있었는지는 정확히 알 수 없으나 당초 20만 병력이 4만 병력으로 줄었고, 조총부대 중심으로 잔류시킴으로서, 조총의 밀집도는 크게 높아지는 부수적 효과까지 있었던 것입니다. 조명 연합군에는 대포가 있었으나 대포의 약점은 〈포탄이 아직 개발되기 전이라서〉 잘해봐야 커다란 쇠구슬을 날릴 수 있을 뿐, 날아가서 터지는 포탄은 아직 없었던 시대입니다. 비격진천뢰가 있기는 했지만 성 안에 떨어진 뒤 한참 뒤에 폭발하므로 처음에는 왜적들이 신기해하면서 빙 둘러서서 발로 차 보기도 했지만, 한번 당한 후로는 모두 도망 가 버리니 그 후부터는 큰 효과를 보지 못합니다. 따라서 당시에는 육지에서는 대포가 큰 위력을 발휘하기 힘든 무기였던 것입니다. 일본은 넓은 바다를 통하여 탄약과 군량미를 넉넉히 가져올 수 있었으므로 적은 군사만으로도 조총을 가지고 힘의 균형을 맞출 수 있었습니다. 조총만 있다면 굳이 많은 군사를 주둔시켜 군량미만 축낼 이유가 없었던 것입니다. 그리하여 방어에 필요한 최소한의 군사만 남겨두고 나머지 병력은 일본으로 철수시킨 것입니다. 아무리 왜적의 군사가 많아도 경상도를 넘어서는 순간에는 더 이상 탄약을 나를 수 없어 어쩔 수 없이 경상도 해안에 성을 쌓고 협상을 추진한 것입니다. 그러면서 일본에서는 은밀히 조선 수군 격파전략 개발에 집중하고 있었던 것입니다.

　이러한 힘의 균형 전략은 막강 조선 수군을 막아내는 전략도 그 안에 포함하고 있습니다. 일본은 먼저 안골포와 거제도 북단까지 성을 쌓고 요새화 시킵니다. 그런 다음 조선 수군이 부산포를 공격하면 부산포의 일본 전투선들은 경상도 해안을 따라 해운대를 통과하여 기장 서생포 방면으로 도망치고, 육지에서는 조총으로 공격합니다. 그리하면 조선 수군은 큰 성과없이 퇴각할 수밖에 없습니다. 그러다가 어두워지도록 한산도로 복귀하지 못하면 일본 측의 야간 백병전에 휘말릴 가능성이 큽니다. 이순신 장군 역시 이러한 이치를 잘 알기 때문에 쉽사리 부산포로 진격하지 못하고 한산도 방어에 올인하고 있었던 것입니다.

　그렇다면 1592년 9월에 벌어진 부산포해전은 어떻게 가능하였을까요? 그것은 일본 측의 부산포 방어 전략이 미처 수립되기 전이었기 때문에 가능하였던 것입니다. 일본의 부산포 방어 전략은 부산포해전에서 이순신에게 혼쭐이 난 일본이 그 후에 만들어낸 일종의 학습효과라고 볼 수 있습니다.

　그렇다면 일본의 협상전략은 진정이었을까요? 일본의 협상 조건은 조선의 반을 내놓고 명나라 공주를 보내라는 등 허황된 조건이 많았습니다. 경상도 해안에서 겨우겨우 버티고 있으면서 이러한 조건이 성사될 리가 없습니다. 누가 봐도 허황된 조건인 것을 알 수 있습니다. 이를 일본이라고 모를 리 없습니다. 일본은 분명 딴소리를 할 것입니다.

선조실록 1597.03.30 : 도원수 권율의 장계

...중략...청정(가토 기요마사)이 말하기를 "1593년 4월에 서울에서 심유경과 고니시가 화평을 약속할 때 왕자 형제를 송환하면 조선 국왕이 일본에 건너와서 사례하고, 조선의 팔도도 끊어서 일본에 귀속시킨다고 하였다. 이 말을 관백(히데요시)에게 아뢰었기 때문에 왜병이 한양에서 모두 남하하여 경상도 해안에서 기다리고 있었다. 왕자를 돌려보내고서 관백께서 5년 전부터 작년 8월까지 군대의 출동을 중지시키고 기다렸다. 그러나 조선 국왕이 바다를 건너와서 사례하지 않았고, 또 조선 땅을 끊어 일본에 귀속시키지도 않았으며, 또 왕자 형제 중에 한 사람도 바다를 건너와 사례하지 않았다. 그리고 겨우 낮은 직위에 있는 신하(황신)만을 보내어 사례하는 척하였으므로 관백이 크게 노하여 조선 사신(황신)를 대면하지 않았다." 이하 생략

정말 그런 조건이 있었니? 가토야! 일단 화해 문서부터 가져와 봐라... 문서가 없다고냐? 화평을 약속할 때 말로만 했다고? 그게 말이 되냐? 세상에, 국가 간의 전쟁에서 화해를 말로 하는 경우도 있다더냐? 차라리 화해 문서를 잃어버렸다고 하거라. 믿을 걸 믿으라고 해야지... 더 이상은 궁금증을 참을 수 없어 타임머신을 타고 당시 히데요시가 주최한 참모 회의를 참관하였습니다.

> 히데요시: 아직도 이순신 함대를 격파할 전략은 감감 무소식이더냐? 매일 따뜻한 공밥을 먹으면서 다다미에 둘러앉아 뭣들 하는 것이냐? 〈먼저 조선 수군을 격파한 다음에야 조선육군을 노획할 수 있다〉고 얼마나 강조했느냐? 오죽하면 조선의 국왕도 이 말을 따라하며 나를 비웃는다고 하더라. 이순신한테 당하는 굴욕만 생각하면 잠을 잘 수가 없어! 조만간 만족할 만한 대책을 내놓지 못하면 모두 다 조총 메고 부산포로 가는 것이 차라리 밥값하는 일이다. 알았나!

아! 일본의 화해 전략은 후일을 도모하기 위하여 치밀하게 기획된 일본의 트릭(속임수)이었던 것입니다. 협상을 하는 척하면서 다른 시도를 하고 있었던 것입니다. 즉, 시간을 벌어 조선 수군 격파 전술에 매달렸던 것입니다. 조선 수군 격파가 가능해지면 다시 쳐들어오겠다 전략입니다. 명나라까지 참전하였으니 전면전이 어렵다면, 전라도 만이라도 점령하여 새롭게 협상을 하겠다는 전략입니다. 따라서 부산포를 중심으로 경상도 해안에 성을 쌓고 버티던 일본군은 일종의 교두보였던 것입니다.

선조도 화해 전략이 왜적의 속임수일 수 있다는 의심만은 가지고 있었습니다. 칠천량해전 대책 회의에서 선조는 "내가 전에도 말했거니와 저 왜적들이 6년간을 버티고 있는 것이 어찌 한 장의 봉전을 받기 위해서였겠는가?"라고 말함으로써 일본이 수상하다는 느낌을 두 번이나 토로하였습니다. 선조는 같은 회의에서 또 평수길(도요토미 히데요시)이 항상 말하기를 "먼저 조선 수군을 격파한 다음에야 조선육군을 노획할 수 있다."고 했습니다. 이 말을 달리 해석하면 평수길(도요토미 히데요시)이 항상 말하기를 " 먼저 조선 수군을 격파하지 못하면 조선을 다시 침략할 수 없다. 조선 수군 격파전술부터 만들어라"가 됩니다.

그러나 협상 국면이 오래 지속되는 동안 일본 내에서는 커다란 변화가 서서히 일어나고 있었던 것입니다. 전쟁이 길어지는 동안 일본 백성들의 고통도 가중되자, 일본의 여론이 도요토미 히데요시에게 등을 돌리기 시작하고, 이를 간파한 히데요시 적대 세력들이 점차 힘을 모으고 주도권을 빼앗으려고 했던 것입니다. 그러나 그러한 움직임 또한 언제까지나 숨길 수는 없는 것입니다. 마침내 히데요시를 지지하는 측에서도 반란의 움직임을 어느 정도 간파하게 되자, 히데요시에게 이러한 정황을 보고하고 마침내 히데요시가 장고 끝에 명나라로부터 봉왕만을 받고 철수하려고 한 것입니다. 그리하여 명나라 사신들을 맞이하는 순간, 누군가가 〈관백께서 그토록 오매불망하시던 조선 수군 격파전략을 드디어 완성했습니다!〉라고 보고하고, 이를 살펴본 히데요시가 승산이 있다고 판단하여 최단시일 내에 조선 수군을 격파하고 전라도를 점령하려고 생각을 바꾼 것입니다. 그것이 바로 〈가토의 조선상륙일자 가르쳐주기 작전〉 입니다. 이후의 전쟁과정(정유재란)은 이미 살펴본 그대로입니다.

설명이 중복됩니다만 이순신 압송만 없었다면, 일본이 3년 이상에 걸쳐 야심차게 준비한 조선 수군 격파전략 〈가토의 조선상륙일자 가르쳐주기 작전〉은 저절로 휴지통 신세가 되고, 정유재란은 일어날 수 없었던 것입니다. 또한 도요토미 히데요시는 일본 내에서 적대세력의 봉기를 방어하기 위하여 조선에 남아 있던 병력을 서둘러 철수시킬 수밖에 없었습니다.

이제 마지막 퀴즈가 남아 있습니다. 조선 수군 격파전략〈가토의 조선 상륙 일자 가르쳐주기 작전〉은 누가 만든 것일까요? 정유재란 최고의 수수께끼입니다.

류성룡은 이를 알고 있었던 것 같습니다. 그렇지 않다면, 일본이 칠천량해전에서 대승한 후, 대규모 육군을 몰아 전라도를 점령하고 한양을 목표로 거세게 쳐들어오는 절체절명의 순간에, 자신 있게 왜적의 퇴각을 예측할 수는 없기 때문입니다. 말하자면 뭔가 확신이 가는 징후를 보았다는 뜻입니다. 물론 그것을 선조에게 설명했음은 당연합니다... 그러나 징비록에서는 끝내 말이 없습니다. 그것을 말할 수 없음은 류성룡의 숙명입니다.

류성룡은 정유재란이 누군가의 충동질로 히데요시가 일으킨 전쟁이라는 것을 〈황신의 보고〉, 〈중국 사신과 조신의 회담〉 등을 통하여 잘 알고 있었습니다. 〈선조실록 1596.06.12 : 황신이 올린 서장〉을 보면 도요토미 히데요시가 이때 이미 어린 아들 히데요리를 새 관백으로 임명하였습니다. 히데요시가 명나라 황제의 봉작을 받던 날로부터 불과 수개월 전입니다. 그렇다면 히데요시의 강렬한 세습제 염원(소원)을 누구보다 잘 아는 참모들이 스스로 정유재란을 충동질하여 자기편의 군세가 급격히 기울어지는 것을 방치했을 리가 없다고 본 것입니다. 히데요시는 어린 아들 히데요리를 지키기 위하여 명나라 황제의 봉작만을 받고 조선에서 철수하려고 했기 때문입니다. 당시의 선조실록을 두루 살펴보면 도요토미 히데요시는 더이상 이순신이 이끄는 조선함대를 격파할 방법을 찾지 못하자, 모든 것을 체념하고, 어린 아들을 서둘러 관백에 임명하였습니다. 그리고는 그 후속절차로, 명나라 황제의 봉작을 받아 대대로 일본을 통치하기 위하여, 심유경 일행을 환대하였고, 대마도에 남아 있던 가등청정(가토 기요마사)의 군사까지도 일본 본토로 철수시킨 것을 알 수 있습니다. 조선 침략 전쟁에서는 더 이상 돌파구가 보이지 않고, 일본 내부에서는 적대세력들이 점차 커지고 있었기 때문입니다. 히데요시로서는 봉작을 명분으로 서둘러 철수하는 길밖에는 다른 선택지가 없었던 것이었습니다. 이는 당시의 정세로 보아 나름 히데요시의 정확한 판단입니다. 〈선조실록 1596.11.06: 황신의 군관 조덕수·박정호에게 통신사의 동태에 관해 아뢰게 하다〉에 의하면 히데요시가 조신에게 말하기를 "5년 동안의 전쟁을 마침내 끝냈으니 너의 공이 아름답다. 다만 명나라 사신을 접대할 관사가 지진 때문에 모두 무너져서 접대하기 어려울 듯하므로, 이제 다시 신관을 만들어서 접대하려 한다." 고 하여 봉작행사에 상당히 적극적이었음을 잘 알 수 있습니다.

그러던 히데요시가 왜 갑자기 조선을 다시 침략하려고 돌변하였을까요? 그래서 류성룡은 다시금 황신의 보고 등을 면밀히 검토하면서 조선 수군 격파전략(가토의 조선 상륙 일자 가르쳐주기 작전)은 히데요시 반대파들이 자신들의 군사적 우위를 손쉽게 달성하기 위하여 은밀히 만들어 낸 작전으로서, 이를 가지고 교묘하게 히데요시를 충동질하여 정유재란을 일으키게 만든 것이라는 판단을 하게 된 것입니다. 그러나 반대파들의 이러한 은밀한 전략도 끝내는 히데요시측에게 간파되었던 것입니다. 그리하여 이를 간파하는 순간 히데요시가 신속히 퇴각 명령을 내릴 것으로 판단하였습니다. 류성룡이 "왜적을 무서워할 이유가 뭐가 있겠습니까?"라고 한 말은 일본 내에서 자기들끼리 크게 한판 붙을 것(내란의 발생)이므로 왜적을 걱정하지 않아도 된다는 뜻입니다.

이하에서는 류성룡이 왜적의 퇴각을 예측할 수 있었던 정황을 선조실록을 보면서 살펴보겠습니다.

1596년 황신의 보고 등에 의하면 도요토미 히데요시는 명나라 사신들로부터 봉왕받는 행사를 성대하게 치릅니다. 다만 우롱하는 자들로부터 조선이 일본을 업신여긴다는 말을 듣고 조선 사신의 봉왕식 참석을 금지시켰습니다. 히데요시는 이후 점차 흥분의 도를 높이더니 조선을 다시 침략하겠다고 공언하기에 이릅니다. 이는 그 사이에 누군가가 조선 수군 격파전술을 은밀히 보고하면서 조선을 다시 침략하자고 충동질했기 때문입니다. 그렇지 않다면 이순신이 이끄는 조선 수군의 위력 때문에 다시 침략하는 것은 불가능합니다. 이는 히데요시가 항상 하던 말 입니다. 그리하여 정유재란의 사전 정지작업(조선 수군 격파 작전)이 진행되는 과정에 히데요시가 갑자기 〈혹시 내가 누군가에서 속고 있는가?〉하는 의심을 하게 됩니다. 〈선조실록 1597.05.18 : 요시라(이중간첩)가 일본이 대규모 군사를 출동시켜 전라도를 유린할 계책이라고 말하다〉의 내용 중에 나옵니다. [히데요시는 크게 노하여 조신을 잡아오게 하여 중형을 내리고자 하면서 "지금 가토 기요마사의 말을 듣고 보니 너희(조신, 고니시 등 화해파를 의미함)들의 속임수가 이미 드러났다. 용서하기 어렵다." 하였는데, 조신은 전날에 가토와 사이가 나빴던 일을 말하여 겨우 형벌을 면하게 되었다. 그가 오사포에 돌아왔을 때에 히데요시가 또 사람을 시켜 조신을 불러, 자신이 머물고 있는 은밀한 곳에 들어가 있게 했다 하는데 그 후의 일은 아직 전해지지 않고 있다.] 참고로 히데요시가 말한 속임수란 협상안 조작을 말하는 것이 아니라 조선의 왕자가 사례하러 일본에 올 수 있느냐 없느냐의 문제를 말하는 것입니다. 협상안은 조작된 적이 없었습니다. 이는 현대의 일본 학자들이 인정한 사실임을 앞에서 설명드렸습니다.

　요시라의 말(전언)을 읽은 류성룡은 조신이 단순히 가토와 사이가 나빴던 일을 말했다고 해서 형벌을 면했다고 보기에는 뭔가 부족하다고 본 것입니다. 조신은 큰 죄를 피할 수 없으므로 목숨을 걸고 히데요시에게 상황 설명을 했다고 본 것입니다. 그후 히데요시가 조신을 자신이 머물고 있는 은밀한 곳에 들어가 있게 했다 했습니다. 요시라는 드디어 조신이 사형당할 지도 모른다고 생각한 것이고, 류성룡은 히데요시가 조신이 하는 말을 한 번 더 자세히 들어보려고 은밀한 곳으로 데려갔다고 본 것입니다. 그리하여 히데요시는 조신의 말이 일리가 있다고 생각한 것 같습니다. 왜냐하면 조신은 그 후에 별다른 벌을 받지 않고 조선으로 건너왔기 때문입니다. 선조실록 1597.06.12자에 의하면 조신이 나왔다는 비밀서장이 조선 조정에 보고되었습니다. 요시라가 조신이 히데요시에게 붙들려 갔다고 말한 후에는 히데요시가 과연 조신을 살려줄 것인가가 조선 조정의 관심

사였던 것 아닐까 하는 생각이 듭니다. 조신은 그 전에 조선사신(황신)에게 정유재란 전략을 미리 알려준 대마도 출신 장수입니다. 그는 에도막부에서도 조선과의 수교를 위하여 노력하였습니다. 그런 그가 히데요시에게 무슨 말을 하였을까? 그는 대표적인 화해론자입니다. 궁금증을 참을 수 없어 옥황상제에게 특별히 부탁하여 류성룡 님을 만나 보았습니다.

> 곰순 : 류성룡 어르신! 조신은 무슨 말을 했길래 잔혹한 히데요시로부터 풀려났다고 보셨나요?
>
> 류성룡: 방법은 단 하나 아니겠어? 히데요시의 어린 아들 히데요리를 내세운 것이겠지. 히데요시는 히데요리를 위하여 자신의 후계자까지 할복하게 만들었다잖아? 조신은 다음과 같이 말했을 것이야... 무엇이 어린 관백님(히데요리)을 진정으로 위하는 것인가요? 전쟁을 계속하는 것인가요? 아니면 조속히 전쟁을 끝내고 철수하여 일본국민의 고단함을 덜어주는 것이 히데요리를 위하는 것인가요?
>
> 두번의 심문 끝에 조신이 풀려났다는 것은 히데요시의 심경에 변화가 왔다는 뜻이야. 이를 역으로 생각해보면 정유재란은 히데요시가 나이가 들어 잠시 상황판단에 착오가 있었다는 뜻이지. 그는 손자같은 어린 아들을 관백으로 임명하고도 욱하는 성질을 참지 못하여 잠시 오판을 했다는 의미가 있는거야. 말하자면 누군

가가 만든 그럴듯한 조선 수군 격파전략에 감격해서 그만 이성을 잃었다고나 할까? 만약 정유재란이 히데요시가 스스로 결정한 것이라면 히데요시의 잔인한 성격으로 보아 조신에게 "내 아들 걱정 말고 너나 잘해라 이놈아!" 하면서 단칼에 목을 잘랐을 것이야.

곰순 : 그렇겠네요... 옆에 계신 분은 권율장군 아니십니까? 그렇지 않아도 궁금했습니다. 장군께서는 우째 선조 임금에게 한양환도가 성급했다고 하셨나요? 징비록에 "왜적이 물러갔다"로 시작하는 글에 나오던데요.

권율장군 : 무슨 소리야! 나는 그런 말을 한 적이 없어. 원균 곤장 때린 것 만으로도 선조 임금으로부터 질책을 받고 탄핵의 기로에 있었거늘...내가 바보냐? 임금님께 어떻게 그런 말을 할 수가 있겠니? 내가 한 말은 '죽을 죄를 지었습니다' 뿐이야. 선조실록(1597.09.13)에 다 있어...

류성룡: 왜 나를 유심히 쳐다보니? 곰순이 너! 또 나를 원흉으로 지목할 거지? 이실직고하마! 선조가 하도 4년 전 한양환도가 성급했다고 신하들을 달달 볶기에, 개그달인 권율을 내세워 찌질이 선조를 잠시 야단친 것이야...율형! 개그달인 맞지요?

곰순 : 시간이 없습니다. 충무공은 어디에 계신가요?

류성룡: 저 위에 계시잖아.

곰순 : 위에는 옥황상제만 계시는데요.

류성룡: 말귀를 못 알아듣니? 옥황상제께서 왜적들이 하는 짓이

> 너무 화가 나서, 잠시 조선의 수군 장수로 환생하셨다는 것 아니겠니.

1597.05.25 드디어 명나라가 도요토미 히데요시에게 결정적인 자문을 조선을 경유하여 발송합니다. 이미 설명드린대로 〈내란의 조짐이 있으니 군대를 철수시켜 내란부터 진정시키라〉는 내용입니다. 바다를 건너 언제쯤 히데요시에게 도착했는지는 알 수 없습니다. 명나라의 국서를 중간에 누군가가 훼손했을 가능성은 거의 없다고 봅니다. 국서를 훼손했다가는 잔혹한 히데요시에게 당장 목이 달아날 것입니다. 따라서 류성룡은, 히데요시가 이 자문을 읽어보는 순간, "아! 내가 속은 것이 맞긴 맞구나..." 하면서 일본군에게 철수 명령을 내릴 것으로 예측한 것입니다.

1597.09.14 일본군이 남해안으로 철수한 이후에는 일본 측의 상황을 살펴볼 수 있는 기록이 선조실록에 거의 없습니다. 다만 1598년 3월에 히데요시가 죽었다는 소문만 간간이 기록되어 있습니다. 그렇다면 일단 남해안으로 철수하라는 명령을 내린 히데요시가 언제부터인가 정상적인 업무를 볼 수 없을 정도로 건강이 악화되었다고 추측할 수 있습니다. 만약 히데요시가 정상적으로 업무를 볼 수 있었다면 1597년 중으로 왜군은 철수하고 연이어 세키가하라 전투가 시작되었을 것입니다. 명나라의 자문까지 받아본 히데요시 측이 상대방(히

데요시 적대세력)에게 내란을 더욱 알차게 준비하라고 기다려 주지는 않았을 것이기 때문입니다. 히데요시는 이미 조신을 심문하는 과정에서 자기가 누군가에게 속은 것은 아닐까? 뭔가 수상하다... 라는 생각을 하던 차에 명나라의 자문이 도착한 것입니다.

류성룡이 징비록을 마무리하던 타임은 바야흐로 일본에서 에도막부가 탄생하여 안정된 기반을 구축하기 위하여 노력하던 때입니다. 그 노력의 일환으로 일본은 조선과의 외교관계 수립에도 힘을 쏟고 있었습니다. 따라서 포로로 잡혀 간 조선사람들의 송환에도 비교적 적극적이었습니다. 류성룡은 일본의 퇴각 사유를 밝히는 것이 새롭게 탄생한 에도막부와 조선의 외교관계 재건에 찬물을 끼얹는 일이 될 것을 우려한 것입니다. 전쟁은 이미 끝난 지 몇 년이 흘렀고, 조선으로서는 일본에 끌려간 조선 백성을 한 명이라도 더 많이 데려와야 하며, 각종 문화재 등도 돌려받아야 했던 것입니다. 류성룡은 정유재란을 히데요시 적대 세력들이 교묘한 방법으로 히데요시를 충동질하여 일으킨 것으로 보았으나 이러한 연유로 침묵을 선택한 것입니다. 명나라 황제가 도요토미 히데요시에게 보낸 자문은 류성룡이 왜적의 퇴각을 예측힐 수 있었던 기장 결정적인 사건입니다. 그럼에도 류성룡이 이를 거론하지 않은 것 역시 같은 연유라고 생각합니다. 그 자문내용을 징비록에 쓰게 되면 세키가하라 전투가 이미 정유재란 전부터 치밀하게 준비한 것이 노출되어 결과적으로는 에도막부를 자극하게 되고 이는 한일관계의 복원에 걸림돌이 될 것을 우려한 것입니다.

　현대의 역사학자들이 협상안 조작설이 잘못된 것임을 밝혀낸 것은 역사의 연구에 큰 진전을 이룬 것입니다. 그러면 단 하나 남는 과제는 왜 〈어린 아들을 서둘러 관백에 임명하고, 명나라 황제의 봉작까지 받은〉 히데요시가 갑자기 돌변하여 다시 조선을 침략하려고 생각을 바꾸었겠느냐는 것입니다. 이를 알아볼 수 있는 기록이 선조실록에 있습니다. 일본에는 당시의 역사책과 봉작행사에 쓰인 유물들이 있지만, 선조실록에는 봉작행사를 전후해서 당시 히데요시와 참모진(장수 포함) 간의 대화 내용이 비교적 자세히 실려 있습니다. 뿐만 아니라 일본 장수들이 조선 장수들과 하는 대화기록이 잘 실려 있습니다. 원문도 한자로 되어 있어 일본 학자들이 보기에도 수월할 것으로 생각됩니다. 이러한 기록들을 일본의 역사 기록과 비교해 보면 훨씬 많은 사실을 알 수 있다고 생각합니다. 조선왕조실록 중 선조실록 1596~1597년 기록을 보면 왜 히데요시가 책봉을 받고 그 후에 마음이 변하여 정유재란을 일으켰는지가 생생하게 기록되어 있기 때문입니다. 그리한다면 왜 과거의 일본은 세키가하라 전투 이후, 봉작행사 당시에는 있지도 않았던 협상안 조작설을 만들 수밖에 없었는가 자동으로 풀리게 될 것입니다. 세키가하라 전투에서 승리한 동군 수뇌부는 자신들의 승리를 위하여 히데요시를 충동질하여 조선을 재침략하게 만든 사실이 드러나는 것이 무서웠던 것입니다. 조선왕조실록(선조실록)에 이를 알아볼 수 있는 기록이 남아 있으리라고는 꿈에도 생각하지 못했을 것은 물론입니다.

　역사는 승자의 전유물이 아닙니다. 또한 진실은 숨기려 한다고 해서 꼭 숨겨지는 것은 아닙니다. 역사의 실체적 진실을 알아내는 것은 누구에게나 유익한 일이라 생각합니다. 일본의 추가적인 역사 연구에 기대를 걸겠습니다. 협상안 조작설은 결국 전쟁이 끝난 후 조선과 일본에게 꼭 필요한 일종의 희생양이었던 것입니다. 조선은 선조의 잘못을 감추기 위하여, 그리고 일본은 정유재란의 숨겨진 비밀을 감추기 위하여 모든 책임을 이미 죽은 심유경과 고니시에게 덮어 씌운 역사의 왜곡이었던 것입니다.

정유재란의 발생 원인

12

* 정유재란은 도쿠가와 이예야스(덕천가강) 측이 가토 기요마사(가등청정)를 포섭하여 자기 편으로 끌어들인 뒤 교묘하게 도요토미 히데요시를 충동질하여 일으킨 전쟁입니다. *

이하에서는 이러한 정황을 설명하겠습니다.

> 선조실록 1596.06.12 : 행 호군 황신이 올린 〈통신사의 차송 등에 관해 왜인과 나눈 대화 내용〉
>
> ...중략... 황신이 통역관 이언서를 시켜 요시라에게 물었더니 "정성이 심유경을 모시고 이미 오사가에 이르렀고 18~19일 쯤에 관백(도요토미 히데요시)과 만날 것이라 하였습니다". 정성의 글에도 「관백이 말하기를, 명나라 사신이 일본에 도착한지 이미 오래

되었는데 군사를 철수하지 않으면 우리가 일의 체모를 모른다고 할 것이니 급히 양 사신과 조선 통신사를 모시고 같이 바다를 건너도록 해야 한다.」하였습니다…이하 생략

…중략… 임통사(통역관)도 말하기를 "관백(도요토미 히데요시)이 이미 13일에 그 아들을 새 관백으로 임명하였다……" 하였습니다.

선조실록 1596.06.14 : (명나라) 양 사신이 우리나라에 보낸 게첩

…중략… 요즈음 가토 기요마사가 섬(대마도)으로 돌아가면서 진영을 불살랐으므로 부산이 조용하다는 정황은 현왕(선조)께서 이미 다 들어서 아실 것이므로 군소리는 더 않겠습니다. 이하 생략

=〉도요토미 히데요시가 이때(1596년 5월 13일?) 이미 어린 아들 히데요리를 새로운 관백으로 임명하고, 자신은 명나라 황제의 봉작

(히데요시를 일본의 왕으로 임명하는 외교적 행사)만을 받고 조선에서 철수하려고 한 것을 알 수 있습니다. 그리하여 화해를 방해하려는 가장 사나운 가토 기요마사(청정=가등청정)를 순차적으로 일본으로 철수시킵니다. 이때까지만 해도 히데요시는 조선의 왕자가 와서 사례하여야 한다거나 황신의 직책이 낮다거나 하는 것을 거론하지 않고 있습니다. 그저 명나라 황제의 봉작만 받으면 철수하겠다는 생각을 피력하고 있습니다.

히데요시가 이러한 결정을 하게 된 직접적인 원인은,

첫째로는 1592년 7월 한산도 대첩에서 일본 수군이 대패한 이후 4년에 걸쳐 이순신 함대를 격파하기 위하여 일본의 책사들과 수도 없이 머리를 맞대고 숙의를 했지만 뾰족한 대책을 마련하지 못했기 때문입니다. 이순신 함대를 격파하지 못하면 바다는 물론 육지로도 탄약을 운반할 수 없어 일본의 조총부대가 맥없이 무너진다는 것은 앞에서 자세히 설명드렸습니다.

둘째로는 일본 내에서 적대 세력(나중에 세키가하라 전투에서 동군에 가담하는 세력)들이 점점 더 강성해지고 있었기 때문입니다.

> 선조실록 1596.08.07 : 돈령부 도정 황신이 올린 〈사신의 동정과

> 서폐에 관한 평조신의 말〉
>
> ...중략... 심유경이 도요토미 히데요시가 머무는 곳에 이르니, 대필하는 중을 보내 말하기를「두 나라의 전쟁을 종식시키기 위해 노고를 꺼리지 않고 멀리 바다를 건너왔다.」고 하였다.
>
> ...중략... 가토 기요마사(가등청정)의 나머지 군사도 대마도에서 길을 떠나 철수했다... 이하 생략

=〉 드디어 히데요시가 봉작만을 받고 조선에서 완전히 철수하려고 가장 사나운 청정(가토 기요마사)과 그의 부대를 대마도에서 일본 본토로 철수시켰음을 알 수 있습니다. 가토 기요마사는 이대로 전쟁이 끝나면 얻는 것 없이 고향으로 돌아가게 됩니다. 한동안 가토가 일본에 돌아가서 특별히 하는 일 없이 쓸쓸히 지낸 것은 일본의 역사 기록에도 나오는 것 같습니다. 그러한 일이 너무나 신기했는지 가토가 죄를 얻어 일본으로 소환되었다는 소문도 있었다고 합니다. 나중에 잘못된 소문으로 판명되었습니다.

이대로 전쟁이 끝나면 가토는 초라한 영주로 복귀하고, 고니시는 전쟁을 종결시킨 영웅이 되어 일본 백성의 환대를 받게 됩니다. 따라서 이때부터 가토는 영원히 고니시에게 밀리는 형국이 되었으므로

속으로 부글부글 끓으면서 어떻게 고니시에게 복수할 것인가를 고민하기 시작합니다.

전쟁이 이대로 끝나면 가장 타격을 받는 사람은 누구일까요? 내란을 준비하던 사람들 아니겠습니까? 도요토미 히데요시로서는 그동안 조선을 다시 침략하려고 열심히 훈련시킨 정예 군사(약10~14만 명)를 온전히 보전할 뿐만 아니라 국제적으로도 일본의 국왕으로 공인받아 그 위세를 떨치게 되니 내란을 준비하던 사람들에게는 치명타가 될 것은 뻔한 일입니다. 따라서 그들은 절체절명의 순간에 자기들과 마찬가지로 영원히 〈찬밥 신세가 되는〉 가토 기요마사를 자기편으로 끌어들인 다음, 각고의 노력 끝에 만든 조선 수군 격파전술(가토의 조선 상륙일자 가르쳐주기 작전)을 가지고 히데요시를 충동질하여 정유재란을 일으키게 만든 것입니다. 내란을 준비하던 자들은 얼마나 다급했으면 가토 기요마사에게 일이 잘 끝나면 마구 퍼주기로 하고(가토야! 네 평생 웬수 고니시의 영지를 통째로 줄게... 그리고 덤으로 10만 석 더 준다.) 그를 자기들 편으로 포섭하였을까요? 내란을 준비하던 자들이라 함은 제가 만든 말이 아니라 명나라가 히데요시에게 외교문서(자문서)를 보내면서 한 말입니다. 이 모든 사항은 잠시 뒤에 자세히 설명드립니다.

(가토의 조선 상륙일자 가르쳐주기 작전)은 가토와 고니시의 앙숙 관계를 이용한 작전입니다. 가토를 끌어들이기 위하여 사용한 〈고니

시의 영지를 통째로 넘겨주기로 한 약속〉 역시 가토와 고니시의 앙숙 관계를 이용한 밀약입니다. 두 사건의 핵심(앙숙관계를 이용함)이 서로 일치함은 결코 우연이 아닐 것입니다.

그전까지는 히데요시는 가토를 가장 신임하고 있었습니다. 결국 도요토미 히데요시는 등잔 밑이 어둡다는 속담에 당하고 만 것입니다.

> 선조실록 1596.11.03 : 경상 우병사 김응서가 통신사의 상황에 대해 보고하다
>
> 요시라의 노왜 신시로가 일본에 다녀와서 말하기를 "...중략...관백(도요토미 히데요시)이 준마 한 필을 명나라 사신에게 주었으나, 통신사(황신)에게는 벼슬이 낮은 사람이 온 것을 노여워하여 접대를 허가하지 않았다. 가토 기요마사등이 이어서 헐뜯어 말하였으므로 관백이 노하여 말하기를「명나라 사신을 보낸 후에 대군을 내어 조선을 쳐서 승부를 내겠다.」하니, 고니시가 말하기를「당초에는 조선이 태평한 세상이 오래 되어 전쟁을 모르고 지냈으므로 패하였으나, 이제는 남아 있는 군병이 참으로 다 정예 군사로 훈련되었으니, 진정 가볍게 칠 수 없습니다.」하였다.

=〉 1596.08.07~1596.11.03 사이에 드디어 가토 기요마사가 관백(히데요시)에게 조선이 벼슬이 낮은 사람(황신) 만을 보낸 것이 관백을 무시하는 처사라고 충동질하여 정유재란을 유도하기 시작한 것을 알 수 있습니다. 다만 일본은 3년간 경상도 해안에 4만 병력으로 교두보 만을 남겨 두고 이순신 함대 때문에 감히 조선을 넘보지 못하고 있었습니다. 또한 히데요시가 항상 말하기를 "조선 수군을 먼저 격파해야만 조선을 다시 쳐들어갈 수 있다"고 했습니다. 이러한 정황을 감안해 볼 때 전쟁이 끝나가는 것에 위기를 느낀 세력(임진왜란이 끝난 후 2년 뒤에 일본에서 벌어진 세키기하라 전투에서 동군에 가담하는 에도막부 창시자)들이 조선 수군 격파전술(가토의 조선 상륙일자 가르쳐주기 작전)을 새롭게 구상하여 히데요시에게 (겉으로는 충성을 다 하는 척 굽신굽신...) 설명하면서 다시 한번 조선을 침략하자고 충동질했음을 알 수 있습니다. 그 작전의 중심에 가토 기요마사가 있고, 그는 실제로 150척 이상의 전투선에 7천 명의 수군을 이끌고 거제도에 상륙하여 이순신 함대를 유인하였으나 실패하였습니다. 그러자 가토 기요마사는 히데요시의 명령임을 내세워 고니시와 요시라를 통하여 조선 조정을 충동질하여 이순신을 압송하는데 성공하였습니다. 이러한 치밀한 작전이 없었다면 히데요시가 아무리 조선의 사신이 벼슬이 낮다고 흥분해 봐야 이순신 함대 때문에 다시 쳐들어올 수는 없었습니다. 이는 히데요시가 항상 하던 말이었을 뿐 아니라, 일본이 1593년 이후 3~4년에 걸쳐 조선을 다시 넘보지 못한 이유이기도 합니다. 결국 도요토미 히데요시는 이순신 함대를 손쉽게 격파

할 수 있다는 말에 현혹되어 당초의 생각을 잠시 잊어버리고 조선을 다시 쳐들어오겠다고 생각을 바꾼 것입니다.

조선 수군 격파전술(가토의 조선 상륙일자 가르쳐주기 작전)은 바다에서 일어나는 수군 전투의 속성을 잘 아는 자가 각고의 노력 끝에 만들어 낸 작전입니다. 그게 누구인지는 알 수 없으나 아무나 만들어 낼 수 있는 작전이 아닙니다. 왜 그렇게 생각하냐고요? 이 작전은 이순신이 속아서 먼바다로 출정할 수도 있음을 가정하고 있기 때문입니다. 그럴 경우에는 일본 전투선이 판옥선보다 빠르기 때문에 〈치고 빠지는 작전〉을 구사하여 당일 중으로 한산도로 복귀하지 못하게 하고, 밤이 되면 백병전으로 이순신 함대를 격파할 수 있다는 바다 전투의 속성을 잘 알고 이순신을 유인하고 있기 때문입니다. 일본의 누군가는 일본 수군이 이순신에게 참패한 전투 기록 모두를 면밀히 연구하여 대책을 마련한 것입니다. 그러나 그러한 야심찬 작전도 이순신에게는 전혀 통하지 못하고, 선조임금을 비롯한 조선 조정에 가서야 비로소 성공한 것입니다. 가토 기요마사는 수군 장수가 아닙니다. 그러나 이러한 작전을 만든 자로부터 이순신 함대를 격파할 수 있다는 그럴듯한 설명을 듣고, 드디어 스스로 수군을 이끌고 이순신 함대를 넓은 바다로 유인하기 위하여 거제도로 향한 것입니다. 물론 이순신이 그 속셈을 꿰뚫어 보는 바람에 이순신 유인에는 실패하였습니다.

> 선조실록 1596.11.06 : (조선 국왕이) 황신의 군관 조덕수·박정호에게 통신사의 동태에 관해 아뢰게 하다.(조덕수 박정호가 황신보다 먼저 조선에 도착하였으므로 선조가 이들을 먼저 부른 것입니다)
>
> ...중략... 도요토미 히데요시(관백)가 조신에게 말하기를 "5년 동안의 전쟁을 마침내 끝냈으니 너의 공이 아름답다. 다만 명나라 사신을 접대할 관사가 지진 때문에 모두 다 무너져서 접대하기 어려울 듯하므로, 이제 다시 신관을 만들어서 접대하려 한다."
>
> ...중략... 조덕수가 아뢰기를, "신이 친히 들은 것이 아니라 조신등이 이렇게 말하였습니다. 대체로 관백(도요토미 히데요시)이 조선의 통신사(황신)를 만나지 않은 것은 모두 가토 기요마사(청정)가 한 짓이며, 관백과 청정 사이가 가장 서로 가까와서 관백의 아이를 가토 기요마사(청정)의 집에서 기른다고 합니다."

=> 이때까지만 해도 히데요시는 조신(유천조신)을 칭찬하며 명나라 황제의 봉작을 고맙게 받고자 함을 알 수 있습니다. 그러다가 히데요시가 갑자기 조선의 사신을 만나지 않겠다고 태도가 돌변하였습니다. 히데요시가 삐지기의 명수라서 그렇다는 설명은 아무래도 너무 안이한 해석입니다. 히데요시는 갑자기 로또를 만난 것으로 착각한

것입니다. 그것이 바로 〈가토의 조선 상륙일자 가르쳐 주기 작전〉입니다.

유천조신은 히데요시가 갑자기 마음이 변한 것은 가토 기요마사의 충동질 때문임을 말하고 있습니다.

히데요시의 아이를 가토의 집에서 기른다고 하는 것은 사실이 아닐 것이지만, 그만큼 가토가 히데요시의 신임을 얻기 위하여 노력하고 있음을 알 수 있습니다. 아마도 지진이 일어나자 가토가 히데요리를 업고 잠시 안전한 곳으로 피신시킨 것이 아닐까요? 가토 기요마사는 히데요시의 두터운 신임을 이용하여 정유재란을 충동질하고 있었던 것입니다.

> 선조실록 1596.12.21 : 통신사 황신이 일본에서 돌아와 올린 서계장
>
> ...중략... 황신이 아뢰기를, "신이 처음 일본에 도착했을 때에는 모든 일이 대부분 순조로왔습니다. 고니시(일본군 제1선봉대장)가 와서 우리를 영접하며 말하기를 '히데요시가 명나라 사신과 조선의 사신이 온다는 말을 듣고 기뻐하면서 우리들에게 교외에

나가 영접하는 것이 좋겠다는 칙령을 내렸기 때문에 우리들이 왔다.' 하였습니다. 그러다가 조선의 왕명을 전달하는 날 히데요시가 갑자기 돌변하여 말하기를 '일본이 중국과 통신하려 하는데 조선은 길을 빌려 주지 않았고, 그후 심유경이 화친을 의논하려 할 때에도 조선에서는 오히려 중국에 군대를 요청하여 화친하는 일을 낭패시켰으며, 또 그후에 중국 사신이 부산 진영에 들어올 때에도 조선에서는 사신 한 사람도 일본으로 함께 들여보내지 않다가 중국 사신이 일본에 들어오는 날에야 비로소 사신을 보내 왔다. 원래 왕자의 생사고락은 모두 우리 손에 달려 있었으나 우리는 예로써 대우하여 돌려보내 주었는데, 저(조선)들은 오히려 나를 무례하게 대하였기 때문에 내가 노한 것으로 다시는 조선 사신을 만나지 않겠다.' 하고, 다음날 오직 중국 사신만을 접대하라고 명령하였습니다. 다음날 두 중국 사신이 봉작행사를 거행하였는데, 관백은 뜰에 서서 오배삼고두의 예를 행하고 경건한 태도로 내려주는 의복을 받았으며, 그의 신하 40여 명이 모두 차등 있게 황제의 하사품을 받았다고 합니다. 신은 관백이 출입을 금지하여 참석하지 못하였으므로 직접 보지 못하여 그간의 내용을 상세히 알 수는 없고 인편으로 전해 들었으나 또한 모두 믿기가 어렵습니다."

=〉 이때 당시의 봉작 행사에는 도쿠가와 이예야스도 참석하여 명나라 황제로부터 벼슬도 받고 하사품도 받은 것으로 전해지고 있습니

다. 솔직히 이때가 도쿠가와 이예야스에게는 일생일대 최대 위기의 순간이었습니다. 그는 이 위기를 탈출하기 위하여 가토를 포섭한 다음 가토가 행동대장이 되는 조선 수군 격파전술(가토의 조선상륙일자 가르쳐주기 작전)을 새롭게 구상하여 히데요시를 충동질하고 정유재란을 성공시킨 것입니다.

=〉 당초에 고니시는 황신을 반갑게 맞이하면서 "히데요시가 명나라 사신과 조선 사신이 온다는 말을 듣고 기뻐하면서 고니시로 하여금 먼저 교외로 나가 영접하라"고 해서 왔다고 말했습니다. 따라서 그때만 하더라도 히데요시는 조선의 왕자가 오지 않은 것과 황신의 직책이 낮다고 하는 것은 별로 안중에 없었던 것을 알 수 있습니다. 그러다가 뭔가를 보고 태도가 급변한 것입니다. 그것이 바로 〈가토의 조선 상륙일자 가르쳐주기 작전〉입니다.

=〉 도요토미 히데요시가 봉작을 받은 것은 일본의 현대 역사가들에 의하여 사실인 것으로 판명이 났습니다. 다만 봉작 행사를 전후하여 조선의 왕자가 와서 사례하지 않았다는 이유 등으로 조선의 사신(황신)을 봉작 행사에 참석하지 못하게 하고 드디어 정유재란을 일으키려고 태도를 급변하고 있음을 알 수 있습니다. 이는 누군가가 이순신 함대를 격파할 묘안을 마련하였다고 은밀히 말했기 때문입니다. 그것이 바로 〈가토의 조선상륙 일자 가르쳐주기 작전〉입니다. 이를 살펴본 히데요시가 (드디어 그동안의 굴욕을 단숨에 되갚을 수 있다

고 생각하여, 속마음은 감춘 채) 조선의 왕자가 오지 않았다. 그리고 낮은 직위의 황신만이 왔다는 핑계를 내세워 정유재란을 준비하기 시작한 것입니다. 그러자 가토는 (속으로 쾌재를 부르며) 수군을 이끌고 거제도로 향하게 된 것입니다. 가토의 속셈을 알 수 있는 글이 역시 이날의 보고서에 실려 있습니다. 이를 설명하겠습니다.

...중략...신(황신)들이 낭고야에 있을 때 평조신이 박대근에게 말하기를 "고니시의 말에 의하면 가토(청정)가 지금 비후에서 널리 군사를 모집하면서 「내가 조선에 가서 5년간만 경작하면 양곡을 많이 얻을 수 있는데, 그렇게 되면 다시는 일본에서 주는 녹을 기다리지 않아도 식량이 떨어질 염려는 없을 것이다. 너희들은 일본에 있어봐야 조그마한 땅도 없지만, 조선에 가서 공만 세운다면 반드시 땅을 나누어 줄 것이다.」 하여 무뢰배들이 따르는 자가 많았다"고 했습니다.

...중략...평경직이 박대근에게 말하기를 "관백의 수하에 감물하는 자가 있는데, 가토(청정)와 함께 조선에 가기를 자청하면서 말하기를 「5년간의 녹봉을 한꺼번에 받아 무기를 수선하여 조선에 가서 5년간 농사를 짓게 해주면 내려준 쌀을 모두 상환하겠다.」 하

> 니, 일본의 여러 장수들이 모두 그의 망언을 미워하였다. 어떤 자가 「네가 어찌 조선을 빼앗을 수 있음을 아느냐?」하고 물으니, 답하기를 「나는 일찍이 가토와 이에 대한 일을 미리 강구해 놓았다. 조선인은 전사한 자가 태반이고, 살아 남은 자는 겨우 3분의 1이니 이것이 빼앗을 수 있는 첫째 이유이고, 조선 백성들은 부역에 시달려서 원망하는 자가 매우 많으니 이것이 빼앗을 수 있는 둘째 이유이며, 조선인은 전투에 익숙하지 못하여 우리가 이르는 곳마다 도망쳐 무너지니 이것이 빼앗을 수 있는 셋째 이유이다.」하였습니다."

=〉 가토와 감물하는 자가 똑같이 전쟁을 5년 더 끌려고 하는 속셈을 엿볼 수 있습니다. 그들이 아무리 전쟁 마니아라 해도 이미 만 4년 이상을 전쟁하고서 또다시 5년간 전쟁을 더 하겠다는 저의가 무엇이겠습니까? 그리하면 뭔가 큰 메리트가 있으니까 그러는 것 아니겠습니까? 5년을 더 끌면 히데요시는 아마도 죽을 것이고, 히데요시를 따르는 군사들은 조선에서 거의 다 괴멸될 것이므로 손쉽게 동군이 세키가하라 전투에서 승리를 가져가고, 가토 기요마사는 그 공로로 큰 보상을 받으려고 하는 것임을 알 수 있습니다.

> 선조실록 1596.12.21 : 왕이 황신을 인견하다.

...중략...임금이 이르기를,

"가토(청정)에 대한 일은 일본 사람들이 무어라고 하던가?" 하니, 황신이 아뢰기를,

"가토(청정)의 일은 신이 전에 부산에 있을 때 그가 죄를 받았다고 들었고, 그후 일본에 들어갔을 때 신의 일행이 과자포에 이르러 도중에서 한 사람을 만나 물어보니 모두 헛소문이었습니다. 신이 사람을 시켜 조신에게 물으니, 조신이 말하기를 '가토가 죄를 입었다는 것은 헛소문이다. 지금 관백이 다시금 조선을 침략하려는 계책은 대체로 가토 기요마사(청정)가 충동질해서이다' 하였습니다."

...중략... 임금(선조)이 이르기를,

"고니시는 화친을 주장하고 가토는 싸움을 청하여 두 사람의 하는 짓이 서로 엇갈려 화합되지 않는 점이 있으니 이것은 무슨 의도인가? 혹자는 일종의 앙숙이 되었다고도 하는데 이 말과 같은가?"

"고니시와 조신 등이 화친할 것을 힘써 주장함은 어째서이며, 가토

> (청정) 만이 홀로 전쟁을 주장함은 어째서인가?"

=> 분명 조선의 국왕 선조는 가토 기요마사가 홀로 전쟁을 주장하고 있다고 말하고 있습니다. 말하자면 조선도 정유재란을 주도하는 자가 가토 기요마사인 것만은 알고 있었습니다.

> 선조실록 (1597.01.19) : 경상도 병사 김응서의 장계문 :
>
> "이달 11일 요시라가 나왔는데 고니시의 뜻이라고 하면서 말하기를, 청정(가토 기요마사)이 7천명의 군사를 거느리고 4일에 이미 대마도에 도착하였는데 순풍이 불면 곧 바다를 건넌다고 한다. 전일에 약속한 일(가토를 잡는 일)은 이미 만반의 준비가 되었는가? 청정이 바다를 건너면 비록 심하게 공격하지는 않겠지만 바다 가까운 지경은 틀림없이 약탈할 것이니 나오기 전에 예방하여 간사한 계교를 부리지 못하게 해야 한다. 근일에 잇따라 순풍이 불고 있어 바다를 건너는 데 어려움이 없을 것이니 조선 수군이 속히 거제도에 나아가 정박하였다가 청정이 바다를 건너오는 날 공격하여야 한다. 이하 생략

=〉 이 날의 기록을 근거로 이순신에게 선조의 출정 명령이 도착한 것은 이미 가토가 다대포에 상륙한 다음의 일이라는 설명을 볼 수 있습니다. 그러나 이날의 장계문을 자세히 보면 요시라가 "전일에 약속한 일(가토를 잡는 일)은 이미 만반의 준비가 되었는가?"라고 하여 그 전에 이미 은밀하게 가토의 상륙 일자를 통보했었음을 알 수 있습니다. 조선 조정이 일본 측의 속임수에 넘어가게 하려면 처음에는 은밀히 통보했을 것이며 조선 조정에서도 이순신에게 은밀히 통보했을 것은 당연합니다. 따라서 이날의 장계문만 가지고 가토가 상륙한 후에야 거짓으로 이순신에게 통보했다는 해석은 다소 무리가 있다고 생각합니다. 징비록에서도 당시의 영의정 류성룡은 이를 두고 "이순신은 (요시라의 가토상륙일자 통보가) 왜적의 속임수일지도 모른다고 생각해 며칠 동안 주저하고 있었다"고 분명하게 적고 있습니다. 뿐만 아니라 선조가 진상조사를 위하여 한산도에 보낸 남이신도 "가토 기요마사가 바다 한가운데 섬(거제도)에 일주일간 머무르고 있었다"고 보고하고 있습니다. 가토가 이순신을 먼바다로 유인하기 위하여 거제도에서 머무르고 있었음은 앞에서 자세히 설명드렸습니다.

과연 이순신은 사전에 통보를 받았으나 적의 속임수임을 깨닫고 출정을 보류한 것인지? 아니면 가토가 이미 상륙한 후에 뒤늦게 알아서 출정을 못한 것인지는 이순신이 가장 잘 아는 일입니다. 그래서 난중일기를 찾아보았습니다.

아뿔사! 1596년 10월 12일부터 1597년 3월 말까지 난중일기가 빠져 있습니다. 이순신은 압송된 이후로는 일기 쓰는 것이 불가능했을 것입니다. 그러나 압송 전까지는 일기를 계속 쓰는 것이 어려운 일이 아닐텐데 매우 아쉽습니다. 만약 그동안의 일기가 있다면 선조의 출정 명령에 대한 이순신의 고민과 대처 방법이 잘 나타나 있을 것입니다. 뿐만 아니라 정유재란의 진실까지도 알아볼 수 있는 매우 중요한 내용이 담겨 있다고 확신합니다.

난중일기에는 중간 중간에 일기 쓰기가 중단된 곳이 여러군데 있는 것으로 보아 새삼스러운 일이 아닐 수 있습니다. 그래도 하필 그때의 일기가 없을까 하는 의구심이 생기는 것만은 지울 수가 없습니다. 임진왜란을 통틀어 가장 중요한 순간의 일기가 누락된 것이기 때문입니다. 만약에 일기가 있었다면 이는 이순신과 도쿠가와 이예야스의 세기의 지략 대결을 직접 볼 수 있는 절호의 기회였기 때문에 못내 아쉽기만 합니다. 물론 결과는 이순신의 완승이었습니다.

요시라가 조선에 가르쳐 준 〈가토의 조선 상륙 일자 가르쳐 주기 작전〉은 일본에서 도쿠가와 이예야스 측이 만든 작전으로서, 이를 성공시키기 위하여 사전에 포섭된 가토 기요마사가 스스로 150척 이상의 함대에 수군 7,000명을 이끌고 직접 이순신 함대를 유인하였으나 실패한 사실은 앞에서 자세히 설명하였습니다. 이를 달리 표현하면 임진왜란 최초로 도쿠가와 이예야스와 이순신의 역대급 지략 대결이 1차로 성사된 것으로서 그 결과 이순신이 승리하고(이순신이 왜적의 속임수임을 알아차리고 출정하지 않았음), 이어서 이어진 이예야스와 선조의 2차 지략 대결에서는 이예야스가 승리(선조가 속아 넘어감)하여 이순신을 압송시킨 역사적 사건입니다.

따라서 이순신의 압송만 없었다면 왜적은 한산도를 돌파할 수 없어 가장 중요한 탄약을 운반할 수 없게 되어 일본의 정유재란 계획은 미수에 그치고, 조선에 있던 일본군은 저절로 퇴각할 수밖에 없었으며, 에도막부의 탄생도 쉽지 않았을 것입니다.

선조실록에도 이러한 정황이 나와 있어 잠시 소개합니다.

선조실록 1598.11.27 :

〈좌의정 이덕형이 수군의 활약상에 관한 치계를 올리다〉에 나오는 사관의 글입니다.

"만약 이순신을 1597년 초에 삼도수군통제사에서 파직시키지 않았더라면 어찌 칠천량해전의 패전을 가져왔겠으며 양호(호남지방과 호서지방)가 왜적의 소굴이 되었겠는가. 아, 애석하다."

=〉 말은 길게 했지만 이순신의 압송만 없었다면(즉 선조의 잘못된 판단만 없었다면) 정유재란은 일어날 수 없었다는 사관의 생각을 적은 것입니다.

> 선조실록 (1597.03.08) : 3월 2일 중국 사신이 조신(유천조신)과 사람을 물리치고서 회담한 내용:
>
> "중국 사신이 '조선은 우리 명나라의 아우나라다. 조선에 어떠한 일이 있으면 우리가 구원하고 조선에 옳지 못한 일이 있으면 우리가 문책할 것이며, 만약 복종하지 않으면 우리가 군사를 일으켜 정벌할 것이다. 언제 너희 일본에게 이처럼 강포하게 공격해 달라고 요구한 적이 있었는가. 옳지 못한 도리이다.' 하였으며, 중국 사신이 또 '너희 국왕 히데요시가 명나라 황제의 봉작을 받던 날 심유경에게 와서 「내가 지금 봉작을 받았으니 모든 일을 좋게 하여 하늘의 도움을 구하고, 일본 사람들로 하여금 내가 왕이 된 것을 말하게 하고, 명나라 황제께서 나를 봉하여 왕으로 삼아주셨다는 것을 대대로 말하게 하겠다.」고 말하였다. 그런데 이제와서 무슨 연고로 우롱하는 사람의 말을 듣고서 군대를 철수하지 않고 또 일을 좋게 처리하지도 않는가? 히데요시가 말에 신의가 없으면 어떻게 너희 나라 사람들의 마음을 복종시킬 수 있겠는가?' 하였다."

=〉 명나라 사신이 협상안 결렬의 이유가 우롱파의 짓이라고 정식으로 지적하고 있습니다. 중국 사신은 히데요시가 처음에는 협상안을 수용하여 봉작까지 받았다가, 우롱하는 자의 말을 듣고서 협상 파기 쪽으로 선회하였다고 말하고 있습니다.

우롱하는 자는 가토 기요마사를 말합니다. 명나라가 정유재란의 발발 원인을 어떻게 보고 있는가를 잘 보여주는 글입니다.

=〉 이미 앞에서 살펴 본 〈선조실록 1596.12.21 : 왕이 황신을 인견하다〉에 의하면 :

> 임금(선조)이 이르기를,
> 고니시는 화친을 주장하고 가토는 싸움을 청하여 두 사람의 하는 짓이 서로 엇갈려 화합되지 않는 점이 있으니 이것은 무슨 의도인가? 혹자는 일종의 앙숙이 되었다고도 하는데 이 말과 같은가? 고니시와 조신 등이 화친할 것을 힘써 주장함은 어째서 이며, 가토만이 홀로 전쟁을 주장함은 어째서인가?"라고 하여, 조선의 국왕 선조도 분명하게 가토 기요마사(청정)가 홀로 전쟁을 주장하고 있다고 말하고 있습니다.

=〉 이 두가지 선조실록만 보아도 명나라와 조선이 똑같이 일본의 재침(정유재란)을 충동질하는 자가 가토 기요마사임을 분명하게 말하고 있습니다. 그렇다면 역사학자들은 정유재란의 진실까지는 모른다 해도 정유재란을 충동질한 자는 가토 기요마사 였다고 써야 합니다. 그러나 그러한 역사 기록은 찾아보기 어렵고 오로지 마지막 협상안 조작과 늙은 도요토미 히데요시의 망령으로만 끌고 가는 것을 볼 수 있습니다. 이는 이씨 왕조의 의도가 개입된 것이기 때문입니다. 만약 정유재란이 가토 기요마사의 충동질로 일어난 전쟁이라고 하면 결국은 조선 조정이 가토 기요마사에게 놀아난 것을 인정하는 것이 되기 때문입니다. 또한 임진왜란이 끝나고 2~3년만에 가토가 에도막부에서 벼락 출세(51만 석의 다이묘)한 것까지 감안하면 조선 조정이 가토 기요마사와 도쿠가와 이예야스에게 철저하게 농락당한 것이 알려져 조선 왕조의 존립 자체를 흔드는 일이 될 수 있으므로 이를 감추려고 (일본이 전쟁이 끝난 후에 억지로 만든) 마지막 협상안 조작설과 히데요시의 망령설을 그대로 인용하여 조선 측 역사 기록으로 사용하고 있기 때문입니다.

선조실록 1597.03.30 도원수 권율의 장계

...중략...

가토 기요마사(청정)가 말하기를 '5년 전 4월에 조선 경성(서울) 에서 심유경과 고니시가 화평을 약속할 때 왕자 형제를 송환하면 조선 국왕이 일본에 건너와서 사례하고 조선의 팔도도 끊어서 일본에 귀속시킨다고 하였다. 이 말을 태합(히데요시)께 아뢰었기 때문에 일본군이 경성에서 모두 남하하여 경상도 해안에서 기다리고 있었다. 왕자를 돌려보내고서 태합께서 5년 전부터 작년 8월까지 군대의 출동을 중지시키고 기다렸다. 그러나 조선의 국왕이 바다를 건너와서 사례하지 않았고 또 땅을 끊어 일본에 귀속시키지도 않았으며 또 왕자 형제 중에 한 사람도 바다를 건너와 사례하지 않았다. 그리고 겨우 낮은 직위에 있는 신하만을 보내어 사례하는 체하였으므로 태합이 크게 노하여 사자(황신)를 대면하지 않았다.'...중략...

가토 기요마사가 송운 스님(사명대사 유정)에게 글로 묻기를 '6년 전에 심유경과 소서비가 태합께 아뢰기를 「왕자 형제를 돌려 보내 주면 조선 국왕이 바다를 건너와 귀복하여 예를 펼 것입니다.」 라고 하였기 때문에 왜병의 공격을 중지시켰던 것이다. 그런데 국왕이 바다를 건너오지 않는 것은 그렇다 치더라도 왕자 형제 중에 한 사람도 바다를 건너와서 사례하지 않으니, 이는 은혜를 잊은 것이 아닌가. 이것은 조선 국왕이 거짓말을 한 것인가, 아니면 명나라가 그렇게 시킨 것인가, 또는 고니시과 심유경이 한 짓인

> 가? 이점을 태합께서 듣고자 하는 바이다.' ...중략...

=> 정유재란을 일으키기 위하여 조선에 먼저 상륙한 가토 기요마사가 마침내 조선 조정을 농락하여 이순신을 파직시킨 후 후속 절차의 하나로 전쟁(정유재란)에 걸림돌이 되는 심유경을 제거하기 위하여 추가 작전에 돌입한 것을 알 수 있습니다. 조선 국왕이 일본에 가서 감사의 뜻을 전할 것이라는 것과 조선의 팔도를 끊어서 일본에 귀속시키기로 했다는 것은 오로지 가토가 지어낸 말입니다. 왜냐하면 가토는 일본에서는 이런 말을 입도 뻥긋하지 못했기 때문입니다. 도요토미 히데요시가 협상 내용을 누구보다 잘 알고 있기 때문에 일본에서는 이런 허황된 말은 하지 못하고 오직 히데요시 앞에서 "왕자 중에 한 명도 바다를 건너와 사례하지 않고 겨우 낮은 직위에 있는 신하(황신)만을 보내어 사례하는 체하였으므로 이는 조선 국왕이 태합전하를 업신여기는 것입니다" 라고 충동질하고는 조선에 와서는 엉뚱한 소리를 하고 있습니다. 말하자면 일본과 조선에서 말을 바꿔가며 교묘하게 전쟁을 획책하고 있는 것입니다. 그는 이미 마음이 콩밭(고니시의 영지)에 가 있는 것입니다. 대세가 넘어가는 것을 보고 어떡하든 전쟁을 길게 끌어 히데요시 측의 세력을 약화시키려고 잔머리를 굴리고 있었던 것입니다. 이러한 목적을 달성하기 위하여 심유경을 제거하여 화해 논의 자체를 원천봉쇄하려는 것입니다. 그리고 그는 마침내 심유경을 제거하는데 성공하였습니다. 그후 가토

기요마사는 따로 사람을 일본에 보내 히데요시에게 모함하기를 〈지금 조선의 승장 송운을 만났더니, 왕자와 대신이 통호하는 일들은 조선이 마음대로 허락할 수 있는 것이 아니며, 모두 중국 조정의 처분에 달려 있다고 하였는데 이렇게 서로 핑계하다가는 10년의 오랜 세월이 흐르더라도 결단을 내지 못할 것입니다. 그런데 고니시·정성·조신 등은 조선의 뇌물을 받고는 감히 은혜를 저버리지 못하여 동모하는 정상이 있으며, 크고 작은 일들을 사실대로 아뢰지 않고 있습니다.〉라고 모함하였습니다. 가토는 일본 내 화해파(히데요시의 충직한 신하들)이자 자신의 평생 웬수들을 제거하기 위하여 히데요시에게 의도적으로 왜곡된 보고를 하였던 것입니다. 다만 히데요시가 조신을 불러 엄벌에 처하려다가 조신의 말을 듣고 뭔가 이상한 낌새를 느껴 조신을 벌하지 않는 바람에 실패하였습니다. [잠시 후에 설명하는 선조실록 1597.05.18 : 〈요시라가 일본이 대병을 출동시켜 전라도를 유린할 계책이라고 말하다〉에서 자세히 설명드립니다.]

가토는 조선의 왕자가 일본으로 올리가 없음을 잘 알면서 이를 이용하여 히데요시와 화해파 사이를 이간질하고 있는 것입니다.

가토는 송운스님과의 한 차례 만남을 통하여 양쪽 협상파를 모두 제거하려고 하였으나 심유경 제거에는 성공하고 고니시와 (유천)조신 제거에는 실패하였습니다. 그전의 선조실록을 보면 가토 기요마사가 송운 스님이 빨리 오지 않는다고 초조해하면서 기일까지 정하여 빨리 오라고 협박하는 장면도 나옵니다. 그만큼 화해파를 제거하여 원수도 갚고 전쟁을 길게 끌려고 하는 것입니다. 참고로 조선왕조실록을 보면 검색란이 있어 방대한 양임에도 불구하고 누구나 청정, 송운 등을 검색하시면 이러한 내용들을 쉽게 볼 수 있습니다.

이날 보고된 가토의 발언은 매우 중요한 사실 하나를 알려주고 있습니다. (선조임금 말대로) 오로지 전쟁만을 주장하는 가토 기요마사도 도요토미 히데요시가 봉작을 받던 날로 부터 6개월이 지나도록 입도 뻥긋하지 못하는 말이 있습니다. 봉작 행사를 성공시킨 고니시와 심유경의 최종 협상안(1596년)이 조작되었다는 말은 6개월 동안 전혀 거론조차 하지 못하고, 겨우 4년 전(1593년 4월)에 서울에서 있었다는 화평안 만을 가지고 시비를 걸고 있을 뿐입니다. 마지막 협상안에 대하여 가장 불만이 많은 자가 가토 기요마사가 아니겠습니까? 그런 가토 기요마사도 봉작행사를 이끈 마지막 협상안에 대해서는 아무런 발언도 하지 못하고 있습니다. 마지막 협상안(1596년)이 조작된 것이 아니라는 가장 확실한 증거가 아니겠습니까? 만약 마지막 협상안이 실제로 조작되었다면 가토 기요마사가 굳이 4년 전에 한양에서 있었다는 옛날 협상안을 거론할 이유가 없습니다. 마지막 협상안에서 조작된 정황을 잡을 수 없으니까 옛날 협상안을 꺼내 들은 것입니다. 따라서 이날의 장계는 마지막 협상안이 조작되었다는 주장이 얼마나 허무맹랑한 것인지를 잘 말해주고 있는 매우 중요한 역사적 사료입니다.

참고로 조신(유천조신)이 히데요시에게 불려 갔다가 살아나는 과정이 매우 흥미롭습니다.

> 〈선조실록 1597.05.18 : 요시라(이중간첩)가 일본이 대규모 군사를 출동시켜 전라도를 유린할 계책이라고 말하다〉의 내용을 잠시 보겠습니다. [히데요시는 크게 노하여 조신을 잡아오게 하여 중형을 내리고자 하면서 "지금 가토 기요마사의 말을 듣고보니 너희(조신, 고니시 등 화해파를 의미함)들의 속임수가 이미 드러났다. 용서하기 어렵다." 하였는데, 조신은 전날에 가토와 사이가 나빴던 일을 말하여 겨우 형벌을 면하게 되었다. 그가 오사포에 돌아왔을 때에 히데요시가 또 사람을 시켜 조신을 불러, 자신이 머물고 있는 은밀한 곳에 들어가 있게 했다 하는데 그후의 일은 아직 전해지지 않고 있다.] 참고로 히데요시가 말한 속임수란 협상안 조작을 말하는 것이 아니라 조선의 왕자가 사례하러 일본에 올 수 있느냐 없느냐의 문제를 말하는 것입니다. 협상안은 조작된 적이 없었습니다. 이는 현대의 일본 학자들이 인정한 사실임을 앞에서 설명드렸습니다.
>
> 〈조신이 전날에 가토와 사이가 나빴던 일을 말하여 겨우 형벌을 면하게 되었다〉는 것은 가토가 〈원래부터 사이가 안 좋은〉 자신들

을 모함한 것이라고 항변하여 조신이 풀려날 수 있었다는 것입니다. 그러나 그런 사실만으로 잔인한 히데요시에게서 풀려났다는 것은 뭔가 부족합니다. 조신은 왜 그것이 가토의 모함인지를 설명했다는 뜻이 담겨져 있습니다. 그랬더니 히데요시가 고개를 갸우뚱하면서 조신을 일단 풀어 주었습니다. 그리고는 얼마 후 조신을 다시 불러 은밀한 곳으로 데려가 〈전에 한 말을〉 다시 한번 자세히 말해 보라고 했다는 의미가 있습니다. 그리고는 조신을 최종적으로 풀어주어 조신은 곧바로 조선으로 건너 왔습니다. 선조실록 1597.06.12자에 의하면 조신이 나왔다는 비밀서장이 조선 조정에 보고되었습니다. 이러한 정황을 볼 때 히데요시는 이때부터 가토와 조신 사이를 오가며 〈누구 말이 옳은가?〉라는 고민을 하기 시작한 것입니다. 조신이 잡혀갔다가 풀려났다는 것은 큰 의미가 있습니다. 정유재란이 히데요시의 혼자 생각으로 일으킨 것이 아니라는 의미가 있습니다. 즉 누군가의 교묘한 선동으로 히데요시가 조선을 재침략을 하게 된 것이라는 정황을 암시해주고 있습니다. 그러던 중 다음과 같은 명나라 황제의 자문서가 히데요시에게 전달된 것입니다. 선조실록에 나오는 일본 측 이야기는 항상 통신시간을 감안하여야 합니다. 바다 날씨 사정에 따라 보통 1~3개월의 시차가 있음을 감안하여야 합니다. 다음의 자문도 대략 7~8월 정도에 히데요시에게 도착했을 것으로 봅니다.

선조실록 1597. 05.25 : 평수길(도요토미 히데요시)에게 보낸 자문

"평수길아. 명나라 황제께서는 조선이 너를 대신하여 일본 국왕으로 봉해줄 것을 청함에 따라 너의 공순함을 가상히 여기고, 너희 두 나라가 서로 싸워 화기를 손상시키는 것을 차마 보지 못하여, 이에 사신을 보내어서 바다를 건너가 너를 일본 왕으로 봉했었다. 너는 국왕의 칭호를 얻어 여러 섬의 웅장이 되었으니, 스스로 황은을 받들어 무기를 거두고 덕을 닦아 너의 여생을 즐기고 네 어린 자식에게 경사를 끼쳐 주도록 하여 영원히 집권할 계획을 하도록 해야 할 것이다. 그런데 어찌하여 (명나라)사신이 돌아오자마자 갑자기 법을 어기고 맹세를 저버리고 조선의 예문을 트집잡아 또다시 부산과 기장 등지를 침략한단 말이냐...중략...너는 안정해서 복을 구하려 하지 않고 날마다 전쟁만을 추구하려 하느냐. 네가 이미 나이 60여 세이니 남은 수명이 얼마이며, 자식이 열 살도 되지 못해 외롭고 허약하니 무엇을 믿는단 말이냐. 듣자하니, 각섬의 추장들이 너에게 틈이 생기기를 엿보아 원한을 갚으려 한다는데, 너는 무기를 거두고 군중의 마음을 안정시켜 사람들을 편안하게 하려 하지 않고 사나운 장수들로 하여금 밖에서 군사를 통솔하게 하고 있으니, 하루아침에 여러 섬에서 변란이 일어나 내란이 발생하면 청정 등 여러 장수들은 제각기 왕이 되려고 생각할 것이

> 다. 어찌 오랫동안 너의 밑에 있으려 할 것이며 또 어찌 장래에 네 자식의 아래에 있으려 하겠느냐. 사리로 보건대 너는 속히 퇴각을 결행하여 조선과 수호하고 천조의 위엄을 빌어 야심을 품은 여러 섬의 세력들을 진정시키는 것만 못할 것이다. 이하 생략

=> 명나라가 보고 있는 일본의 정세가 이보다 더 정확할 수는 없습니다. 〈각 섬의 추장들이 너에게 틈이 생기기를 엿보아 원한을 갚으려 한다는데...〉 & 〈하루아침에 여러 섬에서 변란이 일어나 내란이 발생하면...〉라는 것은 히데요시 사망 후에 일본에서 발생한 세키가하라 전투를 미리 예상하고 이를 가르쳐주고 있는 것입니다. 뿐만 아니라 속히 퇴각하여 반란의 조짐을 제압하라고 충고하고 있습니다. 또한 청정(가토 기요마사)을 특별히 지목하여 장차 히데요시를 배신할 가능성이 있는 것으로 적고 있습니다. 명나라가 보기에도 그만큼 가토(청정)의 행동이 수상쩍었다는 뜻입니다. 가토가 동군에 가담한 사실이 세상에 알려진 것은 세키가하라 전투(1600년)가 끝난 후 임을 감안할 때 1597년에 이 정도(가토가 수상하다)를 알아낸 것도 명나라의 정세 분석이 상당히 뛰어남을 알 수 있습니다.

이 자문은 히데요시가 봤을 것은 거의 확실하지만, 일본에 자료가 남아 있지는 않을 것으로 생각됩니다. 일부러라도 역사 기록에서 삭

제시켰을 것으로 봅니다. 왜냐하면 이 자문의 내용은 에도막부의 탄생에 관한 일본의 역사 기록을 다시 써야 할지도 모르는 중요한 역사적 사료이기 때문입니다. 명나라가 이 정도로 내란을 예측했다면 임진왜란이 끝나고 2년 후에 일본에서 발생한 세키가하라 전투는 그 뿌리가 상당히 오래된 것임을 잘 보여주는 기록입니다. 이를 달리 본다면 도요토미 히데요시가 조선을 침략하는 동안에 히데요시 적대 세력들은 그 틈을 이용하여 내전을 착실히 준비했다는 반증이 되는 것입니다. 세키가하라 전투에서 승리한 동군 측은 히데요시 측이 가지고 있던 이날의 명나라 자문서만 없앤다면 자신들이 미리미리 내란을 준비한 흔적은 완전히 사라질 것으로 판단했을 것입니다. 명나라가 보낸 자문(외교문서)이 조선왕조실록에도 실려 있으리라고는 꿈에도 생각하지 못했을 것입니다.

*****

가토 기요마사(가등청정)는 세키가하라 전투가 끝난 후 기존의 17만석에서 고니시의 24만석을 오로지 혼자 차지하고, 그것도 모자라 다른 영지를 더하여 51만 석의 대 다이묘가 됐다고 합니다. 그것만으로도 더 이상 구차한 설명이 뭐 필요하겠습니까?

임진왜란이 끝난 후 가토 기요마사에 대한 일본 측 기록을 찾아보면 그가 이미 죽은 도요토미 히데요시를 위하여 나름 최선을 다했다고 열심히 칭찬하는 것을 볼 수 있습니다.

세키가하라 전투 이후에도 가토 기요마사는 도요토미 히데요시 가문에 충성을 지키고 히데요리를 보호하려고 노력했다고 합니다. 자신의 영지였던 구마모토 성에 별실을 만들어 만일의 경우 히데요리를 이곳에서 보호하려는 계획을 세웠고, 구마모토에서 히데요리가 있는 오사카 성까지 3일 만에 갈 수 있는 바닷길을 정비했다고 합니다. 1611년 3월 28일 니조 성에서 도쿠가와 이에야스와 히데요리가 회견할 때는 품에 단도를 숨기고 히데요리를 보호하여 무사히 회견을 마칠 수 있도록 했다고 적혀 있습니다. 과연 그것이 사실일까요? 도쿠가와 이예야스는 일본의 영웅이잖아요. 그가 그렇게 허술한 사람인가요? 혹시 일부러 단도를 품에 안고 히데요리를 보호하는 것처럼 연출시킨 것은 아닐런지요?

가토가 받은 51만석의 영지는 승자(이긴 자)의 포상이고, 가토가 히데요시와 히데요리를 위하여 끝까지 최선을 다했다는 것은 승자의 서술입니다. 서술은 왜곡할 수 있어도, 포상으로 준 영지의 배분 만큼은 누구나 아는 사실이므로 왜곡할 수 없었던 것입니다.

가토 기요마사가 끝까지 히데요시의 은혜에 보답하려고 최선을 다했다고 하면 할수록, 그가 세키가하라 전투 후 기존의 17만 석에서 51만 석의 대 다이묘가 된 것과는 자꾸만 괴리가 커짐을 어찌하겠습니까? 특히 가토는 세키가하라 전투에는 직접 참여하지 않고 그 전투 시간 동안에 고니시의 영지를 접수하고 있었다고 합니다. 가토와 고니시는 불구대천의 원수입니다. 누군가는 이러한 대립관계를 이용하여 가토에게 정유재란을 성공시키면 나중에 고니시의 영지를 통째로 주겠다는 사전 약속으로 가토를 포섭하였던 것이라 생각합니다. 가토 기요마사는 히데요시의 무한한 신임을 바탕으로 히데요시를 충동질하여 정유재란을 일으킨 장본인입니다. 이러한 사실은 선조실록에서 여러 번 찾아볼 수 있습니다. 뿐만 아니라 자신의 조선상륙일자를 미끼로 조선 임금으로 하여금 이순신을 압송하게 하여 조선 수군을 칠천량에서 대패시킨 핵심 인물입니다. 그는 정유재란을 충동질했을 뿐 아니라 자신의 목숨을 담보로 조선 조정을 농락하여 이순신을 압송시키는 데 성공하였습니다. 그가 에도막부에 기여한 공이라고는 정유재란을 성공시킨 것 말고는 거의 없습니다. 솔직히 정유재란 직전에는 가토 기요마사는 지는 해, 고니시는 떠오르는 해였습니다. 히데요시는 화해협상에 방해가 될 것을 염려하여 봉작행사 직전에 대마도에 있던 가토와 그의 부대를 일본 본토로 철수시켰습니다. 그는 그대로 전쟁이 끝나면 조용히 고향으로 귀환하고 고니시는 영웅이 되어 일본 국민들의 환대를 받을 상황이었습니다. 가토가 볼 때는 "굴러온 돌(고니시)이 박힌 돌(가토)을 뺀다"는 전형적인 형상이었습니다. 따라서 가토는 고니시에게 복수할 기회만을 노렸을 것은 분명합니다. 이러한 가토의 복수 심리를 이용하여 그를 끌어들인 동군측 주도세력들이 가토를 앞세워 히데요시를 충동질하여 일으킨 전쟁이 정유재란입니다.

　누군가는 가토 기요마사의 정체가 드러나는 것이 두려운 것입니다. 특히나 세키가하라 전투가 끝난 후 조선에서는 가토가 동군 측에 가담한 이유에 대하여 의견이 분분하던 시기입니다. 그래서 일본은 가토가 이미 사망한 히데요시에게 끝까지 더욱 더 충성하였다고 쓴 것이라 생각합니다. 세키가하라 전투 후 논공행상의 일환으로 실시한 영지의 재배분은 에도막부의 성공 여부를 가늠하는 매우 중요한 일입니다. 논공행상이 공정하지 못하면 에도막부의 장래를 보장할 수 없기 때문입니다. 가토가 17만 석에서 51만 석의 영주가 되었다는 것은 에도막부에 참여한 기라성같은 다이묘들 중에서 가토의 공로가 상위권에 있음을 보여주는 것 아니겠습니까? 영지 증가율(200%)로만 보면 그를 따라올 자가 없을 것 같습니다. 그가 세키가하라 전투에서 혁혁한 공을 세웠다는 것은 보이지 않습니다. 그는 세키가하라 전투 당시 규슈에 가서 고니시의 영지를 접수하고 있었다고 합니다. 고니시는 세키가하라 전투에 참가하느라 자신의 군사를 이끌고 바다를 건너 오오사카 쪽으로 가는 바람에 규슈에 있는 자신의 영지를 비운 것입니다. 그러한 틈을 이용하여 고니시의 영지를 접수하러 간 것이 그리도 큰 공을 세운 것이겠습니까? (참고로 가토가 52만 석 또는 54만 석의 영주가 되었다는 일부 기록도 있습니다.)

　세키가하라 전투가 단 하루 만에 동군 쪽의 승리로 끝난 가장 결정적인 이유는 바로 정유재란의 결과입니다. 정유재란이 없었다면 동군과 서군 어느 쪽이 이겼을지 장담할 수 없다고 생각합니다. 정유재란은 가토의 충동질로 일어난 전쟁입니다. 그러한 공로를 인정하여 세키가하라 전투에는 참여하지 않고 규슈로 갈 수 있는 열외를 인정받았다고 생각합니다. 참고로 정유재란에 참여한 일본군 부대를 보면 동군 측 주력부대는 거의 없는 것 같습니다. 말하자면 동군 측은 정유재란 당시 부대는 조선에 보내지 않고, 교묘하게 정유재란 만을 충동질하는 데 성공한 것입니다.

세키가하라 전투에 관한 기록을 두루 살펴보면 이상하게도 정유재란이 세키가하라 전투의 승패에 어떠한 영향을 주었는지가 잘 보이지 않습니다. 정유재란은 세키가하라 전투(1600.10.21)로부터 불과 3년 전(1597년)에 일어나서 2년 전(1598년)까지 계속된 전쟁입니다.

정유재란 당시 수많은 서군 측 군사들이 사망하거나 부상을 당했습니다. 부상자들은 2년 만에 모두 완쾌될 수는 없습니다. 서군 측 병사들이 느끼는 전쟁에 대한 정신적 트라우마까지 감안하면 동군과 서군의 단순한 숫자 비교는 큰 의미가 없다고 봅니다. 그렇다면 세키가하라 전투에서 동군이 승리한 이유에 대하여 정유재란이 크게 한 몫 했다고 써야 하는데, 그러한 기록은 별로 보이지 않습니다. 동군의 승리에 대한 정유재란의 기여율을 수치(%)로 계산한다면 매우 재미

있는 통계가 나올 것으로 확신합니다. 이렇듯 매우 중요한 사실이 세키가하라 전투를 분석하는 기록에 잘 나오지 않는 것은 매우 의아스러운 일입니다. 에도막부의 의도가 작용한 것이라고 생각합니다. 에도막부로서는 정유재란이 마치 잠자는 시한폭탄처럼 느껴졌을 것입니다.

가토 기요마사의 갑작스런 죽음과 그의 가문의 몰락에 대해서도 다소간의 논란이 있는 것 같습니다. 심지어 그가 죽은 후 가토의 아들은 51만 석에서 1만 석의 초라한 다이묘로 전락했다고 합니다.

솔직히 에도막부 시대의 역사가들은 이미 큰 거짓말을 한 것을 알 수 있습니다. 그들은 세키가하라 전투가 히데요시 사후에 히데요시 부하들 간의 내분으로 시작된 것으로 설명하고 있습니다. 그러나 위에서 살펴본 명나라 황제의 자문서를 보면 세키가하라 전투는 1597년 이전에 이미 전투 준비가 상당 부분 진척된 것을 잘 알 수 있습니다. 그렇지 않다면 명나라가 일본 내에서 내란의 조짐을 미리 인지했을 가능성은 거의 없습니다. 가토 기요마사가 도요토미 히데요시의 충직한 부하였다고 쓴 글들은 전쟁이 끝난 후 에도막부 시대의 역사가들이 쓴 기록이고, 명나라가 히데요시에게 보낸 자문은 역사에 남아 있는 임진왜란 당시(1597년)의 기록물입니다. 단순한 기록물이 아니라 명나라의 공식적인 외교문서입니다. 어느 것이 더 진실에 가깝겠습니까?

가토 기요마사가 임진왜란 중에 에도막부의 탄생을 위하여 어떠한 공을 세웠는지는 아이러니하게도 선조실록에 잘 나타나 있습니다. 일본의 현대 역사학자들이 심유경과 고니시의 마지막 협상안이 조작된 것이 아니었음을 일본 내의 기록과 서양인 프로이스의 기록에서 찾아낸 것은 역사의 연구에 큰 진전을 이룬 것이라 생각합니다. 기왕 연구를 하신 김에 조선왕조실록 임진왜란 편도 같이 연구해 보시면 조금 더 역사적 진실에 다가갈 수 있다고 생각합니다. 조선왕조실록 중 선조실록 1596~1597년 기록을 보면 왜 히데요시가 책봉을 받고 그 후에 마음이 변하여 정유재란을 일으켰는지가 생생하게 기록되어 있기 때문입니다. 그 기록들은 조선 조정에 결코 유리한 기록들이 아님에도 선조실록에 그대로 남아 있습니다. 일본에 다녀온 황신 일행은 직접 책봉행사(봉작례)를 보지 못했으므로 〈전해들은 얘기〉라며 보고하고 있습니다. 따라서 그동안은 정말로 히데요시가 책봉을 받았는지를 장담하기 어려웠습니다. 그러나 이제 일본 학자들 스스로 책봉 행사가 사실이었음과 협상안 조작이 사실이 아님을 밝혀냈으니 일본의 역사적 진실을 위하여 선조실록도 함께 연구해 보실 것을 권하고 싶습니다. 선조실록 중 일본에 관한 기록은 비록 그것이 조선왕조의 기록이라 하더라도 결국은 일본 내의 이야기를 전해 듣고 쓴 기록이기 때문입니다. 선조실록은 전쟁이라는 특수한 환경에서 기록된 것이라서 일본과 명나라의 움직임까지도 비교적 잘 기록되어 있는 역사적 사료입니다.

*****

이하에서는 이러한 정황을 좀 더 자세히 알 수 있는 선조실록 기록을 추가로 살펴 보겠습니다.

> 선조실록 1598.11.21 경상 좌병사 성윤문이 왜장의 소행에 관한 치계를 올리다
>
> "포로가 되었던 사람이 와서 말하기를 '도요토미 히데요시가 7월 17일(일반적으로는 8월18일로 봄) 병으로 죽자 덕천가강(도쿠가와 이예야스)이란 대장이 국사를 다스리면서 조선에 온 왜장들의 처자를 모두 붙잡아 가두고 모반하지 못하게 하고 두세 번 사람을 보내어 가토 기요마사 등을 소환하였으므로 가토가 이달 내에 (일본으로) 돌아갈 것이 분명하다'고 하였습니다. 또 도망쳐 돌아온 자가 말하기를 '히데요시가 7월 초에 병으로 죽고 여덟 살 먹은 자식은 어려서 국사를 다스리지 못하니, 이야사란 왜장이 멋대로 호령을 내리며, 가토의 6촌인 가등창은 가토를 소환하는 일로 빈 배 50척을 거느리고 나왔다. 지금 도산의 왜적이 집을 부수어 밥을 지어 먹고 날마다 짐을 꾸리고 있는데, 군량과 전마의 3분의 1은

> 이미 일본으로 실어갔으며, 잡곡 창고는 수송해 가지 못하고 흙으로 문을 발랐다.'고 하였습니다."

=〉 히데요시가 죽었으므로 조선과 명나라가 왜군(히데요시의 충직한 부하들)을 더욱 거세게 몰아칠 것이 예상됩니다. 그리하면 덕천가강(도쿠가와 이예야스)으로서는 땡큐입니다. 다만 무슨 이유에서인지 빈 배를 50척이나 보내 가토와 그의 군사를 서둘러 일본으로 철수시키려고 하는 것을 알 수 있습니다. 가토가 히데요시의 충직한 부하라면 고니시와 함께 마지막까지 남아 조명연합군과 열심히 싸우도록 내버려 두어야 정상이나, 조속히 데려가려는 의도가 궁금합니다. 뉘앙스는 가토를 잡아가는 느낌이지만 속셈은 다릅니다. 가토와 그의 부하들은 자기편이라는 뜻이 아니겠습니까? 나머지 일본 군사들은 어떡하라는 건가요? 더욱 열심히 조명연합군과 싸워달라는 뜻 아닌가요? 그 뜻을 받들어 나머지 왜적들은 노량해전에서 이순신과 진린에게 혼쭐이 나면서 일부는 죽고 일부는 간신히 탈출하였습니다.

〈가토의 6촌인 가등창이 가토를 소환하는 일로 빈 배 50척을 거느리고 나왔다〉는 기록은 일본에는 없을 것입니다. 일부러라도 삭제했겠지요.

선조실록 1598.11.28

경상도 관찰사 정경세의 적장 가등청정의 편지에 관한 치계

"도산의 적장 가토 기요마사가 철수하여 갈 때에 성 밖에다 명나라 장수에게 고하는 글을 꽂아 놓았는데, 그 글에 '명나라의 여러 장수에게 고한다. 전일에 들으니, 순천의 왜장 고니시가 명나라의 여러 장수와 세 나라가 화친하자는 약속이 있어서 너희 나라가 고니시에게 볼모를 보내려고 했다 한다. 그러나 너희들이 거듭 약속을 어기고 군사를 보내어 고니시를 포위하였다. 너희들이 이처럼 속임수를 행하였으니 어찌 좀도둑이 아니겠는가. 다만 이 거짓 약속이 명나라의 여러 장수에게 있었는가, 고니시에게 있었는가? 내가 알지 못하겠으므로 지금 이 방문을 게시한다. 내가 여기에 있으면서 성을 지킬 수 있지만 순천이 이미 위태로우니 내가 구제하지 않으면 용기가 없는 것이다. 그러므로 내가 먼저 이 성을 비우고 잠시 순천으로 가는 것이니, 너희들도 순천으로 오면 내가 자웅을 가리고 승부를 결정지을 것이다. 깊이 생각해 보건대 사세는 비록 이와 같으나 3국은 친한 형제의 나라이니 화친이 없을 수 없다. 너희가 만약 화친하고자 한다면 내가 비록 일본으로 돌아간다 해도 통신하는 것을 어찌 방해하겠는가. 또 우리 태합 전하가 지난 8월에 비록 하찮은 질병으로 세상을 떴지만, 아들 수뢰(히데요리)

> 전하가 있고, 또 고굉과 같은 가강공(도쿠가와 이예야스 님)이 있는데 문무를 겸비하여 주나라 무왕을 보좌하던 강태공과 조삭을 돌보던 정영과 공손저구와 흡사하니 이로 인하여 우리 일본의 사직이 편안하다. 이러므로 다시 조선을 공격할 것은 손바닥을 보듯 명백하니 화친하는 것만 못하다. 이만 줄인다.'고 하였습니다. (참고로 고굉이란 다리와 팔이라는 뜻으로 신하중에 으뜸인 사람을 가리킨다고 합니다.)

=〉 가토는 신바람이 나는 바람에 결정적인 순간에 그만 이성을 잃고 결정적인 실수를 하고야 말았습니다. 그는 도쿠가와 이예야스에 대하여 존칭까지 써 가며 문무를 겸비하였다는 등 엄청난 칭찬을 쏟아내고 있습니다. 이것이 진정 실화인가요? 만화라 해도 믿기지 않는 대단한 반전입니다. 그것도 말로 한 것이 아니고 글로 써 놓은 것입니다. 히데요시의 충직한 부하라면 히데요리가 총명하다고 해야 하는데, 히데요리의 보호자를 자처하고 있는 도쿠가와 이예야스를 상상이상으로 칭찬하는 것을 볼 수 있습니다. 이예야스는 서둘러 가토를 데려가려 하고, 가토는 신이 나서 흥을 주체하지 못하는 바람에, 해서는 안 될 말을 써 놓고 떠난 것입니다. 특히 가토는 〈이로 인하여 일본의 사직이 편안하다〉고 하여 사실상 도쿠가와 이예야스가 일본의 사직을 평정할 것임을 예측하고 있습니다. 이 말은 일종의 천기누

설로서 도쿠가와 이예야스가 본다면 기절초풍할 말입니다. 그러나 저는 이 글을 볼 때마다 〈역시 가토 답다〉라는 생각이 듭니다. 전투할 때 보여주는 저돌적인 행동이 글을 쓸 때도 똑같이 나타난 것 같아서 매우 흥미롭습니다. 왜 히데요시가 가토를 가장 신임하면서도 고니시에게 화해협상을 맡겼는지를 알 것 같습니다.

가토야! 언제 도쿠가와 이예야스 님에 대하여 심도있게 연구를 하였니? 어쨌든 도쿠가와 이예야스 님을 마음속으로 엄청나게 존경하고 있었음을 알려줘서 고맙구나... 그런데 왜 1611년 3월 28일 니조 성에서 이예야스님과 히데요리가 회견할 때에는 가슴에 단도를 숨기고 히데요리를 보호하려 하였는고? 문무를 겸비하신 이예야스 님 앞에서 이 무슨 버릇없는 일이더냐?

가토는 과연 무엇을 보았기에 도쿠가와 이예야스를 극찬하는 걸까요? 첫째로는 이순신 유인에는 실패했지만 이순신 파직을 성공시키고 가토 자신을 〈지는 해〉에서 단숨에 떠오르는 스타로 반전시켜 준 〈가토의 조선 상륙일자 가르쳐주기 작전〉을 보고 스스로 경탄하여 이예야스를 극찬한 것입니다. 둘째로는 히데요시가 죽었으므로 곧 도쿠가와 이예야스가 히데요시의 잔당들을 굴복시키고 일본의 일인자가 되어 자기(가토)에게는 평생 웬수인 고니시의 영지를 통째로 주실 것이므로 감사하는 마음을 주체하지 못하고 이를 미리 표출시킨 것입니다. 무엇보다도 고니시와의 싸움에서 최종적인 승자는 자신이 된다는 자기만의 도취된 감정을 추스르지 못하고 그대로 나타낸 것입니다.

=> 가토 기요마사는 "내가 여기에 있으면서 성을 지킬 수 있지만 순천이 이미 위태로우니 내가 구제하지 않으면 용기가 없는 것이다. 그러므로 내가 먼저 이 성을 비우고 잠시 순천으로 가는 것이니, 너희들도 순천으로 오면 내가 자웅을 가리고 승부를 결정지을 것이다"고 했습니다. 이는 아마도 조명 연합군의 관심을 순천 쪽으로 향하게 하고 자기는 안전하게 일본으로 돌아가려는 계책이 아닐까 생각합니다. 여러 각도로 가토가 순천으로 달려갔는지를 알아봤으나 아직은 찾지 못했습니다. 마지막 해전인 노량해전에 가토 기요마사가 참전했다는 기록은 보이지 않습니다. 아무리 찾아보아도 가토가 마지막까지 남아 조명 연합군과 자웅을 겨뤘다는 글은 찾지 못했습니다. 가토는 분명 신속히 대마도를 거쳐 일본으로 돌아갔을 것입니다.

=> 위에 적은 두 번의 선조실록 기록은 분명 선조 뿐 아니라 많은 신하들도 보았을 것은 당연합니다. 당시에는 무슨 뜻인지 잘 몰랐을 수도 있습니다. 그러나 가토 기요마사의 일거수일투족은 전쟁이 끝난 후에도 조선 조정의 관심사항이 아닐 수 없습니다. 그는 다음 기록에서 보듯이 일본에 돌아가서도 군사를 훈련시키고 있었습니다. 조선의 군신들은 가토가 다시 쳐들어 오려고 군사를 훈련시키는가

하는 경계심에 긴장할 수밖에 없습니다. 가토가 군사를 훈련시킨다는 보고로 부터 6개월 뒤에 세키가하라 전투가 발생하고, 가토는 동군 측에 가담하였으며, 동군은 손쉬운 승리를 거둡니다. 그렇다면 왜 가토가 군사를 훈련시켰는지는 조선 중신들도 뒤늦게 나마 알게 되었다고 봅니다. 마침내 1607년 조선통신사가 일본에 다녀왔습니다. 당연히 에도막부가 탄생했음과 가토 기요마사가 17만 석에서 갑자기 51만 석의 대(大) 다이묘가 된 사실이 낱낱이 보고 되었을 것입니다. 물론 그 전에 이미 알았던 사실을 확인해 준 것에 지나지 않을 수도 있습니다. 어찌 되었든 조선의 군신들은 이러한 기록들과 조선통신사의 보고를 통하여 드디어 정유재란의 진실을 알았다고 봅니다. 그러나 효종 때까지는 이에 관한 기록을 찾아볼 수 없습니다. 왜 그럴까요? 정유재란의 진실이 알려진다면 선조와 그의 신하들이 가토 기요마사와 도쿠가와 이예야스에게 완전히 속은 것이 탄로 나게 되어 정유재란을 스스로 자초한 책임에서 벗어날 수 없기 때문입니다. 그리하여 짐작은 하면서도 누구 하나 입 밖에 내지 못하고 모두가 쉬쉬하고 있었던 것입니다. 그렇게 세월은 흘러 1659년에 이르러서야 비로소, 의협심 강한 효종 임금이 모든 것이 가토 기요마사의 모략이었다고 발언하게 된 것이라 생각합니다. 효종의 발언은 따로 설명드립니다.

선조실록 1600.04.27 경상 좌도 수군 절도사 이운룡이 쇄환민과

> 왜적의 동태에 대해 보고하다(전쟁이 끝나고 1년 반 정도가 경과한 때입니다)
>
> "이달 15일 동해 요망군 이모작의 보고에 의하면 '일본에 포로되었던 사람들이 도망쳐 돌아왔는데 전라도 무안에 사는 김학성 등 남녀 21명이 한 배에 타고 왔다.'고 하였습니다. 김학성에게 포로가 된 원인과 왜적의 정세를 문초하니, '1597년 8월 15일 남원성 전투 때 포로가 되어 1598년 정월 3일 일본 땅 오오사카에 닿았으며, 이름을 모르는 한 왜인의 집에 있으면서 물고기를 잡아 연명했다. 이달 12일 밤을 틈타 도망쳐 왔는데 대마도를 경유하지 않고 곧바로 동쪽으로 큰 바다를 건너 간신히 살아 돌아왔다. 적국(일본)의 소식은 잘 기억하지 못하지만, 무술년에 히데요시가 병으로 죽고 나이 어린 아들이 대신 그 자리에 올랐는데, 도쿠가와 이예야스 등이 섭정하고 있으며 가토 기요마사와 각처의 왜장들이 군사와 말을 거느리고 모두 왜도에 모여 성을 쌓고 군사들을 훈련시킨다는 말을 들어서 알고 있다. 그밖의 적정에 대해서는 어리석은 어부로서 자세히 알 수 없다.'고 하였습니다."

=〉김학성은 어부라고 했지만 일본의 정황을 비교적 정확하게 설명하고 있습니다.

　가토는 왜 군사를 훈련시키겠습니까? 동군 측 군사들을 훈련시키는 것 아니겠습니까? 일본은 도요토미 히데요시가 일본을 통일한 이후 내전이 거의 없었습니다. 따라서 동군 측 군사들은 10년 이상 전투 경험이 없습니다. 지휘관을 제외한 병사들은 평균 연령이 20대인 것까지 감안하면 당시 동군 병사들은 태어나서 전투를 한 번도 경험하지 못한 병사가 대부분 입니다. 그러니 세키가하라 전투를 위해서는 실전 경험이 많은 장수가 꼭 필요한 것입니다. 당시에 일본에서 실전 경험이 제일 풍부한 장수가 가토 기요마사 아니겠습니까? 가장 적임자를 뽑아 군사를 훈련시킨 것입니다. 세키가하라 전투는 이 날의 보고일로부터 6개월 뒤에 일어났습니다. 정유재란도 일으키고 동군 군사훈련까지 주도적으로 하였으니 이예야스 입장에서는 가토의 공로를 인정하여 세키가하라 전투에서 열외시킬만도 합니다. 참고로 앞선 기록을 보면 히데요시가 죽자 일본에서 빈 배 50척을 보내 가토와 그의 군사를 먼저 실어가려 하는 것을 알 수 있습니다. 왜 가토의 군사들을 실어 가려 하나요? 우선은 가토의 군사는 동군에 가담할 것이 분명하니까 하루빨리 안전하게 데려가려고 했을 것입니다. 더 중요한 이유가 있다고 봅니다. 그들은 모두가 하나같이 산전수전을 다 겪은 훌륭한 교관과 조교의 역량을 갖춘 군사들이기 때문입니다. 그들보다 뛰어난 실전 훈련을 위한 교관과 조교를 찾기란 어려운 일 입니다. 도쿠가와 이예야스가 아니라면 쉽게 생각하기 어려운 전투훈련방식이라고 생각합니다. 군사훈련의 명분은 무엇이었을까요? 보나마나 뻔한 일입니다. 조선과 명나라가 보복에 나선다는 정보가 있어 이를 대비하기 위한 훈련이라고 핑계를 댔을 것입니다.

가토 기요마사가 임진왜란이 끝난 후 일본에서 군사들을 훈련시켰다는 기록 또한 일본에는 없을 것입니다. 그러한 기록을 남겨 둘 리가 없겠지요. 김학성은 나름 〈자신의 조국〉 조선을 위하여 일본의 재침을 대비하라고 알려준 것입니다. 조선 조정은 일본이 다시 쳐들어 오려나 엄청 긴장했을 것 같습니다. 경상좌도 수군절도사 이운룡 역시 이러한 우려 때문에 조선 조정에 보고한 것입니다. 그래서 이 날의 보고가 더욱 신뢰가 가는 연유입니다. 김학성과 이운룡은 가토 기요마사가 왜 군사훈련을 실시하는 지를 정확히 모르고, 오로지 조선을 생각하는 충정에서 보고한 것이기 때문입니다.

〈가토의 조선 상륙 일자 가르쳐주기 작전〉은 고니시가 가토를 잡기 위하여 만든 작전이 아니고, 최소한 가토 기요마사 이상의 선에서 만든 작전임을 알 수 있는 결정적인 글이 조선왕조실록에 있습니다. 잠시 보겠습니다.

〈효종실록 1659년 윤 3월 30일 :
첨지중추 심광수가 근래의 재이에 대해 아뢰다〉

..중략... 임금(효종)이 이르기를 "아침에 이순신의 비문을 보았는데 죽을 힘을 다하여 싸우다가 순절한 일에 이르러서는 눈물이

> 줄줄 흘러내리는 것을 깨닫지 못하였다. 이는 하늘이 우리 나라를 중흥시키기 위하여 이런 훌륭한 장수를 탄생시킨 것이다. 이순신의 재능은 악비와 같은데, 더욱 작은 병력으로 큰 병력을 공격하는 데 능하였다. 그 당시 청정(가토 기요마사)의 간사한 모략에 빠져 잘못되어 견벌을 받기에 이르렀고 드디어 원균의 패배가 있게 되었다. 그러나 그 뒤 이순신이 약간의 거북선(판옥선을 거북선으로 착각함)을 가지고 대적을 격파하였으니, 참으로 쉽게 얻을 수 없는 인재이다."

=> 이 기록은 당시의 임금인 효종이 스스럼없이 한 말입니다. 특히 청정을 언급한 것은 이순신을 칭찬하다가 무심결에 한 말입니다. 효종은 숙종, 정조와 함께 이순신을 좋아하는 대표적인 임금(이순신 마니아)으로 알려져 있습니다. 효종임금 시대(임진왜란 종전 후 50~60년의 세월이 흘렀음)에 이르러서는 이순신을 압송하게 만든 일본의 술수가 고니시가 아니라 청정(가토 기요마사)의 간사한 모략이었다는 것이 조선 조정의 정설로 굳어진 것을 알 수 있는 중요한 사료입니다. 임금이 무심결에 말했다는 것은 혼자만의 생각을 말한 것이 아니기 때문입니다. 효종 이하 신하들도 임진왜란에 관한 모든 기록과 일본의 정세까지 파악하여 내린 결론입니다. 역사의 해석에 있어 상당한 진전이 아닐 수 없습니다. 이 당시는 전쟁이 끝난 지 60년밖에 되지 않은 때라서 지금보다 훨씬 더 임진왜란에 관한 기록

도 많고, 들은 바도 많으며, 전쟁의 잘잘못에 대하여 논란이 많았던 시기입니다. 임진왜란이 끝난 후 효종 임금 시대까지 조선통신사가 여섯 번이나 일본에 다녀왔습니다. 한번 갈 때마다 4백 명 정도가 갑니다. 그러니 당연히 임진왜란 때 악명을 떨친 고니시와 가토의 행적이 조선통신사의 관심사가 아닐 수 없습니다. 고니시는 2년 만에 세키가하라 전투에서 서군 측이 패하는 바람에 일찍 죽었습니다. 그러나 가토는 임진왜란이 끝난 후 2~3년 만에 벼락 출세(17만 석에서 51만 석의 다이묘가 됨)를 하였습니다. 그가 세키가하라 전투에서 큰 공을 세웠다는 기록은 없습니다. 무엇이 가토를 에도막부에서 벼락 출세로 이끌었을까? 가토의 갑작스런 출세가 통신사들의 흥미거리가 아닐 수 없습니다. 조선의 중신들 역시 가토의 잔인함을 잘 알고 있었으므로 조선통신사가 귀국할 때마다 귀를 쫑긋하고 열심히 물어보았을 것입니다. 통신사가 일본에서 데려오는 조선인 포로들 또한 많은 정보를 가져왔다고 봅니다. 〈가토의 간사한 모략〉이란 것은 선대 임금을 비롯한 조선 조정이 통신사가 귀국할 때마다 일본에서 가져온 많은 정보를 검토하고 토론을 거듭한 끝에 나온 결론이라고 봅니다. 분명 가토는 (정유재란을 앞장 서서 충동질하여) 히데요시의 충직한 부하들을 조명연합군과의 전투에서 상당수 전사하거나 부상 당하도록 만들었으며 이는 결과적으로 에도막부의 탄생에 크게 기여한 것이 인정되어 벼락 출세를 하였던 것입니다.

〈아하! 봉작행사(1596년 하반기)에 즈음하여 왜 가토가 홀로 전쟁만을 충동질했는지 이제야 알만하구나... 그러면 그렇지! 처음부터 나는 그게 영 이상했거든...〉이라고 조선의 군신(임금과 신하)들은 생각하게 되었을 것입니다.

효종임금이 말한 〈청정의 간사한 모략〉이란 무슨 의미일지 궁금하기 짝이 없습니다. 왜냐하면 이순신을 압송하게 만든 〈가토의 조선 상륙일자 가르쳐주기 작전〉은 가토가 스스로 만들 수 있는 수준을 넘어선다고 보기 때문입니다.

가토 기요마사는 저돌적인 용맹성으로는 유명하지만 계략이나 계책에는 조금 서툴다고 보는 것이 당시 조선 사람들의 일반적인 생각이었습니다. 실제로도 가토가 주도면밀하지 못하고 다소 덤벙댄다는 것을 보여주는 기록이 앞에서 설명드린 〈선조실록 1598.11.28: 경상도 관찰사 정경세의 적장 가등청정의 편지에 관한 치계〉에 잘 나타나 있습니다.

조선 중신들은 가토가 세키가하라 전투에서 큰 공을 세운 것이 없는데도 17만 석에서 갑자기 51만 석의 대규모 다이묘가 된 것을 조선통신사를 통하여 잘 알고 있습니다. 효종 임금은 차마, 에도막부를 세운 동군 수뇌부들의 간사한 모략이었다고는 못하고, 그 작전의 행동대장으로서 이미 40여 년 전에 사망하고 그의 가문 마저 추락해 존재감이 거의 사라진 가토 기요마사를 대신 거명한 것 아닐까 생각합니다.

청정의 간사한 모략이라 함은 딱 3가지로 압축됩니다. 첫째로는 자신만을 위한 모략입니다. 둘째로는 히데요시를 위한 모략입니다. 세번째는 에도막부의 탄생을 도와주기 위한 모략입니다. 그렇다면 백번 양보해서 청정의 간사한 모략이 자신만을 위한, 또는 도요토미 히데요시를 위한 모략이었다고 가정할 수도 있습니다. 그러나 그렇다고 가정하면 다음과 같은 결론에 이르게 됩니다.

도쿠가와 이예야스는 세키가하라 전투가 끝난 후 가토 기요마사를 특별히 불러서 말했다. "어이 가토! 자네는 잘 모르겠지만 자네가 앞장 서서 충동질하여 성공시킨 정유재란이 세키가하라 전투에서 우리 동군이 승리하는데 크게 도움을 주었네... 나도 이제야 뒤늦게 알았지만 그 고마움을 모른다면 문무를 겸비한 나로서 도리가 아니네. 고마움의 표시로 51만 석의 영주로 특진시키고자 하니 받아 주게나..."

과연 그랬을까요? 도쿠가와 이예야스의 냉철함과 주도면밀함을 감안할 때 (뒤늦게 깨달은 사실 때문에) 가토 기요마사를 51만 석의 대영주로 등극시켰을 가능성은 없다고 봅니다. 정유재란이 시작되기 전에 이미 서로 간에 상당한 조율이 있었다고 확신합니다.

따라서 조선 조정도 통신사의 보고를 여섯차례나 받으면서 마침내 정유재란의 숨겨진 진실을 알았다고 생각합니다. 그 당시에는 이미 에도막부와 외교관계가 정착된 때라서, 정유재란이 〈동군수뇌부들이〉 가토를 내세워 히데요시를 충동질하여 일으킨 전쟁이라는 것을 알게 되었다 하더라도 이를 공개적으로 말할 수는 없었을 것입니다.

더욱 겁나는 것은 정유재란의 진실이 공표된 후의 일입니다. 이는 선조와 조선 조정이 가토 기요마사와 도쿠가와 이예야스에게 철저하게 농락 당하여 이순신을 압송하는 바람에 정유재란이 발생한 것이라는 사실이 만천하에 드러나게 되어 조선의 민심이 크게 동요할 것이고, 이는 조선왕조의 존립에 상당한 위협요인이 될 것이기 때문입니다. 이러한 연유를 종합해 볼 때, 효종이 말한 〈청정의 간사한 모략〉은 단순히 청정(가토 기요마사) 혼자서 만든 모략을 의미하는 것은 아니고, 많은 의미를 함축하고 있는 상당히 절제된 표현이라고 생각합니다. 청정의 간사한 모략이라 함은 에도막부 수뇌부와의 사전 결탁(고니시의 영지를 통째로 몰아주기로 하는 등)을 가정하지 않고서는 설명이 되지 않습니다. 왜냐하면 가토 기요마사는 세키가하라 전투에는 직접 참가하지 않고서도 전투가 끝나자마자 17만 석에서 51만 석으로 폭풍 성장을 하였기 때문입니다.

여담이지만 이 날의 발언은 효종의 진면목을 잘 알 수 있는 글입니다. 왜냐하면 청정의 간사한 모략에 빠진 것은 이순신이 아니라 선조

임금이기 때문입니다. 원균의 패배 또한 선조의 작품입니다. 이를 효종이 모를 리 없습니다. 효종의 이날 발언은 (직접 선조 임금을 거명하지는 않았지만) 선조의 잘못을 후대의 임금이 공개적으로 언급한 것입니다. 대단히 용기있는 발언입니다. 효종이 비록 짧게 살다 갔으나 그가 상당히 의협심이 강한 임금이었음을 알 수 있습니다. 다른 임금들이 선조의 잘못을 인정하는 글은 찾아보지 못했습니다.

이상의 모든 기록은 효종실록을 빼고는 거의 다 류성룡도 보았다고 생각합니다. 그가 관직을 떠난 후라도 선조는 류성룡을 가장 신임하고 그가 징비록을 쓴다는 것까지 알고 있으니 각종 장계와 보고서 등의 필사본을 승정원을 통하여 류성룡에게 보내 줬다고 생각합니다. 아니라면 류성룡과 친한 다른 신하가 보냈을 수도 있다고 봅니다. 류성룡이 징비록을 훌륭하게 마무리하기 위해서는 전쟁이 끝난 후의 일본의 동향도 수년간 눈여겨 볼 수밖에 없습니다. 그래서 저는 (류성룡이 징비록을 마무리할 즈음에는) 정유재란의 숨겨진 비밀을 알았다고 썼던 것입니다. 물론 그 전에 알았을 수도 있습니다. 영의정 류성룡은 그 누구보다도 임진왜란을 잘 아는 사람이기 때문입니다.

솔직히 동군 수뇌부는 정유재란 당시 자신들이 행한 역할을 감추기 위하여 세키가하라 전투 이후 얼마나 열심히 노력하였겠습니까? 그래서 만든 것 중의 하나가 (히데요시의 봉작 행사를 이끈) 마지막 협상안이 조작된 것이었다는 허무맹랑한 주장입니다. 그들은 어떻게 해서든 정유재란의 발생 원인을 다른 곳에서 찾아야만 했기 때문입니다. 아무리 그래도 역사의 진실을 감추는 일이 그리 쉬운 일은 아닙니다. 다행히도 마지막 협상안이 조작된 것이 아니라는 사실은 현대의 일본학자들이 인정하였습니다(인터넷 나무위키 임진왜란 5.5 : 교착상황과 강화회담편 참조). 임진왜란과 정유재란에 대해서는 앞으로도 계속하여 훌륭한 연구가 계속되기를 기대합니다. 감사합니다.

***

뒤늦게 가토 기요마사(가등청정)와 도쿠가와 이에야스(덕천가강)의 관계를 알아볼 수 있는 자료들이 있어 추가합니다.

네이버 지식백과에 의하면 다음과 같은 내용이 나옵니다.

가토 기요마사가 (임진왜란 때) 강화 교섭 중에 진주성을 공격하자 이시다 미쓰나리 등은 강화 교섭을 방해한다는 명목으로 히데요시에게 참소했으며, 이 일로 그는 문책을 받아 1596년 1월 후시미에 칩거하게 되었다. 그 뒤 1596년 윤 7월 13일에 기내 지역에 대지진이 발생하여 히데요시가 거처하던 후시미 성이 붕괴되었다. 이때 가토 기요마사가 가장 먼저 성에 가서 보수공사를 시작하였기 때문에 칩거에서 해제되었다는 일화가 전해진다. 하지만 실제로는 도쿠가와 이에야스와 마에다 토시이에의 정치적인 움직임에 의거해 칩거에서 풀려난 것으로 보고 있다.

=〉 도쿠가와 이에야스와 마에다 토시이에의 정치적인 움직임이 무엇이었는지 일본 문헌을 전부 살펴보고 싶으나 일본어를 모르니 안타깝습니다. 관심있는 분들의 도움을 받고 싶습니다. 앞에서도 살펴본 바와 같이 히데요시의 어린아이 히데요리를 가토 기요마사의 집에서 기른다는 소문도 있었습니다. 가토가 가장 먼저 후시미 성에

가서 보수공사를 시작하였기 때문에 칩거에서 해제되었다는 일화 역시 사실일 가능성이 큽니다. 이 모든 것이 정유재란을 성공시키기 위한 도쿠가와 이에야스의 치밀한 정치적 움직임이 아닐까 생각합니다.

***

저는 일본어를 몰라서 일본책을 직접 보지는 못하고 있습니다. 그러나 일본책 중에서 우리말로 번역된 책들은 보이는 대로 구입하여 읽어보곤 합니다. 그중 하나가 제 눈을 번쩍 뜨게 만들었습니다. 잠시 소개하겠습니다. 이제야 소개하는 이유는 1차 개정증보판을 낸 후에 비로서 이 책을 접하게 되었기 때문입니다. 중간에 삽입하여 글이 매끄럽도록 하지 못한 이유는 무엇보다도 제가 정유재란의 진실을 알아가는 과정을 있는 그대로 적고 싶은 욕심 때문입니다.

책 제목은 센고쿠시대 무장의 명암(부제 : 세키가하라 전투의 배신과 음모, 2015년 발행, 2022.07.18 번역본 발행, 출판사:글항아리) 이라는 책 입니다. 일본인 혼고 가즈토가 집필하고 이민연님이 번역한 책 입니다. 이 책 227쪽 이하에는 "가토 기요마사가 받은 포상"이라는 소제목의 글이 있습니다. 이 글을 읽어보면, 세키가하라 전투 이후 가토 기요마사가 받은 포상 (이 책에서는 20~25만석에서 54만석으로 늘어난 것으로 소개됨)이 그가 세운 공적에 비하여 너무

후하다고 평가하고, 그 이유를 여러 각도로 설명하는 것을 볼 수 있습니다. 현대의 일본 역사학자가 보기에도 가토 기요마사의 영지 보상이 의외로 너무 많았다는 것을 알 수 있습니다. 심지어 저자는 "도쿠가와 이예야스가 가토 기요마사를 후하게 대우한 데에는 어쩌면 다른 이유가 있었을지도 모른다는 생각이 든다"고 썼습니다. 당연하고도 예리한 소감이라고 생각합니다.

글 중에 나오는 재미있는 표현 하나를 소개합니다.

〈세상에 이에야스는 인심도 후하다. 후해도 너무 후하다... : 책 229쪽 9줄〉

　이 글은 가토 기요마사에 대한 포상이 상식 이상으로 후한 것을 보고 저자가 한 말 입니다. 이 책의 저자는 그 이유 중 하나로 '이에야스의 양녀가 가토의 부인이기 때문에 후하게 대우했을 것' 이라고 하였습니다. 그러나 두사람의 결혼이 정유재란이 끝나자 마자 바로 다음 해인 1599년에 성사된 것으로 보아 이예야스가 가토의 특별한 공로(정유재란을 충동질함)를 인정하여 결혼시킨 것이라 생각합니다. 저자는 1599년에 홀아비인 가토가 새장가를 갔다고 적었습니다. 그렇다면 이예야스는 가토가 귀국하자 마자 곧바로 홀아비 가토의 새장가부터 챙겼다는 뜻이네요. 다음 글로 미루어 보아, 이예야스는 비밀리에 가토를 자기의 양녀와 새장가를 들게 한 것 같습니다.

이 책에서 저자는 "가토 기요마사가 도쿠가와 이에야스의 사위라고 말하면 역사를 잘 아는 사람은 '그랬나?'하고 고개를 갸웃거릴 수 있다."고 했습니다. 매우 재미있는 글 입니다. 그 뜻은 (역사를 제법 안다는 일본인들도) 가토가 이에야스의 사위라는 사실은 잘 모른다는 것을 말하는 것 같습니다. 가토는 자기가 이에야스의 사위라는 사실을 무척 자랑하고 싶었을 턴데… … 이에야스가 이러한 사실이 공표되는 것을 상당히 꺼려했다는 뜻이 아닐까요? 여러 가지 상상이 가능하겠습니다마는, 저는 〈세키가하라 전투 훨씬 전부터 이미 가토 기요마사가 이에야스의 사람이었다는 사실〉이 알려질까 두려워 했다는 뜻으로 해석이 됩니다. 어찌되었든 1611년 3월 28일 니조성에서 도쿠가와 이에야스와 히데요리가 회견할 때 가토가 (장인어른 앞에서) 품에 단도를 숨기고 히데요리를 보호하여 무사히 회견을 마칠 수 있도록 했다는 기록은 도대체 어떻게 해석해야 하나요?

저는 이 책의 저자에게 가토 기요마사가 정유재란의 발발에 혁혁한 공을 세워 그 결과로 〈일찌감치 세키가하라 전투의 승패를 동군쪽에 유리하게 만들어 준 덕분〉에 대규모 영지 보상이 이루어진 것이라고 설명해 드리고 싶습니다.

일본의 역사학자들로서는 가토가 정유재란을 충동질 했는지, 그리고 가토가 수군을 이끌고 거제도에 상륙하여 이순신함대를 유인했는지, 가토가 고니시와 조신 등을 제거하기 위하여 히데요시에게 모함을 했는지 등을 알 수가 없기 때문에 정유재란의 숨겨진 진실을 알기가 쉽지 않았을 것이라 생각합니다. 이는 오로지 조선왕조실록 중 선조실록에만 기록되어 있는 내용들입니다.

자! 이제 도요토미 히데요시가 사망한 후 가토 기요마사의 행적을 한번 정리해 보겠습니다. 선조실록에 의하면 1598.08.18 도요토미 히데요시가 사망하자 도쿠가와 이에야스가 빈 배 50척을 보내 가토와 그의 부하들을 우선적으로 일본으로 실어 갑니다. 가토는 일본으로 떠나기에 앞서 명나라 장수들에게 전하는 글에서 도쿠가와 이에야스를 극찬하는 글을 남겼습니다. 이후 일본으로 돌아간 가토는 1599년에 이예야스의 양녀와 결혼을 합니다. 1600년 4월 27일에는 가토가 (동군)군사들을 훈련시키고 있다는 보고가 조선조정(선조실록)에 올라 옵니다. (다음 글은 〈센고쿠시대 무장의 명암〉 책 내용입니다) => 세키가하라 전투(1600.09.15 음력) 당시 가토는 (고니시가 부하들을 데리고 세키가하라 전투에 참여하느라 자리를 비운) 큐슈의 우도성을 공격하여 접수합니다. 결국 세키가하라 본 전투에는 참가하지 않았고 따라서 동군 전체의 승리에는 크게 기여한 것 같지 않다고 이 책의 저자는 결론을 내리고 있습니다. 그럼에도 불구하고 가토에 대한 포상이 너무 후하다는 생각이 들어 "이에야스도 사위에게는 약하다"라는 별도의 소제목을 달았습니다.

이 책에서 가토 기요마사의 포상을 다룬 것은 약 9페이지

(p227~235) 정도 입니다. 앞으로도 역사의 연구는 부단히 계속될 것 입니다. 정유재란의 발생원인을 연구하시는 분들께서는 이 책에 나오는 가토 기요마사에 대한 글만은 꼭 보실 것을 권하고 싶습니다. 이 책의 저자가 집필 당시(2015년) 도쿄대학의 사료편찬소 교수임을 감안할 때 그의 견해는 가토 기요마사의 포상에 대한 오늘날 일본인들의 평가를 대변한다고 볼 수 있습니다.

정유재란은 일본 내에서 서군과 동군의 판세를 단숨에 역전시킨 전쟁입니다. 병력 기준으로 정유재란 전에는 14만(서군) : 8만(동군)의 판세였던 것을 일거에 대략 9만(서군) : 8만(동군)으로, 그리고 그것도 〈패잔병 또는 부상병 군단(서군) : 온전한 군단(동군)의 대결〉이라는 각도로 만들어 버린 것 입니다. 도요토미 히데요시는 결국 이순신에게 복수할 수 있다는 간언에 속아 자신의 왕조를 넘겨 주는 우(愚)를 범한 것 입니다. 정유재란 직전에 유천조신이 가토 기요마사의 모함에도 불구하고 잔인한 히데요시로부터 풀려난 사실, 정유재란 중에 왜군이 갑자기 남해안으로 철수한 사실, 그리고 도요토미 히데요시가 죽기전에 남겼다는 말〈이슬로 와서 이슬로 떠나는 이 내 몸이여, 나니와(오사카)의 영화도 꿈속의 꿈이련가〉을 종합해 볼 때, 도요토미 히데요시도 마침내는 자신이 속았다는 것을 알았던 것 아닐까요? 그의 아들 히데요리가 정권을 계승한다고 생각했다면 나니와의 영화가 어찌 한낱 꿈일 수 있겠습니까?

***

　이러한 설명이 아니더라도 (고니시와 심유경이 협상내용을 조작했다는) 협상안 조작설이 허위(거짓)로 판명되는 순간, 이미 에도막부의 불순한 의도는 만천하에 드러난 것 입니다. 그들의 압력이 없었다면, 그 누가 이런 허무맹랑한 짓을 할 수가 있겠습니까? 만약 협상안 조작설이 어느 한 개인이 사사로이 만든 것이라면 당시의 일본 역사학자들이 이를 용납하였겠습니까? 에도막부가 들어선 후 50여년이 지나서야 협상안 조작설이 처음으로 등장했다 하니, 이를 위하여 에도막부가 얼마나 압력을 행사했겠습니까? 에도막부는 왜 그토록 협상안 조작설에 매달렸을까요? 권력을 장악하기 위하여 자국민(히데요시 편에 서 있는 일본 국민)을 사지(다른 나라와의 전쟁터)로 내몰았기 때문입니다.

　인터넷 나무위키에서 임진왜란을 검색하면 협상안 조작설이 처음 등장한 것은 임진왜란 당시가 아니고, 에도막부 시대의 호리 교안이 1659년 출판한 '조선정벌기'에서 처음 등장했다고 합니다. 1659년은 조선의 국왕 효종도 이순신의 압송이 가토의 간사한 모략이었다고 발언한 해와 같은 년도 입니다. 이순신의 압송은 정유재란을 가능하게 만든 근본 원인으로서 일본의 대표적인 반간계(이간책)입니다. 어쨌거나 협상안 조작설은 이후 일본인 야가마 소코의 '무사가기', '신편무사가기'(1673년)에서 [히데요시가 책봉문을 찢었다]는 (허무맹랑한) 내용으로 발전했다고 합니다. 1659년은 도쿠가와 이에야스가 사망한지도 40년이 지난 때 입니다. 이때에 이르러서는 일본 백성들 사이에서도 정유재란의 발생원인에 대하여 뭔가 석연치 않다는 논의가 많았다는 방증이 아니겠습니까?

1596년 9월 2일, 도요토미 히데요시는 명나라 황제로부터 정식으로 일본국왕으로 책봉되었습니다. 그의 아들 히데요리는 1615년에 향년 22세의 나이로 생을 마감하였습니다. 이때부터 고니시와 시마즈의 부하들 간에 이상한 대화들이 오고 갑니다.

이건 분명히 무슨 야로가 있음이 분명해요. 우리는 노량해전에서 다 죽다가 살아 왔잖아요. 그런데 가토 군사들은 일본에서 빈 배를 50척이나 보내줘서 안전하게 귀국했대요.
뭐야? 그게 사실이야?
그쪽 애들한테서 나온 얘기라니 맞겠지요. 개네들은 심지어 세키가하라 전투 때도 참전을 면제 받았데요. 자기들 끼리도 서로 신기하다고 해요. 대장을 잘 만나서 그렇다고 자랑이 대단해요.
그쪽 애들은 어찌 그리 잘 아노?
어차피 지금은 한솥밥을 먹고 있잖아요. 개네들도 다 옆동네에 살아요. 한다리 건너면 다 친구들이에요. 조선에서 전쟁할 때에는 같은 큐슈출신이라고 서로 반가워했어요. 대장끼리만 서로 웬수였지, 우리끼리야 뭐?

이제 자기네 대장도 병으로 죽었으니 눈치 볼 이유도 없다며 당당하게 자랑하고 다녀요. 아주 웃겨요. 사람은 줄을 잘 서야 한다나?

그러고 보니 정말 이상하네. 가토는 세키가하라 전투 당시 큐슈에서 고니시님의 영지를 빈집털이 하고 다녔잖아. 그럼에도 불구하고 세키가하라 전투가 끝나고 50만석의 대영주로 고공 승진했지?

맞아요. 그리고 결국에는 이에야스가 히데요리님까지 할복시켰잖아요. 뭔가 이상하지 않아요?

그러고 보니 정유재란 직전에 우리가 고니시님에게 거세게 항의했던 일이 생각나. "고니시 대장님! 협상이 잘 끝나서 전쟁은 끝났다고 하셨잖아요. 그런데 다시 조선으로 출정한다니요?"

그러자 고니시님이 울먹울먹하면서 우리에게 사과를 했었지 "협상은 잘 끝났는데, 가토가 갑자기 조선이 우리를 깔보고 있다고 히데요시님에게 충동질하는 바람에 일이 다 망가졌어"라고 하신 것이 생각나...

이제 히데요리님까지 그들에게 죽임을 당했잖아요. 이상해도 너무 이상해요.

그렇다면 가토가 고니시님을 죽이고 영지마저 통째로 먹으려고 그런 것 같은데...히데요시님이 사망하자 이에야스가 빈 배 까지

> 보내서 가토 부대만 먼저 일본으로 데려 왔다고 했지?... 그렇다면 가토와 이에야스가 짜고 한 짓인가?
>
>   아이고. 불쌍한 우리 고니시님. 그것도 모르고 히데요시님의 지시만 믿고 바보같이 앞장서서 이순신을 압송하게 만드셨구나. 하긴 뭐 히데요시님도 속아 넘어 갔으니...이제 보니 저들의 꿍꿍이 속이 다 보이네요.
>
>   이를 어째요, 흑 흑!
>
>   생각해보면, 정유재란 당시 우리측 병력이 14만 이었는데 돌아올 때는 거의 반타작이 되었잖아. 히데요시님이 뭔가에 홀리지 않고서야 그런 멍청한 짓을 하실 분이 아닌데...

  도요토미 히데요시가 정유재란을 일으켜 스스로 자기 가문을 파멸 시켰으니 당시의 일본인들이 보기에도 고개를 갸우뚱 할 수밖에 없었던 타임입니다. 한번 시작된 합리적 소문(실제로는 진실)은 뭉개구름처럼 자꾸만 커져 갑니다. 특히나 정유재란 때 남편과 자식, 형제를 잃은 일본인들은 점차 분노로 속이 들끓습니다. 에도막부로서는 특단의 조치를 취하지 않을 수 없습니다. 그래서 에도막부가 궁여지책으로 만든 것이 〈마지막 협상안이 고니시와 심유경이 조작한 것이었고, 그것이 봉작행사에서 탄로가 나는 바람에 정유재란이 일어났다는〉 협상안 조작설 이었던 것입니다.

이제 최종적인 마무리를 해 보겠습니다.

1. 세키가하라 전투에서 동군이 손쉽게 승리한 일등공신은 누가 뭐래도 정유재란 입니다.

2. 세키가하라 전투를 설명하는 일본의 역사기록에서 정유재란의 영향은 거의 언급되지 않고 있습니다.

3. 가토 기요마사는 세키가하라 전투에는 직접 참가하지 않았음에도 전투가 동군의 승리로 끝나자 벼락출세를 하였습니다. 가토는 정유재란을 충동질한 일본 장수입니다. 가토는 이에야스의 사위라는데... 이러한 사실은 일본의 역사 기록에 잘 드러나지 않습니다.

4. 정유재란이 터진 지 60여년이 지나자, 느닷없이 〈정유재란이 고니시와 심유경이 협상안을 조작한 것이 탄로나는 바람에 일어났다〉는 협상안 조작설이 등장합니다. 원래는 히데요시의 아들 히데요리가 죽자마자 협상안 조작설이 등장했어야 하는데 차일피일 미뤄진 데는 이유가 있습니다. 책봉행사를 옆에서 도와주던 젊은 사람들이 드디어 중년이 되어 일본 사회의 중심에 서 있기 때문입니다. 그들은 책봉행사를 직접 보았으나 협상안이 조작되었다는 사실은 단 한번도 보거나 들은 적이 없습니다. 어쩔 수 없이 에도막부는 냉가슴만 태우며 쉬쉬하다가, 책봉행사를 직접 본 사람들이 나이가 들어 모두 사망

하자 지체없이 협상안 조작설을 터트린 것 입니다. 그리고는 에도막부의 명운을 걸고 조작설을 강제로 밀어부쳤던 것 입니다. 결국 협상안 조작설은 주도면밀하게 기획된 역사 왜곡의 산물인 것 입니다. 이후 협상안 조작설은 무소불위의 권력을 등에 업고, 정유재란 발생의 일등 원흉으로 일본 역사를 지배하다가 최근에 이르러서야 그것이 허위사실임이 밝혀지고 있는 것 입니다. 에도막부가 지금까지 계속되고 있었다면 협상안 조작설은 아직까지도 맹위를 떨치고 있을 것 입니다.

　에도막부가 탄생한 후 50여년만에 협상안 조작설이 모습을 드러냈다는 사실은 정유재란을 이해함에 있어 매우 중요한 일 입니다. 에도막부가 탄생한 후 히데요리 마져 죽임을 당하자 일본국민들 그중에서도 특히 정유재란에 참전했다가 구사일생으로 살아남은 병사들, 그리고 정유재란에서 남편 또는 자식, 형제를 잃은 백성들이 그동안 알려졌던 정유재란의 발생원인(조선이 왕자를 보내 사례하지 않았다, 그리고 낮은 직위의 신하만을 보내 일본을 무시했다. 등 등...)을 불신하고, 점차 에도막부를 의심하기 시작했다는 뜻이 담겨져 있습니다. 그대로 놔두면 정유재란을 가토와 이에야스가 막후에서 충동질 했다는 것이 만천하에 드러나게 되어 수습하기 어려운 후폭풍이 일어날 가능성이 커진 것 입니다.

　이를 곰곰히 생각해 보면 정유재란의 발생원인에 대하여 (이를 액면 그대로 믿을 수는 없다고) 일본에서 먼저 난리가 난 것을 알 수 있습니다. 정유재란으로 직접적인 피해를 입은 일본 국민들이 누구보다 먼저 정유재란 발생의 진실을 알기 시작했다는 뜻 이기도 합니다. 정유재란으로 남편을 잃은 전쟁미망인을 생각해 보세요. 사랑하는 남편이 드디어 전쟁(임진왜란)이 끝났다고 좋아합니다. 얼마 지나지 않아 다시 전쟁(정유재란)에 끌려 나갑니다. 마침내 전쟁은 끝났으나 남편은 영영 돌아오지 않습니다. 그로부터 2년만에 에도막부 창시자들이 사실상 실권을 장악하고 마침내는 히데요리 마저 할복을 강요 당합니다. 뭔가 이상한 느낌에 머리가 혼미해 집니다. 그러던 차에 정유재란에서 살아 돌아온 남편 친구들이 뭔가 야로가 있다고 말해 줍니다. 분노가 치솟습니다. 아니! 자기네들 권력 잡겠다고 죄 없는 내 남편을 외국과의 전쟁터로 내몰아 죽이다니...

민초들을 속이는 것이 결코 쉽지가 않음은 어느 나라나 같습니다. 이러한 분위기를 수습하기 위해서는 보다 강력하고 설득력 있는 정유재란의 발생원인이 새롭게 등장해야만 그나마 다가올 후폭풍을 막을 수 있었던 것 입니다. 그래서 등장한 것이 협상안 조작설 입니다. 아이러니 하게도 에도막부 창시자들이 정유재란에 깊숙히 관여 했음을 보여주는 사건이 바로 협상안 조작설의 등장입니다.

만약 에도막부가 정유재란과 아무런 상관이 없다면 (일본의) 민초들이 의심할 만한 어떠한 빌미도 찾을 수 없었을 것이며, 따라서 정치적 부담이 큰 협상안 조작설 또한 나타날 이유가 없습니다. 협상안 조작설이 발표되는 순간(1659년) 일본 국민들은 그것이 터무니 없는 거짓말이라는 것을 금방 알았을 것 입니다. 책봉행사를 직접 본 사람들이 나이가 들어 세상을 떠났지만, 그 전에 이미 자랑삼아 책봉행사 장면을 말이나 글로써 열심히 설명해 놓기 때문입니다. 일본 국민들은 협상안 조작설이 거짓말이라고 말하고 싶어도 대부분 입을 꾹 다물거나, 몇몇 의협심 강한 사람들은 얘기를 했다가 잡혀 갔을 것 입니다. 정치적 부담을 무릎쓰고 히데요리까지 죽인 자들이 몇몇 평민들을 잡아 가두는 일이야 크게 망설이지 않았을 것이기 때문입니다.

결국 협상안 조작설은 에도막부를 탄생 시키기 위하여 정유재란을 뒤에서 충동질 한 자기네(에도막부 창시자)들의 치부를 감추기 위하여 만들어진 것 입니다. 그들은 당시의 일본 국민을 모두 속이지는 못했지만 점차 역사를 속이는 일에는 성공한 것 입니다. 그 작전은 지금까지도 성공하고 있습니다. 다행히도 협상안 조작설이 허위였음은 드디어 밝혀지고 있습니다. 그러나 정작, 협상안 조작설을 이용하여 숨겨왔던 정유재란의 진실만은 아직도 세상에 드러나지 않고 있습니다. 이제는 진실이 밝혀져야 할 때라고 생각합니다.

마지막으로 저는 조선왕조실록을 또한번 칭찬하지 않을 수 없습니다. 선조실록을 살펴 보면 1596~1597년 어디에도 마지막 협상안이 조작되었다는 흔적은 전혀 없습니다. (선조)수정실록은 전쟁이 끝난 후 수십년이 지난 후에 만든 것이므로 (이 문제에 관한 한) 논외로 하겠습니다. 만약 정유재란 당시의 사람들이 다시 환생한다면 협상안 조작설이 도대체 뭐냐고 물을 것 입니다. 조선과 일본 공히 마찬가지 입니다. 양편 모두 듣거나 본 적이 없기 때문입니다.

(주석)

〈선조실록 1601.04.25 : 체찰사 이덕형이 탈출자에게 들은 일본 상황을 치계하다〉에 의하면 이아사(二阿士)가 도쿠가와 이예야스의 호라고 하였습니다.

따라서 앞(290쪽)에서 설명한 〈선조실록 1598.11.21: 경상 좌병사 성윤문이 왜장의 소행에 관한 치계를 올리다〉에 나오는 이야사(二也思)도 이예야스의 호 이아사(二阿士)를 잘못 쓴 것 같습니다.

[쉬어가는 페이지]

〈돌발 퀴즈〉

명나라 수군제독 진린이 우리나라(조선)에 와서 제일 먼저 챙긴 것은 무엇일까요?

정답은 399페이지에 있습니다.

난중일기 (정유년) 해설

13

　난중일기는 먼 훗날의 후손들과 대화하고자 하는 천재 이순신의 글입니다. 난중일기는 〈인생은 짧고 역사는 유구하다〉는 이순신의 철학과 신념을 글로 남긴 전쟁 서사시입니다. 특히 감옥에서 풀려난 날부터 시작되는 정유년 일기는 세상 어떤 만화보다도 더 드라마틱한 전쟁 서사시입니다. 저는 읽을 때마다 그 깊이를 조금씩 터득해가고 있습니다. 이순신 장군이 정유년 일기를 두 번 쓴 이유가 무엇이겠습니까? 당시에 난중일기를 읽은 사람은 아무도 없었을 것입니다. 그렇다면 이순신은 먼 훗날의 조선(대한민국) 백성들과 대화를 하고 싶어 열심히 두 번째 일기를 쓰신 것입니다. 징비록과 같다고 보시면 됩니다. 류성룡은 명시적으로 책을 쓴 이유를 밝혔습니다. 이순신은 그 이유를 명시적으로 쓰지 않고 두번의 일기를 통하여 묵묵히 말하고 있습니다.

　이순신이 삼도수군통제사에 다시 임명된 후 그에게 맡겨진 사명은 실로 한 인간이 감당하기에는 상상을 초월하는 막중한 임무입니다. 우선은 일본 수군의 서해 진출을 막아야 하는 것이 지상과제입니다. 겨우 판옥선 13척을 가지고 수백 척 이상의 일본 수군을 막아야 합니다. 그 결과가 명량해전입니다. 그 과정을 쓴 것이 정유년 난중일기입니다. 그러나 그것이 다가 아닙니다. 정유재란 당시 백성들이 〈다시 돌아온〉 이순신에게 간곡히 바라는 것은 명량해전의 승리만이 아닙니다. 종국적으로는 왜적을 몰아내 달라는 부탁입니다. 왜적을 몰아내려면 빠른 시일 내에 조선 수군을 재건해야 합니다.

징비록에 의하면 이순신은 통행첩을 발행하여 열흘 만에 군량미 1만 석을 마련했다고 썼습니다. 그러나 군량미 만으로는 매우 부족합니다. 판옥선을 만들고 총통을 제작해야 합니다. 그것은 군량미로 되는 일이 아닙니다. 기술자들도 그냥 와서 도와주는 것이 아닙니다. 왜냐하면 그들은 배를 만들고 총통을 만드는 것이 생업이자 가장의 역할이기 때문입니다. 이들은 대부분 군사로 동원하기에는 이미 연령이 너무 많습니다. 돈이든 곡식이든 어느 정도의 보상이 있어야 데려올 수 있습니다. 목재와 철물은 돈을 주지 않고 강제 징수 만으로는 한계가 있습니다. 비록 전쟁 중이라 해도 어느 정도의 자금이 필수 조건입니다. 선조실록에는 명나라에서 은(銀)을 보내 주어 전쟁에 활용하는 것을 종종 볼 수 있습니다. (선조실록 1592.06.14 :류성룡에게 명나라에서 은사받은 은 2만 냥에 대해 감사의 뜻을 표하라고 하유하다, 선조실록 1592.06.24: 황제가 준 은(銀)을 신하들에게 조금씩 나누어 주다.) 이후에도 명나라 장수들이 전투를 독려하기 위하여 은을 지급하는 것을 볼 수 있습니다.

임진왜란을 일으킨 일본은 은(銀) 생산량이 많아 전쟁에 필요한 군 자금을 조달할 수 있었다는 설명도 있습니다.

그러나 1597년 당시에는 조선 조정의 재정상태는 거의 바닥이 난 상태입니다. 조정에서 충분한 자금이 내려오는 것을 기대하기는 사실상 어렵습니다. 이순신 앞에 놓인 수군 재건은 참으로 난제가 아닐 수 없습니다. 판옥선 13척으로 남해로 진출하는 것은 거의 불가능합니다. 빨리 판옥선을 만들고 총통도 추가로 만들어야 합니다. 우리는 종종 이순신이니까 가능했다고 쉽게 말합니다. 지극히 당연한 말입니다만, 이순신 장군은 과연 어떻게 수군재건자금을 단기간에 마련할 수 있었을까요? 매우 어려운 난제입니다.

이순신 장군은 그 과정을 난중일기에 모두 써 놓았습니다. 그것이 정유년 난중일기입니다. 우리가 아직 몰랐을 뿐입니다. 이순신 장군은 후손들과 대화하기 위하여 난중일기에 수군재건자금 조달 방법을 자세히, 그러나 다소 어렵게 쓰셨습니다. 쉽게 가르쳐 주기가 좀 억울했나 봅니다. (죄송합니다. 웃자고 한 말입니다)

제가 그 깊은 뜻을 다 알 수는 없습니다. 제가 알아낸 것만 적어 볼 뿐입니다. 이제 그 험난했던 역사의 현장으로 가 보겠습니다. 이하에서는 정유년 난중일기 1편과 2편 중에서 아직까지 잘 드러나지 않았던 새로운 내용들만 발췌하여 소개하겠습니다.

> 1597.08.03 맑음
>
> 이른 아침에 선전관 양호가 뜻밖에 찾아와 교서를 주었는데, 내용인 즉 삼도수군통제사를 겸하라는 임금의 명령이었다. 숙배를 한 뒤 삼가 받았다는 서장을 임금께 올리고 길을 떠났다. 이하 생략

=〉 선조 임금의 재임명교서를 받고 길을 떠납니다. 본격적으로 살아남은 군사와 전선(판옥선 등)을 규합하기 위하여 길을 재촉합니다.

이날의 교서를 일명 기복수직교서 라고 합니다. 긴 내용입니다만 간략하게 소개합니다.

> ...중략(축약)... (선조임금인 내가) 생각건대 그대(이순신)의 명성은 일찍이 수사로 임명되는 날부터 크게 드러났고, 그대의 공로와 업적은 임진년의 큰 승첩이 있은 후부터 크게 떨쳐 변방의 군사

> 들은 마음속으로 그대를 만리장성처럼 든든하게 믿어 왔었는데, 지난번에 그대의 직책을 갈고 그대로 하여금 죄를 얻어 백의종군토록 한 것은 역시 나(임금)의 모책이 좋지 못하였기 때문에 그렇게 된 것이다. 그 결과 오늘의 이런 패전이 있게 된 것이니 내 무슨 말을 하리오. 이제 특별히 그대를 상복(어머님 상중)중에 다시 기용하여 삼도수군통제사에 임명하는 바이니 살아남은 부하들을 어루만지고 단결시켜 수군의 위풍을 다시 한 번 떨치게 하라. 그대의 능력을 이미 알고 있으니 내 어찌 감히 많은 말을 보태겠는가? ...중략... 저 명나라 왕손이 죄인의 몸으로 적을 소탕하는 공을 세운 것처럼 그대도 나라를 구제해 주기를 바라면서 이 교서를 내리노라. 끝

1597.08.04 부터 난중일기에 커다란 변화가 일어납니다. 4월 1일 감옥을 나온 날부터 썼던 일기(정유년 1편) 외에 8월 4일부터 시작하는 새로운 일기(정유년 2편)가 또 있는 것입니다. 난중일기 정유년 2편은 전체적인 맥락으로 보아 1597.10.29 목포 앞 보화도(현재의 명칭: 고하도)로 진을 옮기고 낮에는 수군재건작업을 지휘하면서 밤에 심사숙고하며 집필한 일기 같습니다. 정유년 1편에 비하여 내용도 많고, 보다 더 자세하게 기록되어 있습니다. 저는 정유년 2편은 일종의 자서전이라고 생각합니다. 각고의 노력으로 탄생한 것이기 때문입니다. 이하에서는 필요한 경우에 한하여 두 편의 일기를 비교해

가면서 설명하도록 하겠습니다.

> 1597.08.04
>
> ...중략... 고산현감 최진강(노승석교수는 후에 최철강으로 변경함)이 군인을 교체할 일로 와서 수군의 일을 많이 말했다. 오후에 곡성에 이르니, 관청과 마을이 모두 비어 있었다. 이하 생략

=> 관료들과 백성들이 모두 떠났습니다. 관료들은 도망친 것이고, 백성들은 피난을 떠난 것입니다. 관료와 백성 중 누가 먼저 떠났는가를 단정할 수는 없으나, 관료들의 비겁한 행동이 백성들의 피난을 더욱 재촉하게 만든 것만은 숨길 수 없는 사실입니다. 마을이 모두 비어 있을 정도로 백성들이 피난을 떠난 사실이 처음으로 난중일기에 등장하고 있습니다. 이제부터 피난민에 주목해 주세요!

> 1597.08.05 ~1597.08.06
>
> ...중략... 아침 식사 후에 옥과(곡성군 옥과읍 또는 옥과면)에 이르니, 순천과 낙안의 피난민들이 길에 가득 차서 쓰러질 듯 남녀가

> 서로를 부축하며 갔다. 그 참혹함을 차마 볼 수가 없었다. 그들은 울부짖으며 말하기를 "사또가 다시 오셨으니 이제는 우리가 살았습니다" 라고 했다. 이하 생략

=> 이날의 일기는 매우 중요한 일기입니다.

첫째로는 〈사또가 다시 오셨으니 이제는 우리가 살았다〉라는 말입니다. 사또는 이순신입니다. 단순한 말 같지만 깊은 이치를 담고 있습니다. 이 말은 사또가 잡혀가지 않았다면 피난 갈 이유가 없었다는 말입니다. 이는 백성들이 보는 정유재란의 발발 원인입니다. 백성의 눈을 속일 수는 없는 것입니다. 이 말의 중요한 의미는 또 있습니다. 이 말은 이순신이 다시 왔으니 왜적을 물리칠 수 있겠다는 희망을 이야기한 것입니다. 이순신의 입장에서 보면 왜적을 물리쳐 달라는 백성들의 엄숙한 명령입니다.

두 번째는 수많은 백성들이 피난을 가고 있다는 사실입니다. 칠천량해전 패전 소식을 듣고 곧 왜적들이 전라도까지 쳐들어올 것을 예상하고 피난을 떠나는 백성들입니다. 이들은 어디로 피난을 가고 있는 것일까요? 그들은 항구로 가서 배를 타고 섬으로 피난을 떠날 의향으로 정든 고향과 집을 비우고 피난을 떠난 것입니다. 매우 애처로운 일이나 어쩔 수 없는 선택입니다. 피난민들이 순천과 낙안에서

옥과로 향한 것으로 보아 이들은 변산반도에서 약 10km 떨어진 위도(섬)를 목표로 가고 있는 것 같습니다. 간단한 내용이지만 의미하는 바는 매우 큽니다. 왜 순천과 낙안의 백성들이 남해안의 가까운 섬으로 가지 않고 먼 육로를 거쳐 위도로 향하는 것일까요? 칠천량에서 조선 수군이 괴멸되었으므로 남해바다의 섬 보다는 서해 바다의 섬이 보다 안전하다고 생각하여 위도로 가고 있는 것입니다. 여담이지만 이순신도 이들이 위도로 갈 것이라고 생각했던 것 같습니다. 왜냐하면 잠시 후에 보는 1597.09.20 일기에 "새벽에 출발하여 곧장 위도(전라북도 부안군 위도면)에 이르니, 피난선이 많이 정박해 있었다."고 하였기 때문입니다. 이날 이순신은 명량해전이 끝나면 꼭 위도에 들러 피난선의 숫자를 확인하겠다고 생각한 것 같습니다.

이날의 일기가 중요한 것은 이처럼 많은 피난민을 보면서 이순신은 마음이 한없이 애처로우면서도 다른 한편으로는 조선 수군 재건의 실마리를 찾아내고 있었던 것이기 때문입니다. 자! 이순신은 수많은 피난민을 보면서 무엇을 생각하였을까요?

(이순신 생각) 칠천량해전에서 괴멸된 조선 수군을 하루 빨리 재건해야 하는데 뭐가 있어야 재건하지? 큰일이로다. 사람이야 어떻게든 모으면 되지만 군량미도 없고 무기와 배를 만들어야 하는데 돈이 있어야지? 어차피 명량해전은 승리를 따논 당상이지만 그 다음이 문제로다. 문제는 돈, 그놈의 돈이 하늘에서 떨어지는 것도 아니고…

수군재건비용은 얼마나 들까? 국가에서 지원은 없다고 보는 편이 차라리 속이 편하겠구나. 무슨 좋은 수가 없을까? 아버님! 오늘밤 꿈에 다시 한번 해법을 가르쳐 주세요. 아니면 신인(神人)께서라도 가르쳐 주세요...... 피난선이 답이라고요? 뭔 말씀이신지? 잠깐 조는 틈에 왔다 가셨네. 아버님 같기도 하고 신인 같기도 하고... 뭔 뜻이지...? 아! 그러고 보니 우리네 선주(피난선 주인 = 어부)들이 본의 아니게 돈 많이 벌겠구나. 꼭 태워 달라고 발을 동동 구르는 동포들을 끝까지 외면할 수는 없을 것이니 최소한 몇 번씩은 피난민을 섬으로 실어 나르겠구나. 물고기 잡는 것보다는 훨씬 많이 벌겠구먼. 그래! 바로 이것이로구나. 피난선이 답이다... 명량해전에서는 난파선이 나를 살릴텐데... 이제는 피난선이 나를 살리겠구나. (이순신 생각 끝)

뭐라구여 장군님! 그게 다가 아니라구여? 선주들의 일이 그게 다가 아니라니요?

아! 알겠습니다. 피난민을 실어나른 후에는 곡식과 소, 돼지 등 육류, 고구마, 감자, 채소, 소금 등 생필품을 육지에서 섬으로 부리나케 실어 날라야 하네요. 갑자기 수많은 백성들이 섬으로 피난을 왔으니 섬에 식량이 풍족할 리가 만무하네요. 식량을 운반하는 사람들은 장사하시는 분들이군요. 선장님! 피난민보다 두 배로 배 삯을 받으세요. 이럴 때는 이문이 많이 남거든요. 그리고 통행첩 비용 두둑이 내세요.

선주들이 할 일이 또 있어요?

왜적이 물러나면 피난민들을 육지로 귀환시켜야 한다구요? 도대체 얼마나 벌라는 건가요? 주머니 마다 터질 지경인데 돈은 어디다 보관하나요? 걱정도 팔자세요. 조선 수군 재건비용으로 조금 넉넉히 기부하시면 됩니다.

참고로 당시의 피난선은 별도로 제작한 것이 아니고 평소에는 생선을 잡던 어선으로서 혼자서 노를 젓는, 성인 기준 4~5명 정도만 탈 수 있는 소형 돛단배입니다. 나름대로 목숨 걸고 피난민을 실어 나르는 일을 하고 있습니다. 당시의 어선은 노를 저어 다니기 때문에 원양어업은 불가능합니다. 그리고 배의 출력이 약하므로 그물을 물속에 넣고 배로 끌고 다니는 저인망 어업도 할 수 없습니다. 기껏해야 낚시(주낙 포함)로 잡거나 조수간만의 차를 이용하여 썰물때 그물을 치고, 밀물때 고기를 가둡니다. 다시 썰물을 기다려 물이 빠진 다음 갇힌 고기를 잡습니다. 따라서 배가 커봐야 아무 도움이 되지 못하고 노젓기만 힘들어집니다. 간혹 무역선이 있긴 하지만 전쟁을 피하여 명나라 해안으로 모두 도망쳤습니다. 국가에 바치는 곡식 등을 나르는 조운선이 있지만 군량미를 나르기에도 벅차고 수시로 군인을 실어 나르는 수송선으로 사용되므로 피난민을 실어 나를 여유가 없습니다.

전라도는 정유재란 전까지만 해도 전쟁의 피해가 가장 적은 지역입니다. 비록 세금 부담은 컸겠지만 그래도 다른 도에 비하면 양반입니다. 잠시 후 난중일기 1597.08.11자에 보면 "주인은 바다로 피난을 갔지만 곡식은 가득히 쌓여 있었다"고 썼습니다. 분명 피난 갈 때 곡식을 열심히 급매로 팔았을 텐데 그래도 수북이 남아 있었다는 것입니다. 그러니 당시 피난민들은 비교적 주머니 사정이 괜찮은 백성들입니다. 당연히 빨리 배를 타기 위하여 배삯을 두둑이 냈을 것입니다. 이순신 장군은 이때 이미 피난 떠난 집에 곡식이 쌓여 있는 것을 보고 자금의 흐름을 추적하여 명량해전이 끝난 후에 고군산군도까지 갔다 오면서 피난선 숫자를 확인하고 조선 수군 재건자금을 단숨에 해결한 것입니다. 절체절명의 순간에 조선에서는 그래도 좀 여유가 있는 전라도의 자금이 피난선 주인(어부)들에게 흘러 들어가는 것을 파악하여 해로통행첩을 발행한 것입니다.

1597.08.09

... 중략 ...

저녁에 보성군 조양창에 이르니, 사람은 하나도 없고, 창고에는 곡식이 묶여진 채 그대로였다. 그래서, 군관 네 명을 시켜 지키게 하고, 나는 김안도의 집에서 잤다. 그 집 주인은 벌써 피난가고 없었다.

이순신 장군은 (바쁜 와중에도) 줄기차게 집 주인들이 피난 간 것에 주목하고 있습니다.

> 1597.08.11
>
> 아침에 박곡 양상원의 집으로 옮겼다. 이 집 주인도 이미 배를 타고 바다(섬)로 피난을 떠났고 곡식은 가득 쌓여 있었다. 이하 생략

=〉 장군! 집 주인이 배를 타고 갔는지 산속으로 갔는지 어찌 아셨나요? 직접 보셨나요? 꼼꼼하게 물어 보셨지요? 그래서 배를 타고 갔다고 적으셨지요? 계속하여 백성들이 배를 타고 섬으로 피난가는 것에 주목하셨지요?

왜 그랬을까는 1597.08.05 ~1597.08.06 일기를 해설하면서 설명하였습니다.

=〉 설명이 중복됩니다만 분명 피난 갈 때 곡식을 열심히 급매로 팔았을 턴데 그래도 수북히 남아 있었던 것입니다. 그러니 당시의 피난민들은 그래도 형편이 비교적 나은 편입니다.

왜 급매로라도 팔까요? 언제 돌아올지 기약이 없기 때문입니다. 누가 사나요? 장사하시는 분들이 삽니다. 사서 어디다 파나요? 섬에 가서 피난민들에게 팝니다. 그러다 보면 최초의 주인에게 다시 파는 일도 생깁니다. 그렇더라도 나름 목숨 걸고 하는 장사입니다. 곡식을 가득 싣고 바다를 건너기가 쉽지 않기 때문입니다. 파도라도 치면 물이 자꾸만 배에 함께 타겠다고 아우성입니다. 그럴 때는 바가지로 물을 퍼서 바다로 다시 보냅니다. 당시에는 플라스틱이 없습니다. 따라서 바가지는 보통 초가 지붕 위에서 자라는 박을 둘로 쪼갠 뒤 속은 파서 소 여물에 넣거나 버리고, 빈 껍데기만 말려서 사용합니다. 그러다가 흥부는 대박을 터트렸습니다. 배에서는 선장이 왕입니다. 지체 높은 양반들도 오랫만에 배에서 물을 퍼내느라 혼쭐이 납니다.

=> 이날 이후로 난중일기에 피난 가는 이야기는 더 이상 보이지 않습니다. 달리 말하면 드디어 조선 수군 재건자금 조달방안이 완성되었다는 것을 의미합니다. 칠천량해전 패전 소식을 들은지 채 한달이 되기 전에 수군 재건을 위한 재원 조달 방안을 완성한 것입니다. 피난민을 수도 없이 실어 날라 갑자기 로또를 만난 선주(어선 주인)들에게 해로통행첩을 발행하면 가능하겠다는 결론을 얻은 것입니다. 남은 과제는 피난선의 숫자를 확인해 보는 일입니다. 그러나 우선은 명량해전의 승리가 급하므로 잠시 뒤로 미뤘다가 명량해전에서 대승 하자마자 고군산군도까지 가면서 섬마다 피난선 숫자를 확인해 보고 이후 목포 앞바다 고하도로 가서 통행첩을 발행하고 수군 재건에

박차를 가한 것입니다.

> **1597.08.15 (추석날 밤에 홀로 술을 마시다)**
>
> 식사 후에 열선루 위에 앉아 있으니, 선전관 박천봉이 임금의 유지를 가지고 왔는데, 그것은 8월 7일에 만들어 보낸 공문이었다. 영의정(류성룡)은 경기 지방으로 나가 순시중이라고 했다. 잘 받들어 받았다는 장계를 (임금에게) 썼다. 보성군의 군기(전쟁용 무기)를 점검하여 네 말에 나누어 실었다. 저녁에 밝은 달이 수루 위를 비추니 마음이 편치 않았다 (1편). 술을 너무 많이 마셔 잠을 자지 못했다 (2편)

=〉 이날 받은 임금의 유지가 그 유명한 수군폐지령(수군을 폐하고 육군에 가서 힘을 보태라는 명령)입니다. 이유는 수군이 너무 많이 괴멸되었으므로 차라리 육지로 가서 힘을 보태라는 것입니다. 마음이 편치 못한 이유는 유지의 내용이 너무나 황당하기 때문입니다. 그래서 술을 너무 마시는 바람에 잠을 제대로 자지 못하셨습니다.

이날의 명령에 대하여 이순신이 올린 장계가 그 유명한 〈상유12척론〉입니다. 잠시 내용을 보겠습니다.

> 임진년(1592년)에 왜적이 침략한 이후로 감히 충청, 전라도를 침략하지 못한 것은 조선 수군이 그 길목을 지키고 있었기 때문입니다. 지금 신에게는 아직도 12척의 판옥선이 있사옵니다. 죽기를 각오하고 싸운다면 오히려 해볼만 합니다. 만일 수군을 폐한다면 이는 적이 바라는 바로서, 왜적은 서해안을 거쳐 한강까지 단숨에 치고 올라갈 것입니다. 비록 전투선의 수는 적지만 신(이순신)이 죽지 않는 한 적이 감히 우리를 업신여기지는 못할 것입니다.

와! 가슴이 뭉클해집니다. 명량해전의 승리를 확신하고 쓰신 글입니다. 뿐만 아니라 마지막에 〈신이 죽지 않는 한 적이 감히 우리를 업신여기지는 못할 것〉이라고 한 말의 뜻은 명량해전에서 승리한 후 명량해협을 비워두고 판옥선부대를 이끌고 군산앞바다 고군산군도까지 잠시 갔다 오더라도 일본 수군이 더 이상은 명량해협을 넘볼 수 없음을 확신하고 쓴 글입니다. 이러한 사실은 난중일기에 모두 적혀 있습니다. 각각 관계되는 곳에서 자세히 설명 드립니다. 상유12척론은 약간의 항명성을 내포하고 있습니다. 선조가 왜 이런 상식 이하의 명령을 내렸는지를 알기 때문입니다.

과연, 선조의 이날 명령은 진심이었을까요?

선조는 1597.07.22에 열린 칠천량패전 대책회의에서 "통제사를 차출하여 남은 배를 수습하면서, 또 한편으로는 중국 조정에 (수군 파병을) 주문해야 할 것이다."라고 하여 수군의 중요성을 강조하고 있습니다.

〈선조실록 1597.07.25 : 수로를 통한 왜군의 진격을 막을 대책을 중국측과 협의하도록 지시하다〉를 보면 "주사가 이미 패몰되어 오늘의 형세는 바닷길을 막는 것이 매우 시급하다. 앞으로 일본의 적선들이 이르지 않는 곳이 없을 것인데, 만약 곧장 서해 바다를 통하여 (임진강 등에서) 우리의 배후를 단절시킨다면 사태는 말로 다 표현할 수 없을 것이다. 왜적은 매우 교활하고 용병에도 능하니, 오늘날의 형세는 임진년과는 다르다. 경들은 충분히 생각하여 차질없이 조처하라. 중국의 수군 3천 명(계금이 이끌고 오는 명나라 수군 선발대)으로는 도저히 1천 척이 넘는 적선에 대항하기 어려우니 수병이 많아야 할 것 같다고 경리(명나라 총대장)에게 요청하여 바다길을 지킬 계획을 아울러 속히 의계하도록 비변사에 이르라." 하였습니다.

〈선조실록 1597.07.28 유천질을 접견하고 그의 형세 판단을 듣다〉를 보면 ...중략... 임금이 말하기를 "조선 수군이 패몰(싸움에 져서 망함)하여 바닷길을 통한 공격이 매우 염려되오. 중심부의 여러 곳을 방어하지 않을 수 없으니 대인께서 소대인께 부탁하여 지금 오고 있는 명나라 수군을 독촉하여 수로 방어에 힘을 보탤 수 있도록 도와 주시기를 간절히 바라는 바이오." 라고 하여 수군 증원에 열심히 매달리는 것을 알 수 있습니다. 분명 선조는 수로 방어에 힘을 보탤 수 있도록 도와 달라고 하였습니다. 이 말은 아무리 조선 수군이 많은 피해를 당했지만 조선 수군을 폐할 생각은 없으며 다만 명나라 수군이 빨리 와서 바닷길 방어에 열심인 조선 수군에 힘을 보태 달라는 간절한 부탁입니다.

그렇다면 선조는 왜 수군을 폐하고 육지로 가라는 황당한 명령을 내렸을까요?

선조는 이순신이 12척의 판옥선으로 일본 수군과 당당히 맞서겠다는 것이 두려운 것입니다. 왜냐구요? 그러다가 이순신이 숫적 열세를 극복하지 못하고 전사하는 것이 무서운 것입니다. 만에 하나 이순신이 죽으면 결과적으로는 자기가 이순신을 죽인 꼴이 되므로 전쟁이 끝나자마자 왕위에서 물러나야 될 상황이 불가피하다고 본 것입니다. 그래서 최소한의 방패막이를 만들려고 한 것입니다. 이순신의 성격으로 보아 자신의 황당한 명령에 응하지 않을 것은 확실하므로, 혹시라도 이순신이 전사하면 "그러길래 내가 그토록 말렸는데도 고집을 부려 죽었으니 이는 내 탓이 아니다"라는 변명거리를 만든 것입니다.

선조의 이러한 마음을 이순신 장군은 잘 알고 있습니다.

이날의 일기에서 이순신은 왜 8월 7일이라는 공문의 날짜를 이례적으로 밝혔을까요? 그것도 정유년 1편과 2편에 〈8월 7일〉이라는 공문의 날짜를 모두 적었습니다. 지금까지 이런 적이 한 번도 없었습니다.

이는 후대의 독자들에게 8월 7일자 조선왕조실록과 승정원일기를 한번 확인해 보라는 의미입니다. 실록에 나온다면 대신들과 상의한 것이고 승정원일기에만 나온다면 조정의 대신들과 상의없이 임금이 홀로 내린 명령이라는 것입니다. 그래서 저는 열심히 선조실록과 선조수정실록을 8월 7일 앞뒤로 다 살펴보았습니다. 어디에도 임금이 그러한 유지를 내렸다는 기록이 없습니다. 이는 사관이 이러한 명령을 몰랐다는 것이고, 따라서 선조는 대신들이나 비변사와 상의 없이 비서실(승정원)을 통하여 은밀히 유지를 이순신에게 보냈다는 뜻입니다. 만약 수군을 폐지하라는 명령을 대신들이나 비변사와 상의했다면 어찌 되었겠습니까? 충신들이 가만히 있었겠습니까? 임금이 지금 제정신이냐고 난리도 아니었을 것입니다. 참고로 사관들은 임금이 승정원에 내리는 명령도 수도 없이 많이 기록하였습니다. 사관들은 인사상 불이익도 마다하고 임금이 하는 말을 적으려고 스토커 수준으로 쫓아다니는 바람에 임금과 갈등도 많았다고 합니다. 그런 사관들도 이 명령만큼은 간파하지 못한 것입니다.

이순신 장군은 선조 임금의 속셈을 알기 때문에 일부러 문서 날짜를 적어 놓은 것입니다. 그리고는 서러운 마음에 혼자서 술을 마신 것입니다. 난중일기를 완벽하게 이해하기가 쉽지 않은 연유이기도 합니다. 승정원일기에는 그 기록이 있을 것으로 생각되어 찾아보았으나 아쉽게도 임진왜란 때의 승정원일기는 전쟁 중의 화재 등으로 모두 불에 타서 소실되었다고 합니다. 선전관 박천봉이 가져온 것은 임금의 유지라고 했는데, 유지를 인터넷에서 찾아보니 〈승정원을 통하여 전달하는 왕의 명령〉이라고 설명되어 있습니다. 이것으로 미루어 보더라도 선조가 사관이 알 수 있는 공식 채널은 따돌리고, 승정원(비서실)을 통하여 은밀히 보낸 것은 확실한 것 같습니다. 고수는 상대방의 수를 읽는다고 합니다. 이 날의 일기는 그 전형적인 예라고 하겠습니다. 이순신이 상대방의 수를 가장 잘 읽은 사례는 단연코 명량해전 입니다. 잠시 뒤에 자세히 설명드립니다.

　이 날의 일기가 주는 의미는 매우 크다고 할 수 있습니다. 이순신 장군은 자신의 일기가 후대에 읽힐 것으로 보고 후손들과 대화를 하고 계신 것입니다. 이미 소개한 두 편의 유지도 같은 맥락입니다. 이러한 후손과의 대화는 난중일기 곳곳에서 찾아볼 수 있습니다. 이 책의 목적도 그러한 대화를 조금이라도 많이 찾아내고 싶어서 쓰게 되었습니다. 난중일기는 앞으로도 끊임없이 후손들과 새로운 대화를 계속할 것입니다. 한두 사람이 그 뜻을 모두 헤아리기 어렵기 때문입니다.

> 1597.08.18
>
> 늦은 아침에 곧바로 회령포에 갔더니, 경상수사 배설이 배멀미를 핑계로 나오지 않았다. 다른 장수는 보았다. 회령포 관사에서 잤다.

=〉 이곳 회령포에서 그 유명한 〈배설이 탈출시킨 판옥선 12척〉을 찾은 것으로 알려져 있습니다.

> 1597.08.29
>
> 아침에 바다를 건너 (진도섬) 벽파진으로 옮겼다.

=〉 이곳(섬)으로 옮긴 이유는 첫째로는 왜적들이 육지로는 전라도 각처로 쳐들어오고 있었으므로 안전한 섬으로 옮겨 군사들도 훈련시키고, 진도군민들의 도움(해산물 등)을 받아 체력을 회복시키려는 의도가 있습니다. 둘째로는 진작부터 구상한 명량해전을 치르기 위하여 명량해협 바로 밖에 임시로 진을 차린 것입니다. 이곳에서 명량해전 전날(9월 15일)까지 버티게 됩니다.

1597.09.14

벽파정 맞은편에서 연기가 오르기에 배를 보내 데려 오니 바로 임준영이었다. 그가 육지로 가서 정탐하고 말하기를, "적선 이백 여 척 가운데 쉰다섯 척이 이미 어란 앞바다에 들어왔다."고 하였다. 또 말하기를, "적에게 사로잡혔던 김중걸이 전하는데, "이 달 6일에 달마산으로 피난갔다가 왜놈에게 붙잡혀 왜선에 실렸습니다. 김해에 사는 이름 모르는 한 사람이 왜장에게 빌어서 묶인 것을 풀어 주었습니다. 그 날 밤에 김해 사람이 김중걸의 귀에다 대고 다음과 같이 말했습니다. 왜놈들이 말하기를 '조선 수군 십여 척이 왜선을 추격하여 사살하고 불태웠으므로 할 수 없이 보복해야 하겠다. 극히 통분하다. 각 처의 배를 불러 모아 조선 수군들을 모조리 죽인 뒤에 한강으로 올라 가겠다.'고 하였습니다." 이 말을 모두 믿기는 어려우나, 꼭 아니라고도 단정할 수 없으므로, 전령선을 전라우수영으로 보내어 피난민들을 타일러 즉시 뭍(육지)으로 올라 가라고 하였다.

1597.09.15 (명량해전 하루 전입니다.)

제1편 : 조수의 흐름(밀물)을 따라 여러 배를 거느리고 우수영 앞바다로 들어가 거기서 머물러 잤다. 밤의 꿈에 이상한 징조가 많았다.

제2편 : 조수(밀물)를 타고 여러 장수들을 거느리고 (전라)우수영 앞바다로 진을 옮겼다. 벽파정 뒤에 명량해협이 있는데 숫자가 적은 조선 수군으로써 명량을 등지고 진을 칠 수는 없었기 때문이다. 여러 장수들을 불러 모아 약속하기를 , "병법에 의하면〈반드시 죽고자 하면 살고, 반드시 살고자 하면 죽는다〉(필사즉생 필생즉사 : 必死則生 必生則死)고 하였다. 또 〈한 사람이 길목을 지키면 천명도 두렵게 할 수 있다〉고 했는데 이는 바로 오늘의 우리를 두고 하는 말이다. 너희 여러 장수들이 조금이라도 명령을 어기면 군율을 적용하여 조금도 용서하지 않을 것이다"하면서, 재삼 엄중히 약속했다. 이 날 밤 꿈에 신인이 나타나, "이렇게 하면 크게 이기고, 이렇게 하면 지게 된다"고 일러 주었다.

=〉 1,2편을 모두 소개하는 이유는 명량해전 당시 이순신 장군의 생각을 이해함에 있어 1,2편을 비교해 보는 것이 매우 중요하기 때문입니다. 1편은 명량해전 하루 전에 경황이 없는 상황에서 쓴 글이고, 2편은 수군 재건을 위하여 목포 앞 고하도에 정착하여 쓴 글입니다.

고하도 시절은 한겨울이라서 바다 전투는 사실상 올스톱된 상태입니다. 이순신 장군은 고하도에 정착하여 낮에는 수군재건작업을 지휘하고 밤에는 자서전(정유년2) 집필에 집중하신 것입니다. 오랜만에 따끈따끈한 방에서 글을 쓰느라 술도 적게 드시니 건강도 많이 회복되셨다고 하네요.

고하도에서 긴긴 겨울 밤에 시간적 여유를 갖고 먼저 쓴 일기를 곰곰이 살펴보니 무엇보다도 자신이 어떻게 명량해전에서 승리할 수 있었는가에 대한 설명이 매우 부족한 것을 발견하셨습니다.

"아! 이대로 두면 후대의 독자들이 생각하기에 이순신이 목숨 걸고 싸우는 바람에 하늘이 도와 승리했다고 오해를 하겠구나... 그러면 좀 섭섭하지. 오로지 내 실력으로 이긴 것인데... 할 수 없군. 어떻게 이겼는지 자세히 설명해야지..."

그래서 탄생한 글이 정유년 2편에 나오는 9월 15, 16일의 일기입니다. 특히 15일의 글은 자신이 전투 전에 이미 대승을 확신하고 있었다는 사실과 대승의 근거를 쓴 글입니다. 말하자면 칠천량해전 참패 소식을 듣자마자 자신이 구상해 온 명량해전의 비법을 15일 일기에 압축하여 쓴 글입니다. 이제부터 2편을 자세히 살펴보겠습니다.

=〉〈필사즉생, 필생즉사: 반드시 죽고자 하면 살고, 반드시 살고자 하면 죽는다.〉 이 말은 너무나 유명한 말로서 독자분들도 잘 아시는 내용이라서 자세한 설명은 생략하겠습니다.

　실감나는 이해를 위하여 스마트폰에서 진도대교를 검색하시면 즉시 지도가 나옵니다. 적당한 크기로 축소 확대를 하시면 명량해협이 보입니다. 그곳에서 녹도(당산)와 벽파항(벽파여객터미널) 그리고 해남우수영여객선터미널(전라우수영)을 일단 보시면서 이 글을 읽으신다면 훨씬 재미있게 보실 수 있습니다.

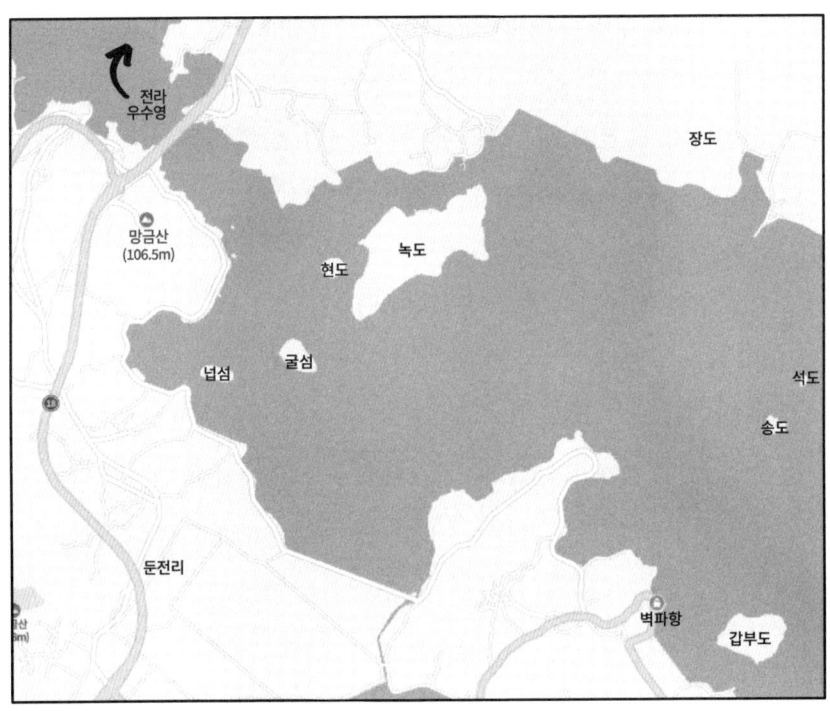

=> 〈숫자가 적은 조선 수군으로 명량해협을 등지고 진을 칠 수 없다〉함은 명량해협을 뒤로 하고 명량해협 동쪽 끝과 녹도 사이에 진을 칠 수 없다는 뜻입니다 (그림1 참조).

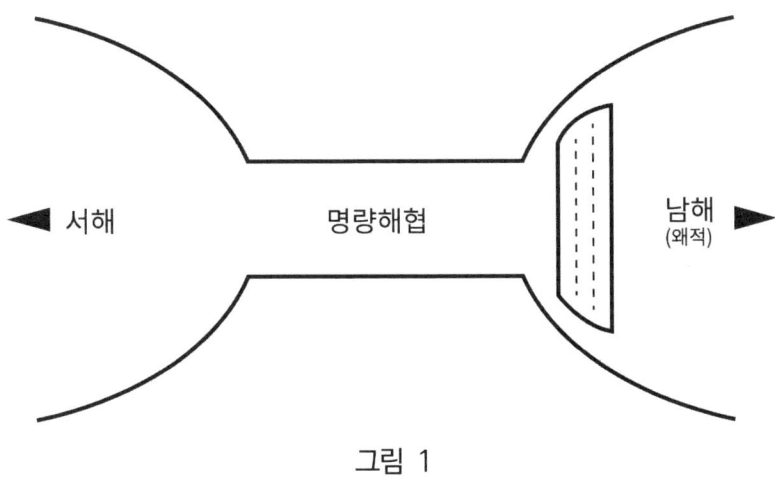

그림 1

만약 그리 된다면 왜적들이 넓은 바다를 이용하여 판옥선을 에워싸고, 동시다발적으로 벌떼같이 조선 수군을 덮치게 되므로, 일본의 공격을 당해낼 수 없다는 뜻입니다. 뿐만 아니라 그곳은 바다가 깊기 때문에 일본이 야심차게 새로 만든 대형 안택선도 포를 쏘며 달려들 것입니다. 따라서 이순신은 이러한 숫적 불리함을 극복하기 위하여 좁은 명량해협을 전투 장소로 물색하였음을 쓴 것입니다. 그리고는 왜적의 대규모 함대를 폭이 좁은 명량해협 안으로 유인하기 위하여 울돌목 바로 뒤에 위치한 전라우수영으로 진을 옮긴 것입니다. 이순신 함대는 약 17일간을 벽파진에 머물러 있었기 때문에 왜적들은 조선 수군이 명량해협을 등지고 배수의 진을 칠 것으로 생각하여 안택선을 필두로 이백여 척이 벽파진으로 돌진하였습니다. 그러나 막상 벽파진에 와보니 이순신 함대가 숫적 열세를 극복하지 못하고 울돌목 뒤로 도망쳤다는 것을 비로소 알고 작전을 변경합니다. 안택선은 명량해협 내에서 항해하는 것이 대단히 위험하므로, 일본 수군은 어쩔 수 없이 모두들 중간 크기의 세키부네로 갈아타고 명량해협으로 진격한 것입니다. 안택선을 벽파진에 남겨두는 바람에 당초 이백여척이 백삼십여척으로 줄어들었을 뿐 아니라 야심차게 준비한 안택선(히데요시가 정유재란을 위하여 특별히 안택선을 크게 만들어 대포를 장착함)이 아무 쓸모가 없어진 것입니다. 이러한 사정은 일본 수군대장 도도 다카도라가 쓴 글(인터넷 나무위키 : 임진왜란 참조)에도 나옵니다. 물론 도망치는 척하면서 명량해협으로 유인한 이순신의 치밀한 작전의 결과입니다. 판옥선과 안택선이 크기는 비슷하나 안택선은 첨저선이라서 명량해협으로 들어올 수 없었고 판옥선은 평저선이라서 명량해협 내에서도 항해가 가능하였습니다. 뿐만 아니라 판옥선의 조타수(키를 잡고 배의 방향을 정해주는 사람)들이 명량해협의 바다 속 수심과 암초 등을 잘 알기 때문에 수심이 들쭉날쭉한 명량해협에서도 종횡무진할 수 있었습니다. 판옥선의 조타수들은 어떻게 명량해협의 바다 속을 잘 알 수 있었을까요? 그들은 진도 해남 목포 지방 출신(어부의 아들)이라서 어려서부터 명량해협에 대하여 어른들로부터 많은 것을 배웠고, 명량해협을 다녀 본 경험이 많기 때문입니다.

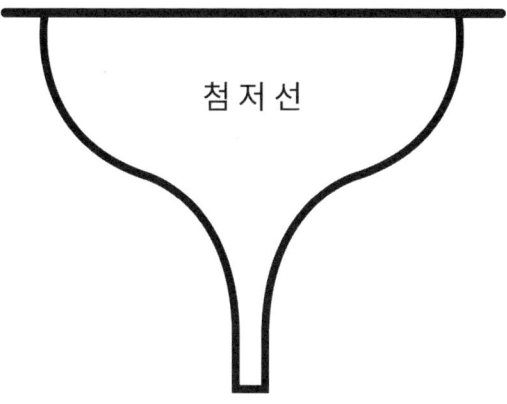

잠시 일본 수군대장 도도 다카도라가 쓴 글을 보겠습니다. 인터넷 나무위키 명량해전편에 나오는 글로서 도도 다카도라가 지은 고산공실록에 나오는 글이라고 합니다.

> 스이엔(명량해협을 의미합니다)이라는 곳에는 대소 판옥선이 13척 있었다. 큰 강의 하구에서 빠른 물결이 들고 나다가 잠시 물

> 흐름이 약해진 사이에 13척이 있던 것이다. 이를 발견하고 반드시 무찌르자고 (일본)수군들이 다짐하며 즉각 돌진했다. 대선(아타케부네=안택선)으로는 이 좁은 물목(해협) 사이로 진입하기에는 무리가 있다 판단하여 다들 세키부네로 통일해 전투에 임했다.

"큰 강의 하구에서 빠른 물결이 들고 나다가 잠시 물 흐름이 약해진 사이에 13척이 있던 것이다."란 표현에서 실제 전투는 물살이 잔잔할 때(만조) 이루어졌음을 알 수 있습니다. 뿐만 아니라 조선함대도 물살이 약해진 사이에 전라우수영에서 명량해협으로 출정한 것도 알 수 있습니다. 도도 다카도라의 위 표현만을 본다면 조선의 판옥선 13척이 전투 장소에 먼저 도착한 것을 알 수 있습니다. 저는 이것이 실제 상황에 더 부합한다고 봅니다. 즉 이순신은 왜적이 쳐들어온다는 보고를 받고 신속히 출정하여 명량해협 중에서도 가장 좁은 곳(진도대교 부근)을 전투장소로 정하고 미리 그곳을 선점한 것입니다.

이날 밤 신인(신령님)이 꿈에 나타나, "이렇게 하면 크게 이기고, 이렇게 하면 지게 된다"고 일러 주었다. 아! 정말 장난꾸러기 같아요. 신인이 꿈에 나타났다면 이렇게 말하지는 않았겠지요. 분명하게 방법을 말했겠지요. 그런데 왜 일기에다가는 〈이렇게〉라는 아리송한 말을 두 번이나 남기셨나요. 그래서 저도 꿈에 장군님을 만났습니다.

장군님이 말씀하셨습니다. "보면 모르냐? 스스로들 풀어보라고 한 말이야. 알겠니?" 끝내 제가 원한 답은 하지 않으셨습니다. 그래서 제 나름대로 풀어보았습니다. 이 글은 꿈을 동원하여 쓴 글이지만 그 뜻은 "부하들이 자신(이순신)을 믿고 죽기를 각오하고 열심히 싸워 준다면 크게 승리하고, 부하들이 자신(이순신)을 믿지 못하고 도망친다면 패배한다"라는 뜻입니다. 어떻게 알았냐고요? 이순신 장군이 가르쳐 주셨습니다. 반드시 죽고자 하면 살고, 반드시 살고자 하면 죽는다〉고 했기 때문입니다. 특히나 그냥 승리하는 것이 아니라 〈크게 이긴다〉고 하여 이미 대승을 확신하고 있었음을 넌지시 알려 주고 있습니다.

〈한 사람이 길목을 지키면, 천명도 두렵게 할 수 있다〉고 했는데, 이는 곧 오늘의 우리를 두고 하는 말이다〉

=〉 명량해전의 비법을 이순신 장군 스스로 가장 잘 표현한 말입니다. 무엇보다도 길목이라는 표현을 동원하여 전투가 〈좁은 명량해협=길목〉 안에서 이루어졌음을 확실하게 가르쳐 주고 있습니다. 명량해협에서 길목이라 함은 바로 진도대교가 위치한 자리입니다 (그림2 참조).

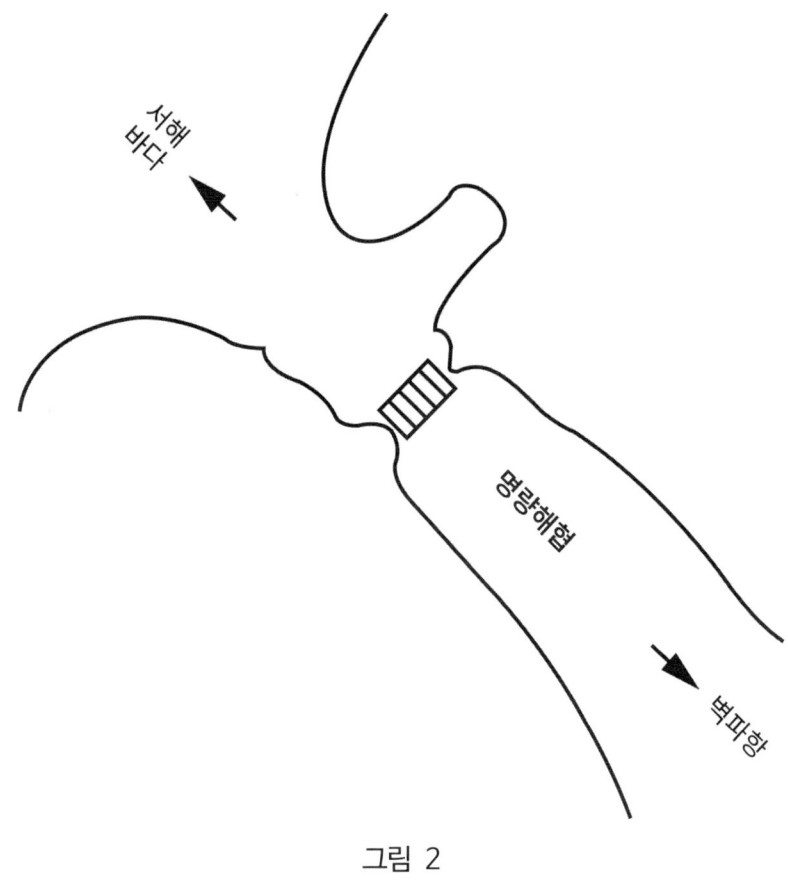

그림 2

　이순신은 다음날 그곳에 진을 친 것입니다. 그곳이 바다가 가장 좁아지는 곳이기 때문입니다. 길목을 택한 이유는 울돌목의 물살보다는 일본의 대규모 함대를 길게 늘어지게 만들기 위함이 가장 중요한 이유입니다. 1:10의 싸움을 할 때는 좁은 골목길로 유인하여 상대방을 길게 줄 서게 한 다음, 한명씩 1:1로 격파하는 것이 〈10명이 한꺼번에 덤비게 하는 것〉보다 훨씬 유리하기 때문입니다. 거기까지는 그리 어려운 일이 아닙니다. 그러나 아무리 좁은 해협 안으로 일본 함대를 유인하였다 하더라도 일당천(1：1,000)이 어떻게 가능하단 말인가요?

무엇보다도 〈일당천은 오늘의 우리를 두고 하는 말이다〉라고 본인이 직접 단정(斷定)하셨습니다. 우와! 선조임금이 수군을 파하고 육지로 가라고 하자 〈비록 전투선의 수는 적지만 신(이순신)이 죽지 않는 한 왜적이 감히 우리를 업신여기지는 못할 것입니다!〉라고 답변한 것과 일맥상통하는 말임과 동시에, 그 근거 (명량해협에서 싸우면 일당천도 가능한데 왜적이 감히 나 이순신을 업신여길 수 있겠습니까?)를 쓴 것이기도 합니다.

이 자신감과 당당함은 도대체 무엇이란 말인가? 공연히 허세를 부린 것인가?

이순신 장군의 일생을 아무리 살펴보아도 전투에 임하여 허풍을 떠는 분이 절대 아니라는 것은 누구나 잘 알 수 있습니다.

과연? 이순신은 무엇을 보았길래 일당천도 가능하다고 했을까. 이순신 장군의 말이 결코 허풍일 수 없으므로 명량해전의 비책은 바로 이 말에 있음이 분명하다고 생각하게 되었습니다. 그리고 마침내 그 비밀을 찾을 수 있었습니다. 한자 원문인 一夫當逕 足懼千夫 (일부당경 족구천부)는 정확히 명량해전의 대승을 가능하게 만든 천재 이순신의 기획이었습니다. 16일의 일기에서 〈왜선 서른 한 척을 쳐부수자 나머지 왜선(백여 척)은 퇴각하고 다시는 쳐들어오지 못했다〉가 그것을 설명한 말입니다. 왜적들이 퇴각하였을 뿐 아니라 다시는 쳐들어오지 못했다고 못을 박았습니다. 왜적들이 왜 그랬는지는 16일 일기에서 자세히 설명드리겠습니다. 그것을 보시면 一夫當逕 足懼千夫(일부당경 족구천부)는 결코 허풍이 아니었음을 잘 알 수 있습니다. 그렇다면 이순신은 왜 이 당당한 비책의 근거를 자세히 설명하지 않았을까요? 이는 독자(후손)들에게 한번 풀어보라는 의미입니다. 난중일기에는 이러한 말들이 도처에 산재하고 있습니다. 각각 관계되는 곳에서 제가 알 수 있는 범위 내에서 설명하겠습니다.

위에서 본 세 번의 글이 우리에게 주는 의미는 명량해전은 이순신의 경지에서 보면 그리 어려운 전투는 아니라는 것입니다. 이순신이 볼 때 비록 13척의 판옥선이지만 왜적을 명량해협 안으로 끌어들일 수만 있다면, 그리고 장병들이 이순신을 믿고 열심히 싸워만 준다면 대승하는 것은 문제가 없다고 확신하고 있었음을 명량해전 하루 전 일기에 강조한 글입니다. 그냥 죽기 살기로 열심히 싸우다 보니 승리한 전투가 아니라는 것을 명확히 알려주고 싶었던 것입니다. 따라서 명량해전 역시 이전의 모든 전투와 똑같이 미리 승리를 확보하고 치른 전투라는 사실을 이순신이 직접 설명한 글입니다. 이순신이 치른 전투는 노량해전과 명량해전을 제외하면 모두 승리를 미리 확보하고 치렀다는 설명은 역사책에 많이 나옵니다. 이순신은 〈아닙니다.

명량해전도 미리 승리를 확보하고 치른 전투입니다. 그렇지 않다면 어떻게 13척으로 130척을 물리칠 수가 있겠습니까?〉라고 알려주고 있는 것입니다.

참고로 이순신이 싸운 수많은 전투 중에서 하루 전에 미리 승리를 확신하고 있었음을 기록한 전투는 명량해전이 유일합니다. 그만큼 명량해전이 고난도의 전투였음을 알려주는 글이라 생각합니다.

이순신은 왜선이 130여 척이라는 숫자를 미리 알았을까요? 당연히 알 수 없습니다. 비록 14일에 임준영이 왜선이 이백여 척이라고 보고했으나 15~16일에 얼마든지 증원군이 합세할 수도 있습니다. 그러나 이순신은 명량해협의 길목을 지키면 일당천(1 대 1,000) 이라도 가능하다고 했습니다. 왜적이 몇 척이 올지 모르는 상황에서 일당천도 가능하다고 한 뜻은 일본의 함대가 얼마가 오든 승리할 수 있다는 뜻입니다. 실제로 명량해협으로 오백 척 이상이 쳐들어 왔더라도 똑 같이 승리할 수 있었습니다. 왜냐하면 오백척 이상이 쳐들어오더라도 (좁은 해협의 특성상) 왜선 함대는 기차 모양으로 쳐들어올 수밖에 없습니다. 따라서 기차의 길이만 길어질 뿐 실제 전투가 이루어지는 곳은 백 척이 오든 오백 척이 오든 다를 것이 하나도 없기 때문입니다. 이순신은 천재적인 발상으로 처음부터 명량해전을 그런 식으로 설계한 것이기 때문입니다. 이는 명량해전 당일의 일기를 살펴보면 더 잘 알 수 있습니다. 당일로 가 보겠습니다.

*****

1597.09.16 (드디어 명량해전 당일입니다)
명량해전을 이해하려면 몇 가지 기본 상식이 필요합니다.

> 〈첫째〉 명량해협에서 전투를 할 수 있는 시간은 두세 시간에 불과합니다.

　명량은 물살의 속도가 매우 빠릅니다. 하루 네 번 물살의 속도가 빠릅니다. 따라서 6시간 마다 험한 물살이 흐릅니다. 험한 물살이 오면 함대가 명량해협에 머물 수 없습니다. 신속히 명량을 벗어나거나 가장자리로 피해야 합니다. 특히 일본은 백삼십 척이 해협으로 들어왔기 때문에 가장자리로 모두 피할 수도 없습니다. 노 젓는 배를 가지고 험한 물살을 이용하여 전투했다는 것은 상상으로만 가능합니다. 영화라 해도 컴퓨터그래픽이 아니면 촬영 자체를 할 수 없습니다. 배에 탄 배우들의 생명을 보장할 수 없기 때문입니다. 물론 현대식 장비(스크루와 모터)를 장착하면 어느 정도 가능합니다. 노 젓는 배는 세차게 항해할 수 없습니다. 당시의 전투선은 양쪽 편 모두가 노 젓는 배입니다. 배의 속도가 〈최고 초속 6미터에 이르는〉 명량해협의 물살을 능가할 수 없습니다. 배는 물살이 배보다 빠를 때에는 순류든 역류든 항해할 수 없습니다. 이 경우 역류(앞에서 덤비는 물살)에는 앞으로 전진이 불가능합니다. 순류(뒤에서 밀어주는 물살)라도 물살이 배보다 빠르면 방향키가 무용지물이 되어 배의 방향을 제어(컨트롤) 할 수 없습니다. 따라서 명량해전은 물살이 거의 잔잔해졌을 때 이루어진 전투입니다. 물살이 잔잔할 때 전투가 이루어졌음은 이순신 장군이 직접 쓰셨습니다. 난중일기 정유년 2편 9월 16일자 맨 끝에 다음과 같이 썼습니다. 〈우리 수군은 싸움하던 바다(명량해협)에 정박하기를 원했지만 물살이 극히 험하여 (어쩔 수 없이 험한 물살을 피하고자) 당사도로 옮겼다고 분명하게 적었습니다. 즉 전투가 끝나고 보니 드디어 물살이 험하게 바뀌었음을 알려 주고 있는 글입니다. 뿐만 아니라 바로 위 15일자 해설에서 설명했듯이 일본 총대장 도도 다카도라도 물살이 잔잔해 졌을 때 판옥선을 향하여 돌진했다고 썼습니다. 결국 물살이 비교적 잔잔한 경우는 하루에 만조 2번, 간조 2번이 있으나 간조에는 수심이 얕아 만조시에만 전투가 가능합니다. 명량해전은 낮 시간의 만조에 약 2~3시간 만에 끝난 전투입니다. 일본에게는 2가지 선택만이 남아 있습니다. 험한 물살이 오기 전에, (1) 조선 수군을 격파하고 서해쪽으로 빠져 나가거나, (2) 패전하면 신속히 남해 쪽으로 후퇴하여 명량해협을 벗어나야 합니다.

명량해협의 조류는 하루에 밀물 2번 썰물 2번 흐릅니다. 밀물은 남해에서 서해로 흐르고, 썰물은 서해에서 남해로 흐릅니다. 일본 함대는 벽파진 근처에 집결하였다가 밀물을 타고 명량해협으로 진입하여 물결이 비교적 잔잔한 만조에 조선 수군과 일전을 벌인 것입니다.

만에 하나 험한 물살에서 싸운다면 평저선인 판옥선이 첨저선인 세키부네 보다 훨씬 불리합니다. 오늘날의 전투선은 평저선은 거의 없습니다. 평저선이 험한 물살과 거친 파도에 유독 위험하기 때문입니다.

> 〈둘째〉 모든 함대는 항해를 하든 전투를 하든 매스게임 하듯 오와 열을 정확히 맞추어야 합니다.

이는 함대의 생명입니다. 각자 제멋대로 움직이면 엉키거나 흩어지게 되어 큰 사고로 이어집니다. 배끼리 충돌하는 해난사고는 알고도 당하는 경우가 많습니다. 〈어! 어! 안돼. 빨리 비켜! 이러다 다 죽어... 무슨 소리야? 네가 먼저 비켜!...〉 서로 먼저 비키라고 하다가 알고도 충돌합니다. 배는 자동차와 달리 급출발, 급제동, 제자리 회전 등이 불가능합니다. 일본 함대는 백삼십 척이 〈좁은 명량해협으로 쳐들어 오다 보니〉 마치 기차 모양으로 오와 열을 정확히 유지하며 오고 있습니다. 따라서 실제로 전투가 이루어지는 곳(전투의 접점)만 본다면 일본은 맨 앞의 십여 척만이 전투에 가담하는 꼴이 됩니다. 일본의 주특기는 백병전이므로 맨 앞의 한두 줄만 전투에 참여할 수 있고 나머지는 그저 바라만 볼 수밖에 없습니다. 그렇다면 기차 모양으로 뒤따라 오는 전투선들은 선봉대 10여 척이 판옥선과 전투를 하는 동안 제자리에 서서 바라만 보고 있었을까요? 절대 아닙니다. 함대는 바다에서 제자리에 설 수 없습니다. 바다는 항상 바람과 파도 그리고 조류가 흐르기 때문에 제자리에 서면 각자 제멋대로 움직이면서 엉키거나 흩어지게 됩니다. 오와 열을 유지하려면 천천히라도 항해(전진)를 계속해야 합니다. 맨 앞의 선봉대가 판옥선과 대치하면서 전진을 멈추었는데 어떻게 뒤따라 오는 일본 전투선들은 항해를 계속할 수 있었을까요? 이를 알아야 명량해전을 완전하게 이해할 수 있습니다. 이순신 장군이 이러한 이치를 설명한 글이 〈사근사퇴〉 : 일본 함대가 저항하지 못하고 나왔다 물러 갔다 했다 입니다. 잠시 후에 자세히 설명 드립니다.

> 〈셋째〉 노 젓는 배는 후진 기능이 없습니다. 오로지 전진만이 가능합니다. 뒤로 돌아가려면 원을 180도로 크게 그리며 좌우로 돌아서만 퇴각할 수 있습니다.

함대는 암초 등 불시의 사고에 대비하기 위하여 항상 좌우로 충분한 공간을 확보해야 합니다. 그래야만 일시에 좌우로 원을 그리며 퇴각할 수 있습니다. 그렇지 않고 좁은 해협을 꽉 채우고 쳐들어 온다면 선두에 선 배가 암초에 걸리거나 함포사격으로 침몰하면 옆으로 피할 공간이 없으므로 항해하던 탄력 때문에 뒤따라 오던 많은 배가 좌초된 배를 덮치게 됩니다. 이를 미연에 방지하기 위해서는 어느 나라 함대든 해협을 꽉 채우며 항해할 수는 없고, 좌우 공간과 앞뒤 공간을 충분히 확보해야 합니다. 항공모함 편대를 상상하시면 됩니다. 특히 당시의 전투선은 모두 노를 젓기 때문에 서로 근접하면 노 끼리 충돌하여 노가 부러집니다. 노가 부러지면 배가 전진하지 못하는 치명적인 문제를 일으킵니다. 따라서 일본 함대는 앞뒤 좌우 공간을 충분히 확보해야 하므로 기다란 기차 모양으로 명량해협에 진입하게 됩니다. 명량해협을 꽉 메우고 벌떼같이 몰려 온다는 것은 자살행위 입니다. 만약 일본배들이 벌떼같이 덤비는 것이 가능하다면 명량해전에서 조선이 승리할 수 없습니다. 벌떼같이 덤비는 것이 불가능함을 잘 알기에 이순신은 왜선 함대를 명량해협으로 유인한 것입니다. 이러한 사실은 하루 전 15일 일기에 이순신 장군이 〈적은 수의 판옥선을 가지고 명량해협을 등지고 진을 칠 수는 없었다=그리하여 왜선이 벌떼같이 덤비는 것을 사전에 차단하였다는 뜻임〉 이라고 설명한 바 있습니다.

> 〈넷째〉 총통의 특징을 알아야 합니다.

총통에는 강철(쇠)로 만든 총열이 있습니다. 총열은 화약의 폭발로 탄환이 나가는 길(구멍)입니다. 당시의 총열은 주물 기술이 뛰어나지 않으므로 열에 매우 취약합니다. 화약이 터지면서 발생하는 열과 탄환이 나가면서 만들어 내는 열로 벌겋게 달아오르는 문제를 야기시킵니다. 총열이 달아오르면 정확한 사격이 불가능하고 탄환이 나가는 거리가 급격히 줄어듭니다. 마침내는 총열이 휘거나 파열되기도 합니다. 당시 조선의 판옥선은 12척(김억추 포함할 경우 13척)입니다. 130척의 왜선을 모두 상대하려면 총열이 가열되는 문제점으로 인하여 승패를 단정하기 어렵습니다. 탄약이 점차 소진되어 고갈되는 문제 또한 적지 않은 걸림돌입니다. 일본은 이러한 점을 역으로 이용하기 위하여 대규모 함대로 쳐들어 온 것입니다. 이순신 장군은 이러한 난제를 어떻게 극복하였을까요? 이를 설명한 말이 바로 일당천(1:1,000) 입니다. 이제부터 천재 이순신의 난제 극복 방법을 살펴보겠습니다. 이순신의 천재성이 아니라면 명량해전은 숫적 열세 때문에 애당초 성립할 수 없는 전투입니다.

　명량해전은 난중일기의 백미(보석)입니다. 그래서 그런지 이순신 장군은 두 번에 걸쳐 난중일기에 명량해전을 자세히 설명하셨습니다. 그 어떠한 역사 기록도 난중일기를 넘어설 수 없습니다. 후손들이 쓴 기록이 있다 해도 난중일기를 넘어설 수 없습니다. 후손들이라도 이순신만큼 수군 전투를 이해할 수 없으며 그의 마음속 작전은 더욱 알 수 없기 때문입니다. 이순신 장군의 난중일기가 더욱 빛나는 것은 본인 스스로 훗날 있게 될 논쟁들에 대하여 미리 이를 예견하여 직접 해명하는 글도 난중일기 속에 써 놓았기 때문입니다. 미래를 예측하지 못한다면 있을 수 없는 일입니다. 실제로 역사학자들이 명량해전을 해설한 글들을 보면 전투 위치, 전투 시각, 전투 시간 등에 관하여 많은 논란이 있습니다. 이는 난중일기를 정확히 해석하지 못하여 일어나는 해프닝이라 할 수 있습니다. 난중일기 명량해전 편(15~16일)만 정확히 해석해 낸다면 이러한 논쟁이 필요 없습니다. 너무나 명쾌하게 설명하고 있기 때문입니다. 심지어 일본의 대규모 함대가 좁은 명량해협으로 어떻게 항해할 수 있었는지도 설명하였습니다. 잠시 후에 설명드리는 〈사근사퇴〉가 바로 그것입니다. 다만 이순신 장군은 명량해전의 승리요인 중 가장 중요한 한 가지는 상당히 어렵게 설명하셨습니다. 너무 쉽게 가르쳐 주면 공부가 안 될 것 같다고 생각하신 것 같습니다. 물론 제 엉뚱한 상상입니다. 가장 중요한 한가지란 함포사격으로 격파된 왜적선 31척(난파선)의 역할입니다. 이를 염두에 두고 읽으시면 훨씬 흥미롭게 보실 수 있습니다.

명량해전에서 크게 승리할 수 있었던 대승 포인트는 일본의 대규모 함대를 좁은 해협으로 유인한 점입니다. 따라서 일본 함대는 부득이 기다란 기차 모양으로 진격할 수밖에 없었습니다. 그러다 보니 조선함대와 직접 전투를 벌일 수 있는 일본 함대는 맨 앞의 한 두 줄로 제한되고, 나머지 함대는 자기 차례가 될 때까지 기다릴 수밖에 없습니다. 결국 실제 전투에서는 판옥선 10여 척과 일본의 전투선 10여 척이 맞붙는 형상을 만든 것입니다. 그럴더라도 워낙 일본 함대의 숫자가 많다 보니 시간이 흐르면 조선함대는 피로감 누적과 총열의 가열, 탄약의 소진 등으로 승리를 장담하기 어렵습니다.

 일본은 바로 이점을 노린 것입니다. 말하자면 인해전술과 같은 논리입니다. 전투 초기에 조선의 병사들이 겁을 먹은 것도 바로 이러한 인해전술을 의식했기 때문입니다. 그럼에도 불구하고 이순신 장군은 혼자만이 아는 노하우가 있었기에 왜적을 명량으로 유인한 것입니다. 바로 난파선의 존재과 조류의 변화입니다. 당시의 전투선들은 나무로 만든 목선이라서 격침되더라도 바다밑으로 가라앉지 않습니다. 배가 뒤집혀도 다만 둥둥 떠다닐 뿐 입니다. 함포사격으로 일본 전투선 삼십척이 격파되자 격파된 난파선들이 둥둥 떠다니며 양측 함대 사이를 가로막아 어느 쪽도 전진이 불가능 하게 만든 것입니다. 명량이 좁은 해협이기 때문에 난파선들이 길을 피해주고 싶어도 방법이 없습니다. 어쩔 수 없이 저절로 전투가 종료된 것입니다. 일본 측이 우왕좌왕 하기 시작합니다. 인해전술이 허무하게 끝나버린 것입니다. 그것만이 아닙니다. 드디어 조선 측의 구원군이 몰려오고 있었던 것입니다. 이순신 장군은 어디에 구원군을 요청했을까요?

 썰물입니다. 왜적선 삼십여 척을 쳐부수는 동안에 조류가 밀물에서 썰물로 바뀌고 있었던 것입니다. 그제서야 일본 측도 사태의 심각성을 인식합니다. 썰물은 서해에서 남해로 흐릅니다. 점차 물살이 거세질 것입니다. 우물쭈물하다가는 자기네 난파선 삼십 척이 거꾸로 일본 함대를 덮칠 상황으로 변하고 있었습니다. 결국 일본 함대는 자기네 난파선들에 쫓겨서 달아날 수밖에 없었던 것입니다. 물론 이순신 장군은 이러한 이치를 익히 알고 명량해전을 기획하고 지휘한 것입니다. 결국 이순신은 특유의 기지를 발휘하여 13척 대 130척의 전투를 10여척 대 10여척의 전투를 여러번 치르는 것으로 바꾼 것입니다. 그리고는 왜선 130척 중 30척만 격파하면 난파선 때문에 전투가 저절로 끝난다는 것을 알고 명량해전을 기획한 것입니다. 이러한 이치로 보면 일본의 함대가 아무리 숫자가 많았더라도 승패에는 별 차이가 없음을 알 수 있습니다. 일본은 함대가 늘어나면 늘어 날수록 퇴각이 어려워 낭패를 보는 형국이 된 것입니다. 명량해전은 두번 다시 일어날 수는 없습니다. 이후로는 일본도 잘 알 수 있어 또다시 당하지는 않을 것이기 때문입니다. 그래서 매번의 전투는 지휘관의 창의력 싸움이라고 하는 이유입니다. 이순신 장군이 위대한 이유는 이순신 본인도 명량해전과 유사한 전투를 경험한 적이 없다는 점입니다. 오로지 그 동안의 여러 다른 경험과 창의력으로 명량전투를 기획하고 지휘한 것입니다.

이순신 장군은 명량해전 하루 전에 군사를 독려하며 다음과 같이 말했습니다. 〈한 사람이 길목을 지키면, 천명도 두렵게 할 수 있다. 이는 곧 지금의 우리를 두고 하는 말이다.〉 이 말은 바로 위에서 살펴본 이치를 설명하는 말입니다. 이순신 장군이 부하들에게 자세히 설명하지 못한 이유는 그것이 극비사항(군사기밀)이기 때문입니다. 제가 앞에서 1597.08.05~06자 일기를 해설하면서 〈어차피 명량해전은 승리를 따논 당상이다〉라고 한 것도 이순신 장군의 이러한 생각을 설명한 것입니다. 이순신의 경지에서 보면 명량해전은 그리 어려운 전투만은 아닙니다. 이러한 사실도 제가 하는 말이 아니라 장군께서 직접 말씀하셨습니다. 명량해전 하루 전 일기에 쓰셨습니다.

〈이날 밤 신인이 꿈에 나타나, "이렇게 하면 크게 이기고, 이렇게 하면 지게 된다"고 일러 주었다.〉

비록 꿈을 동원하기는 했지만 크게 이길 수 있음을 미리 확신하였기에 쓴 글이고, 그 이유 역시 위에서 본 바 그대로 입니다. 이순신 장군은 글을 아리송하게 쓰는 것을 즐기는 것 같습니다. 이렇게 하는 것이 무엇인지 쓰지는 않았기 때문입니다. 그러한 아리송한 글이 난중일기 도처에 적혀 있습니다. 이렇게 하는 것이 무엇인지는 15일자 일기에서 설명하였습니다. 다시 말해서 조선 수군들이 이순신을 믿고 열심히 싸워만 준다면 대승한다고 쓴 것입니다.

명량해전은 좁은 해협이라는 천혜의 지형지물 외에도 조류의 흐름과 전투선의 특성(나무로 만든 목선), 바다 밑 수심과 암초까지도 모두 감안한 종합 비빔밥의 백미라 할 수 있습니다.

명량해전이 더욱 위대한 것은 난파선 30척을 좁은 해협에 쓸어

담는 바람에 당분간 어느 쪽도 명량해협을 통과할 수 없도록 만든 점입니다. 이순신 장군은 그러한 상황을 〈세역고위〉라는 네 글자로 표현해 놓았습니다.

당시의 전투선은 노 젓는 배입니다. 판옥선 이든, 세키부네 이든, 난파선과 충돌하는 날에는 측면에 달려있는 노부터 충돌하게 됩니다. 그러면 그 충격으로 노가 부러지게 됩니다. 노가 부러지면 배가 전진할 수 없습니다. 더 무서운 것이 있습니다. 노가 난파선과 충돌하면 노가 튀틀리게 됩니다. 그러면 격군들이 잡고 있는 손잡이 부분은 정반대로 튀틀리게 됩니다. 당연히 격군들이 크고 작은 부상을 입게 됩니다. 배 안에서 부터 난장판이 됩니다. 선두에서 항해하던 배가 난파선과 충돌하여 서게 되면 뒤따르던 배들이 순차적으로 앞선 배를 추돌하게 됩니다. 난파선이 쓸려 다니는 해협으로는 어느 편 함대든 함부로 진입할 수 없는 이유입니다. 이러한 정황을 한자 네 자로 표현한 말이 세역고위입니다. 뒤에 자세히 설명드립니다. 일본이 다시는 명량을 넘보지 못했음을 쓴 말은 〈적선 서른 한 척을 쳐부수자 적선들은 후퇴하여서 다시는 쳐들어오지 못했다(적선피퇴 갱불근 :賊船避退, 更不近)〉입니다. 난파선 때문에 다시 쳐들어오고 싶어도 올 수 없었음을 쓴 글입니다.

자! 이제 본격적으로 그 유명한 명량해전으로 가 보겠습니다. (내용이 길어 편의상 번호를 사용하겠습니다)

> (1) 1597년 9월 16일 이른 아침에 별망군이 와서 보고하기를, "적선이 헤아릴 수 없을 정도로 많이 명량해협을 통하여 우리의 진을 목표로 온다"고 하였다. 곧 여러 배에 명령하여 닻을 올리고 바다로 나가니, 적선 백삼십여척이 우리의 모든 배를 돌면서 막아섰다(원문 : 回擁我諸船 회옹아제선).

=> 조선 수군과 일본 수군이 명량해협 내에서 서로 마주보며 대치하고 있는 장면을 묘사한 글입니다. 원문을 어떻게 번역하느냐에 따라 여러가지 설명이 있습니다. 회옹을 〈에워쌌다〉로 번역한 글을 보았습니다. 그러나 옥편을 자세히 살펴보면 〈돌면서 막아섰다〉라는 번역도 가능합니다. 저는 명량해전 일기를 전부 살펴본 결과 〈돌면서 막아섰다〉가 맞다고 생각하였습니다. 이 장면은 명량해협 서쪽(진도대교 방향)에 조선 판옥선 12척이 두줄로 일자진을 형성하고 있습니다. 약 백여 미터 이상의 간격을 두고 동쪽에는 일본 함대가 기차 모양으로 나열해 있는 광경입니다. 일본 함대는 맨 앞줄에 있는 몇 척이 갑자기 백병전을 목표로 돌진합니다. 그러다가 판옥선에서 쏘아대는 함포사격을 견디지 못하면 침몰하거나 아니면 좌우로 반씩 회전하여 함대 맨 끝으로 퇴각합니다. 그러면 다음 줄에 있던 몇 척이 똑같은 방법으로 달려들다가 일부 침몰하고 일부는 좌우로 돌아 퇴각합니다. 일본 함대는 이러한 패턴을 계속 반복하면서 백병전을 노리고 있습니다. 이러한 광경을 보고 이순신은 왜선 백삼십여 척이 돌면서

막아섰다 라고 적으신 것입니다.

　일본 함대는 너무 많은 숫자가 좌우로 도열하면 일시 퇴각이 불가능하므로 명량해협의 좌우 폭을 모두(full) 사용할 수는 없고 양쪽 사이드를 충분히 비워 두어야 합니다. 따라서 왜선이 백삼십여 척이 쳐들어왔으나 정작 판옥선과 전투를 벌일 수 있는 왜선은 어림잡아 10여척을 넘을 수 없었던 것입니다. 그래서 판옥선 12~13척으로 대승을 거둘 수 있었던 것입니다. 명량해전에서 적선 31척이 격파되자 왜선들은 (모두) 후퇴하였다고 적혀 있습니다. 이는 일본 함대가 좌우로 공간을 충분히 확보하고 있었기에 가능한 일입니다. 남은 백여 척의 함대가 일시에 좌우로 돌아 퇴각한 것입니다. 만약 명량해협의 좌우공간을 꽉차게 활용했다면 퇴각시 맨 뒷줄부터 차례 차례 퇴각하여야 하므로 앞줄에 있던 배들은 훨씬 더 많이 함포사격에 격파되었을 것입니다. 〈돌면서 막아섰다〉라는 설명이 조금 어렵습니다. 잠시 뒤에 사근사퇴를 보시면 쉽게 이해가 됩니다.

> (2) 1편 : 대장선이 홀로 적선속으로 들어가 (원문: 上船獨入敵船中, 상선독입적선중) 포탄과 화살을 비바람같이 쏘아댔지만 다른 판옥선들은 바라만 볼 뿐 진군하지 않아 사태를 헤아릴 수 없게 되었다. 배 위에 있는 군사들은 서로 돌아보며 놀라 얼굴빛이 질려 있었다. 나는 부드럽게 타이르면서 "왜적이 비록 천척이라도 감히

> 우리 판옥선에는 곧바로 덤벼들지 못할 것이니 조금도 동요하지 말고 힘을 다해 적을 쏘아라"라고 말했다. 그리고서 다른 판옥선들을 돌아보니 한 마장 쯤 물러나 있었고, 우수사 김억추가 탄 배는 멀리 떨어져 잘 보이지 않았다.
>
> 2편 : 여러 장수들은 적은 군사로써 많은 적을 맞아 싸워야 하는 형세임을 알고 회피할 궁리만 하고 있었다. 우수사 김억추가 탄 배는 이미 2마장(약 800미터)이나 물러서 있었다. 나는 노를 재촉하여 앞으로 돌진하며(원문: 余促櫓突前, 여촉노돌전) 지자 현자 등 각종 총통을 쏘아 대니 탄환이 나가는 것이 바람과 우레 같았다.

=〉 난중일기 정유년 2편은 명량해전이 끝난 후 약 한달 뒤에 고금도에 정착하여 조선 수군을 재건하면서 작업이 불가능한 긴긴 겨울밤에 여유를 갖고 1편을 꼼꼼히 살펴보며 다시 수정한 일기입니다. 1편을 읽어 보다가 갑자기 "저런! 오해의 소지가 여기 있었구나. 자세히 수정해야지" 하면서 수정하기 시작합니다. 일단 1편에 쓴 〈대장선이 홀로 적선 속으로 들어가 = 원문 上船獨入敵船中 상선독입적선중〉 라는 표현이 오해의 소지가 있다는 것을 알아낸 것입니다. 그래서 2편에서는 그 말은 삭제하고 〈나는 노를 재촉하여 앞으로 돌진하며 = 원문 余促櫓突前 여촉노돌전〉 라고 수정하신 것입니다. 이 광경은 양쪽 함대가 거리를 두고 대치하다가 이순신 장군선이 조금

더 가까이 전진하며 함포사격을 개시한 장면을 쓴 것입니다. 1편도 그러한 상황을 쓰긴 했으나 자칫 〈왜선들 속으로 대장선이 홀로 들어갔다〉고 오해할 소지가 있었던 것입니다. 그리하여 좀 더 명확하게 수정하신 것입니다. 이순신의 수준(레벨)을 보여주는 글입니다. 앞으로는 역사 기록에서 이순신 장군선이 홀로 적선 속으로 들어가 좌충우돌하면서 싸웠다는 글은 더 이상 볼 수 없기를 기대합니다. 이순신 장군 스스로 그렇지 않다고 정정하셨기 때문입니다.

> (3) 2편 : 군관들이 배 위에 빽빽히 들어 서서 빗발처럼 마구 쏘아대니 왜적의 무리(함대)가 저항하지 못하고 나왔다 물러 갔다 했다. (원문 : 乍近乍退 사근사퇴)

=> 이 글은 1편에 없던 것을 2편에 특별히 삽입하였습니다. 이 말은 상당히 어려운 말로써 이를 이해해야만 명량해전에서 조선 수군이 대승할 수 있었던 명확한 이유를 알 수 있습니다. 그러나 이를 이해하려면 앞에서 설명한 세 가지 기본상식, 그중에서도 세 번째 상식(노젓는 배는 후진 기능이 없음)을 알아야 합니다. 노젓는 전투선은 후진 기능이 없습니다. 노를 거꾸로 저으면 가능할 것으로 상상하신다면 큰 착각입니다. 배의 방향을 잡아주는 것은 맨 뒤에 달려 있는 키의 기능입니다. 만약 배가 후진한다면 키가 맨 앞에 달려 있는 상황이

되어 방향을 제어(컨트롤) 할 수가 없습니다. 조정 경기용 배의 키를 맨 앞에 달면 어찌 되겠는가를 상상하시면 됩니다. 이러한 연유로 볼 때 특히 대규모 함대는 전체가 일시에 후진할 수 있는 방법이 전혀 없습니다. 이러한 사실은 오늘날 첨단과학으로 항해하는 현대식 군함이라도 마찬가지입니다. 그런데 어떻게 왜적의 함대가 나왔다 물러갔다를 반복했을까요? 더군다나 일본 함대는 130척이 좁은 명량해협으로 쳐들어오는 바람에 기차처럼 길게 늘어진 형태입니다. 기차처럼 길게 늘어선 일본 함대가 앞으로 전진하는 것은 당연히 가능하지만 함대 전체가 뒤로 물러나기를 반복할 방법은 전혀 없습니다. 사근사퇴는 앞에서 설명한 회옹(돌면서 막아섰다) 과 유사한 개념입니다.

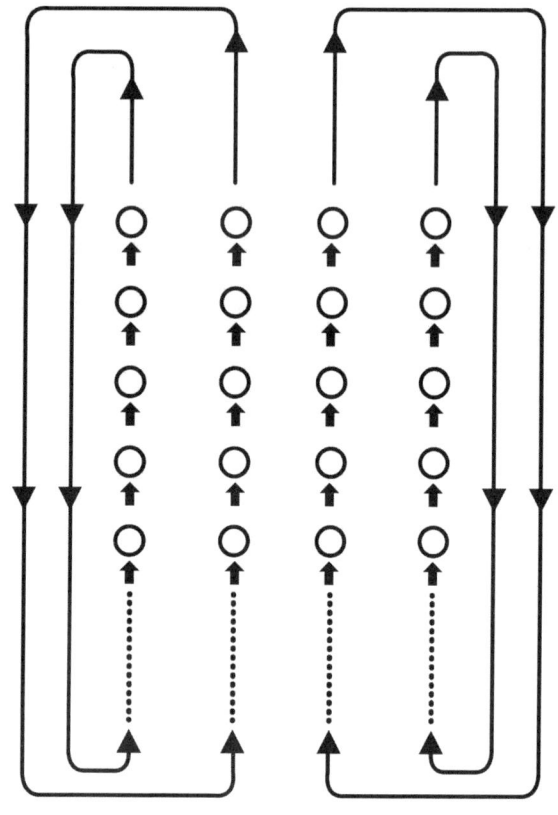

　그림을 보시면 맨 앞줄의 적선 4척이 백병전을 펼치려고 조선의 판옥선을 향하여 전속력으로 달려 나갑니다. 그러다 판옥선의 함포사격 등으로 백병전이 어려우면 좌우로 2대씩 180도 원을 그리며 맨 뒤로 퇴각합니다. 그러면 다음 줄에 있던 4척이 앞줄과 마찬가지로 달려나갑니다. 역시 함포사격으로 백병전이 어려워지면 좌우로 돌아 맨 뒤로 퇴각합니다. 이 광경을 맞은 편의 이순신 대장선에서 보면 왜적들이 잠시 전진했다 잠시 물러났다 하는 꼴이 되는 것입니다. 일본의 대규모 함대가 좁은 해협에서 오와 열을 유지하면서 항해와 전투를 할 수 있는 방법은 오로지 이 방법 외에는 없습니다. 백삼십 척의 함대가 좁은 해협에서 벌떼 같이 일시에 공격한다는 것은 자살행위입니다. 자기편 전투선끼리 서로 엉키게 되어 큰 낭패를 보기 때문입니다. 이러한 전투대형의 가장 큰 특징은 일본 측 130척의 전투선들이 (비록 잠깐씩 일지라도) 모두가 순차적으로 선두까지 와서 백병전을 노렸다는 것입니다. 인터넷 나무위키 명량해전 편을 보면 일본 함대의 후방에서 보호받아야 할 인물들까지 전투에 참여하는 바람에 히데요시를 대리하는 군감인 모리 다카마사까지 물에 빠졌다가 구출되었다는 기록을 볼 수 있습니다. 그리고 일본 측 총대장 도도 다카도라도 직접 전투에 참여하는 바람에 손에 두 군데 부상을 당했다고 기록되어 있습니다. 이러한 상황은 사근사퇴라는 일본 함대의 전투 장면을 감안하면 당연히 가능한 일입니다. 다만 위 그림은 예시적 그림으로서 실제로 가로 몇척, 세로 몇 줄이었는지 정확히는 알 수 없었습니다.

참고로 제가 사근사퇴를 해석해 내는 데는 수개월이 걸렸습니다. 결정적인 것은 대규모 함대가 바다에서 일시에 정지하면 각자 엉키거나 흩어지게 되어 큰 사고로 이어진다는 것을 경험상으로 알고 있었기 때문에 가능하였습니다. 보다 더 자세한 것은 〈위대한 전략가 이순신, 싸우기 전에 승리하다〉라는 책에서 설명하였습니다.

(4) 1편 : 배를 돌려 곧장 중군 김응함의 배로 가서 먼저 목을 베어 효시하고자 했으나, 내 배가 머리를 돌리면 여러 배들이 차츰 더 멀리 물러나고 적선은 점차 다가와서 낭패를 당할 것이다.

2편 : 김응함을 불러서 말하기를 "너는 중군장이 되어서 멀리 피하고 대장을 구하지 않으니, 그 죄를 어찌 면할 것이냐? 당장 처형하고 싶지만 왜적의 형세가 너무 급하므로 우선 공을 세우게 해주마"라고 하였다.

=> 이순신 장군은 분명 1편에서는 자신이 생각만으로 그랬다고 적었으나, 2편에서는 이를 완전 수정하여 김응함을 불러서 말로서 혼을 냈다고 쓰고 있습니다. 명량해전이 두번에 걸쳐 싸운 것도 아닌데, 왜 이랬다 저랬다 하세요? 일부러 그렇게 하신 거죠? 실제 상황이 아니라는 것을 말하고 싶은 거죠? 자세한 것은 <7. 명량해전과 이순신 장군의 유지>에서 설명하였습니다.

(5) 정유년 1편에서는 조금 다르게 표현하였습니다. 김응함에게는 말을 하지 않았다고 했습니다. 깃발을 세워 돌격 신호를 보내자 김응함의 배가 점차 내 배(이순신이 지휘하는 대장선)에 가까이 오고, 거제 현령 안위의 배도 왔다. 내가 뱃전에 서서 직접 안위를

> 불러 말하기를 "네가 억지 부리다 군법에 죽고 싶으냐?"고 했다. 다시 불러 "안위야, 군법에 죽고 싶으냐? 물러나 도망가면 살 것 같으냐?"고 했다.

=> 이 글의 의미도 〈7. 명량해전과 이순신 장군의 유지〉에서 설명하였습니다.

=> 백명 이상이 타고 있는 노 젓는 판옥선 두 대를 이순신 장군선과 충돌을 방지하면서 순차적으로 불러 말로써 혼을 낸 후 또다시 정상적인 항해 속도를 회복하려면 제 경험에 비추어 20분 정도는 족히 걸린다고 생각합니다. 노 젓는 배는 신속히 서기도 어렵지만 신속히 정상속도를 회복하는 것도 어렵습니다. 만약 실제로 안위선과 김응함선을 불러서 말로써 혼을 내고 있었다면 왜적들은 〈기회는 이때다〉 하면서 마구 달려들어 큰 낭패를 보았을 것입니다. 설마 왜적들 스스로 〈존경하는 이순신 장군께서 잠시 중요한 작전 지시를 말로 하신다 하니 우리 일본군도 예의상 잠시 전투를 멈추고 경청합시다〉라고 한 것은 아니겠지요? 이순신 장군 또한 그러한 어처구니 없는 일을 스스로 자초했을 가능성은 전무합니다. 따라서 안위와 김응함에게 했다는 말은 실제 전투 상황을 쓴 것은 절대로 아닙니다.

바다 전투에서는 깃발을 많이 사용합니다. 바다에서는 말이 잘 들리지 않기도 하지만, 무엇보다도 신속하게 명령을 하달하기 위하여 깃발을 사용합니다. 말이 들릴 정도로 다른 전투선들을 가까이 불러서 말로써 명령을 하달하려면 시간이 많이 걸려 왜적을 터무니 없이 이롭게 하기 때문에 절대로 할 수 없는 행동입니다.

> (6) 우리 측 두 배가 먼저 전진하여 교전할 때, 적장이 그 휘하의 배 두 척에 지시하여 한꺼번에 안위의 배에 개미처럼 달라 붙어서 다투어 기어 올라 가고 있었다. 그러자 안위와 그 배에 탔던 군사들이 죽을 힘을 다하여 몽둥이로 내려 치기도 하고, 긴 창으로 찌르기도 하며, 수마석(몽돌) 덩어리로 무수히 타격하였다. 안위의 군사들이 거의 힘이 다하자, 나는 뱃머리를 돌려 곧장 구원에 나서 빗발치듯 어지러이 쏘아댔다. 안위의 배에 달라 붙었던 적선 3척이 거의 뒤집혔을 때 녹도만호 송여종과 평산포대장 정응두의 배가 잇달아 달려 와서 같이 협력하여 쏘아대니, 왜적이 한 놈도 살아 남지 못했다. 왜인 준사는 전에 안골포에 있는 적진에서 투항해온 자이다. 내 배 위에서 바다를 내려다 보며, "저 무늬 있는 붉은 비단옷을 입은 놈이 왜적의 대장 마다시 입니다"라고 말했다. 나는 무상 김돌손으로 하여금 갈구리를 던져 죽은 적장을 뱃머리로 끌어 올렸다. 그러자 준사는 펄쩍 뛰며, "이게 마다시 입니다" 하였다. 그래서 바로 시체를 토막내어 적에게 보이게 하니 적의 기세가 크게 꺾여 버렸다. 우리의 여러 배들은 왜적이 다시 달려 들지 못할 것을 알고 일제히 북을 치며 지자총통·현자총통 등을 마구

> 발사하고, 또 화살을 빗발처럼 쏘니, 그 소리가 바다와 산을 뒤흔들었다. (함포 사격 등으로) 적선 서른 한 척을 격파하자 나머지 적선들은 퇴각하고 다시는 쳐들어오지 못했다. 참고로 1편에서는 〈안위선이 백병전 위험에 처하자 안위의 격군 7~8명이 물에 뛰어들어 헤엄치니 거의 구할 수 없었다〉고 썼습니다.

=〉 이미 설명드린대로, 왜선 서른 한 척을 격파하자 격파된 난파선들이 조선함대와 일본 함대 사이에서 둥둥 떠다니면서 일종의 비무장지대를 만들어 저절로 전투가 종료되었습니다. 그러자 곧 다가올 썰물에 난파선들이 일본 함대를 덮칠 것이 예상되어 일본 함대는 눈물을 머금고 퇴각한 것입니다. 〈적선 서른 한 척을 격파하자 적선들은 퇴각하고 다시는 쳐들어오지 못했다.〉는 글은 바로 이 장면을 쓴 것입니다. 나머지 적선들은 왜 퇴각했을까요? 물론 나머지 배들도 피해가 많았겠지만 가장 중요한 이유는 난파선들이 썰물에 왜군함대를 덮칠 상황이라 서둘러 퇴각한 것입니다. 또한 왜적 함대는 다시는 쳐들어오지 못했다고 했는데 그 이유 역시 난파선들이 빙하처럼 명량해협을 점거하고 있었기 때문입니다. 가만히 점거하고 있어도 위험한데, 험한 물살에 이리저리 쓸려 다니고 있었기 때문에 더욱 위험하였던 것입니다.

사근사퇴는 좁은 해협에서 숫적으로 열세인 조선함대를 격파하기 위하여 일본이 야심차게 준비한 비장의 전술이라 할 수 있습니다. 다만 일본은 난파선의 역할을 몰랐던 것이 최대의 패착입니다. 일본이 그동안 수도 없이 많은 난파선을 보아 왔지만 그것은 넓은 바다에서 본 것뿐입니다. 좁은 해협에서 난파선을 본 것은 명량해전에서 처음입니다. 그러다 보니 난파선이 양쪽 함대 사이에서 바리케이드 역할을 할지는 미쳐 몰랐던 것입니다.

> (7) 2편 : 우리 수군 병사들은, 싸움하던 바다(명량해협)에서 그대로 정박하고 싶어했지만, 물살이 극히 험하고 바람도 역풍으로 불며 형세 또한 고립되고 위태로워(勢亦孤危 : 세역고위) 〈이순신의 설득에 따라〉 당사도로 옮겨 정박하고 밤을 지냈다. 이번 전투에서의 승리는 참으로 천행(하늘이 주신 큰 행운)이었다.

=> 일단 우리 수군(我舟師)이라는 표현이 범상치 않습니다. 이순신 자신은 제외하고 다른 조선 수군 병사들은 모두 다 싸움하던 곳(명량해협)에서 더 머물고 싶었다는 것입니다. 왜군이 다시 쳐들어 올지 모르므로 그 자리에서 막아야 한다고 부하들이 주장(어필) 했다는 것입니다.

자신(이순신)은 이미 왜군들이 다시 오지 못함을 알고 있었으나 부하들의 생각은 달랐다는 것입니다. 당사도로 가야만 하는 불가피한 정황을 부하들에게 설득하면서도 부하들이 명량을 굳게 지키겠다는 애국심에는 탄복했다는 뜻입니다.

원문을 보면 我舟師, 欲泊戰海(아주사, 욕박전해)라고 하여 (우리 수군은, 전투가 있었던 바다에서 정박하고 싶어했다)라고 명확하게 쓰셨습니다. 저는 이 표현을 읽을 때마다 점차 한없이 빠져드는 기분입니다.

명량전투가 시작되기 전에 꽁무니만 빼던 조선 수군들이 이제는 용기 백배하여 아무리 많은 왜적들이 다시 쳐들어오더라도 자신있다고 하는 광경입니다. 너무나 감격스런 장면이 아닐 수 없습니다. 오히려 당사도로 가자는 이순신 장군을 잠시나마 겁쟁이로 오해했다는 것입니다. "장군! 왜적이 언제 다시 쳐들어올지 모르는데 우째 당사도로 도망칠 궁리만 하시나요? 우리는 여기서 죽는 한이 있더라도 계속 명량을 지키겠습니다." 이런 식으로 항변했다는 것입니다.

왜 조선 수군은 왜적들이 명량해협으로 다시 쳐들어온다고 생각했을까요? 전투 중에 생긴 난파선들은 그사이 험한 썰물에 모두 떠내려 갔기 때문에 조선 수군이 있는 곳에서 보면 왜선들이 다시 쳐들어오는데 아무런 방해물이 없는 형상이기 때문입니다. 그러나 이순신 장군이 볼 때에는 일본의 대규모 함대가 숨어 있었다 하더라도 난파선들이 떠내려가면서 대기 중이던 왜선들까지 덮칠 상황이 되자 대기 중인 왜선들도 줄행랑을 칠 수밖에 없었던 것입니다. 이순신과 부하들 간의 통찰력 차이를 보여주는 장면이기도 합니다. 그래서 이순신 장군이 이러한 정황을 애국심에 불타는 조선 수군들에게 설명했다는 것입니다. 그것뿐이겠습니까? 밀물이 되면 난파선들이 거꾸로 명량의 거센 물결을 타고 우수영 쪽으로 몰려와 조선 수군(판옥선)을 덮칠 상황이니 빨리 그곳을 벗어나야 한다고 설득했다는 것입니다. 세역고위가 난파선이 밀물에 다시 명량으로 몰려오는 위험한 상황을 설명하는 말이라 함은 이미 다른 책에서 자세히 설명드렸습니다. 이는 일본 수군이 당분간 명량을 침범할 수 없음을 설명한 글임과 동시에 전투가 끝난 후 조선 판옥선 13척이 모두 다 당사도로 피할 수밖에 없었던 상황을 설명한 글입니다. 말하자면 세역고위는 이순신이 13척의 판옥선을 가지고 왜선 30여 척을 명량이라는 좁은 해협에 침몰시키고 명량의 험한 물살이 이들 난파선을 밀물과 썰물을 따라 해협 안팎으로 몰고 다님에 따라 당분간 어느 편 함대도 명량 근처를 얼씬거리지 못하게 죽음의 바다로 만든 상황을 한자 네 자로 표현한 글입니다. 당초에 제가 세역고위중 고(孤)를 '외롭다'고 했습니다만 좀 더 생각해 보니 여기서는 '고립된다'라고 하는 것이 좋을 것 같습니다. 즉 조선 수군이 가까운 전라우수영으로 가서 밤을 지낸다면 거센 밀물을 타고 다시 몰려오는 난파선 때문에 우수영에 고립되어 수군을 재건하러 목포로 갈 수 없는 상황을 설명한 것입니다.

난중일기 명량해전편을 보면 〈적선 서른 한 척을 쳐부수자 적선들은 후퇴하여서 다시는 쳐들어오지 못했다(적선피퇴 갱불근 :賊船避退, 更不近)고 쓰셨습니다. 그렇다면 왜적들은 수많은 전투선을 보유하고 있었는데 왜 임무 교대하고 다시 쳐들어오지 못했는가? 그 이유를 쓴 것 역시 바로 세역고위(勢亦孤危)입니다. 난파선 삼십여 척이 명량해협을 중심으로 썰물에 녹도와 벽파정 쪽으로 쓸려갔다가 밀물에는 명량해협을 통하여 임하도 장산도까지 치고 올라가는 상황을 설명한 글입니다. 다시 말해서 명량해협을 점거한 난파선들 때문에 뒤를 받치던 왜선들이 다시 쳐들어오려고 해도 방법이 없음을 설명한 글입니다. 이를 달리 비유한다면 작은 빙산 30개가 명량해협을 점거하고 있다고 볼 수 있습니다. 빙산이 가만히 있어도 위험한데 험한 조류를 타고 이리저리 몰려 다니고 있기 때문에 더욱 위험한 것입니다.

　　일부에 의하면 명량해전 이후 일본 수군이 서해로 북상하여 무안 영광까지 올라갔다는 기록이 있습니다. 그러나 이는 난중일기에 나오는 세역고위를 잘못 이해하여 일본 수군이 무서워 조선 수군이 고군산군도까지 도망쳤다고 해석하는 바람에 나온 해프닝입니다. 정유재란 당시 일본육군이 남원과 전주를 함락하고 일부 병력이 무안 영광의 해안가까지 가서 약탈질한 것을 보고, 잘못된 세역고위 해석과 연결하여 일본 수군이 서해안으로 진출했다고 잘못 해석한 것입니다. 특히 일본의 일부학자들이 명량해전을 호도하기 위하여 이순신 장군이 고군산군도까지 간 것을 응용하여 조선 수군은 도망치고 일본 수군은 추격했다는 식으로 억지 설명한 것을 진짜인 양 받아들인 결과이기도 합니다. 일본의 일부학자들이 한 이러한 엉터리 주장은 도도 다카도라가 직접 쓴 글(고산공실록)과도 정면으로 배치되는 글입니다. 명량해전에서 일본이 참패하고 남은 배들도 항해가 어려워 명량을 벗어나자마자 가까운 연안에 배를 대고 육지로 도망쳤음을 인정한 사람은 당시 일본 수군 총대장 도도 다카도라입니다(나무위키 임진왜란 명량해전 편 참조). 이순신 장군은 무서워서 도망쳤다는 식으로 엉터리 해석을 할 것을 미리 내다보고 한마디 하셨습니다. 1597.09.19자 난중일기에 보면 "저녁에 영광군 법성포에 이르니, 흉악한 왜적들은 육지를 통해 들어와서 인가와 창고마다 불을 질렀다"고 씀으로서 이러한 논란을 사전에 미리 차단시켰습니다. 말하자면 세역고위를 잘못 해석할까봐 명량해전 3일만에 난중일기에 〈일본 수군이 온 것이 아니에요! 전라도로 먼저 쳐들어 와서 남원과 전주를 함락한 일본 육군 중 일부가 법성포까지 진출하여 만행을 저지른 것입니다.〉라고 적으신 것입니다. 난중일기의 깊은 뜻을 다 알 수 없는 대단한 이유입니다. 그날의 일기를 정유년 1,2편을 비교해 보면 더 재미있습니다. 1편에서는 왜적들이 벌써 침범하여 인가에 불을 질렀다고 했습니다. 2편에서는 1편만으로는 오해가 풀릴 것 같지 않자 왜적들이 〈육지를 통해 들어와서〉라는 표현을 일부러 삽입하여 일본 수군이 뒤쫓아 왔다는 오해 소지를 완전히 해소한 것입니다.

앞에서 설명한 〈이주사 욕박전해〉 역시 일본 수군이 조선 수군을 뒤쫓아 왔다는 오해를 명백하게 해소하는 의미가 있습니다. 만약 세 역고위가 일본 수군이 다시 쳐들어올 것을 염려하는 뜻이라면 다음 과 같은 엉뚱한 결론이 되기 때문입니다. 즉 이순신을 제외한 모든 수군 장수들이 전투하던 바다(명량해협)에 그대로 머물면서 왜선(왜 적)들이 다시 쳐들어오는 것을 막겠다고 했는데〈=아주사 욕박전해〉, 이순신 장군 혼자만이 일본 수군이 다시 올지 몰라 위험하니 빨리 도망치자고 한 것이 되기 때문입니다. 그리했다면 조선의 수군 장수 들이 이순신 장군을 포박하여 잠시 안전한 곳에 모셔 놓고, 자기들끼 리 명량을 사수했을 것이기 때문입니다. 명량을 사수하지 않아도 더 이상 왜적들이 명량을 침범할 수 없다는 납득할 만한 설명을 이순신 으로부터 들었기 때문에 명량을 비워두고 이순신을 따라 당사도로 간 것이기 때문입니다.

난중일기 명량해전 1,2편을 자세히 읽어보면 후세의 역사학자들 이 논란을 벌일 것 같은 사안들에 대하여 미리 〈논란 벌이지 말라며〉 자세히 설명하고 계신 것을 여러차례 볼 수 있습니다. 제가 먼저 쓴 책에서 자세히 설명하였습니다만 한가지만 다시 적어보겠습니다.

위 글에서 이순신 장군은 "싸움하던 바다가 (전투가 끝나고 보니 드디어) 물살이 극히 험하고..."라고 하셨습니다. 이는 전투장소가 명량해협내라는 것과 실제 전투는 물살이 비교적 잔잔할 때 이루어졌다는 것을 명백히 알려주신 것입니다. 왜냐하면 첫째로 물살이 극히 험한 곳은 명량해협 내에서만 그렇고 울돌목을 서쪽으로 벗어난 우수영 쪽은 물살이 극히 험하지는 않기 때문입니다. 둘째로 물살은 하루 종일 험한 것이 아니고 하루 네번 험했다 잔잔했다를 반복하기 때문입니다.

이 글은 역사학자들이 두 가지 문제(전투장소와 물살)로 논란을 벌일 것을 미리 예측하여 일부러 쓰신 글 중 하나입니다. 이러한 표현들은 미래를 미리 내다보지 못하면 나올 수 없는 글입니다. 한 두가지라면 우연의 일치라고 하겠지만 우연이라고 하기에는 그러한 사례가 너무 많습니다.

다시 원위치합니다.

바람도 역풍으로 불었다는 표현 역시 범상치 않습니다. 전투를 벌이던 조선 수군에게 역풍이라 함은 동남풍이 불었다는 뜻입니다. 계절적으로 북서풍이 불어야 하나 예기치 못하게 동남풍이 불었다는 것입니다. 동남풍이 불면 밀물에 난파선들이 더욱 거세게 몰려올 것이므로 시급히 그곳을 벗어나야 한다는 뜻입니다.

그러나 당사도로 가는 길은 사리때 밀물(순류)을 타고 가는 것만으로도 큰 다행인데, 예기치 못했던 동남풍까지 불어주어 순풍을 타고 가게 되어 격군들 고생을 덜어주었다는 뜻입니다.

〈이번 전투에서의 승리는 참으로 천행이었다〉는 하늘에 감사하는 마음을 쓴 것이라고 생각합니다.

> 정유년 1편 : 그곳에 머무르려고 했으나 물이 빠져 배를 대기에 적합하지 않으므로 건너편 포(포구)로 진을 잠시 옮겼다. 그후(저녁 밤)에 달을 타고 다시 당사도(신안군)로 옮겨서 정박하여 밤을 지냈다.

=> 1편은 명량해전의 승리에 감격하여 다소 시적인 표현(달을 타고)을 하셨습니다. 그랬다가 훗날 다시 보니 〈너무 흥분했구나〉 싶어 2편에서는 완전히 바꿔서 쓰신 것을 알 수 있습니다.

다만, 2편을 해석하실 때 1편도 같이 감안하여야 하기에 소개합니다. 2편에서는 극히 험한 물결을 피하여 건너편 포구(물살이 약한 가장자리 포구)로 옮겨 잠시 휴식을 취하다가 물살이 바뀌어 밀물이 시작될 때 비로소 순류를 타고 당사도로 향한 것이 잘 드러나지 않기에 우정 1편도 소개합니다. 이 날은 보름 다음날이라서 달이 크고 환합니다.

*****

1597.09.17.

1편 : 여오을도에 이르니 피난민들이 무수히 와서 정박하고 있었다. 임치 첨사는 배에 격군이 없어서 나오지 못한다고 했다(여오을도, 어외도 = 목포 앞바다, 신안군 어의도)

2편 : 어외도에 이르니, 피난선이 무려 삼백여척이 먼저 와 있었다. 나주진사 림선 · 림환 · 림업 등이 와서 만났다. 우리 수군이 크게 승리한 것을 알고 서로 앞다투어 치하하고, 또 많은 양식을 가져와 군사들에게 주었다. (참고로 어의도를 지도에서 검색하면 의외로 작은 섬인 것을 보면, 임진왜란 당시 어의도는 현재의 지도읍이 소재한 지도섬이나 임자도 등을 포함한 개념 아닐까 생각합니다.)

1편에서는 피난민들이 무수히 와서 정박하고 있었다고 했다가, 2편에서는 〈피난선이 무려 삼백 여 척이 먼저 도착해 있었다〉로 변경하셨습니다.

이하에서의 글은 앞에서 설명한 1597.08.05 ~1597.08.06 일기

해설과 다소 중복됩니다. 그러나 워낙 중요한 사안이라서 중복되더라도 재차 설명하겠습니다.

9월 17일의 일기는 단순하게 보면 정유재란 때문에 백성들이 명량해전 전에 육지에서 섬으로 피난 간 것을 쓴 글이지만 속뜻을 정확히 알기 어려운 대단한 글입니다.

명량해전 당일에는 밤에 당사도에 도착해서 잤으므로 분명 하루 정도는 쉬어야 정상인데 다음날 부리나케 어의도로 갔네요. 그러니까 도망쳤다고 오해를 받잖아요? 뭐가 그리 급하십니까? 명량해전 대승으로 한시름 놓았잖아요. 역자(노승석)는 왜 무려란 표현을 썼을까? 당시에는 무려란 말이 없었을 것 같은데 뭘 보고 무려라 번역했을까? 너무나 신기한 표현이라서 원문을 찾아 보았습니다. 와! '무려'가 한자인 줄 처음 알았습니다. 번역이 아니라 원문이 무려(無慮)였네요. 무려가 한자인 줄 몰랐을 때는 '무려'란 번역이 이순신 장군의 말씀과는 격이 맞지 않는다고 나름 투덜거리면서 원문을 찾아 보았습니다. 역자분께 죄송합니다. 그래서 잠시의 오해는 가차없이 던져버리고 천천히 무려라고 쓴 이유를 생각해 보았습니다. '무려'는 분명 예상보다 많아 놀랍다는 반응을 나타낸다고 하였습니다. 이순신 장군은 왜 피난선이 예상보다 많은 것을 보고 놀랬을까요? 그 이유는 1597.08.05~1597.08.06 자 난중일기에서 설명하였습니다. 도대체 피난선이 얼마나 있을까?... 워매! 어의도만 해도 무려 삼백척이네! 진도에 피난선이 많은 것은 이미 보았고, 임자도, 비금도, 위도... 섬이 한 두 개가 아니잖아? 통행첩 하나에 얼마씩 받으면 될까? 열심히 계산하면서 항해를 하셨군요. 그 와중에도 〈오지도 않은 왜선들이 무서워 고군산군도까지 도망쳤다〉고 오해할까봐 일부러 법성포에 들러 해명도 하시고... 참으로 대단하세요. 다시 위도로 올라가 지속적으로 피난선들이 몇대나 있는지 계산하고 계셨지요?

아! 하늘이 돕는다는 말은 이순신을 보고 하는 말이로구나. 절체절명의 순간에 하늘이 수군 재건 비용을 함박눈처럼 두둑이 내려주신 것입니다.

제가 이렇게 해석한 이유는 난중일기 정유년 1,2편을 비교해 보고 확신을 하였기 때문입니다. 난중일기 정유년 1편을 보면 1597.09.17, 1597.09.20 일기에 피난선은 나오지 않고 피난민들이 무수히 많았다고 했기 때문입니다. 그런데 2편에서는 피난민에서 피난선으로 바꾸면서 어의도에서는 숫자까지 무려 삼백여 척이라고 수정하셨기 때문입니다. 말하자면 2편에서 자신의 관심 사항을 명백하게 밝힌 것입니다.

물론 고군산군도까지 간 또 다른 이유가 육지에서 노략질하는 일본 육군들에게 〈나 이순신이 돌아왔으니 너희는 이제 보급로가 끊겨 하루 빨리 퇴각하지 않으면 모두 전멸이다〉라는 메세지를 보내기 위한 것임은 두말할 필요도 없습니다.

피난민을 피난선으로 바꾼 일, 법성포에 간 일기에 왜적들이 육지를 통해 들어왔다고 수정한 일, 명량해전 일기에서 1편에는 없던 사근사퇴, 세역고위를 2편에 추가한 일, 명량해전 일기에서 김응함

관련 글을 변경한 일 등은 난중일기 정유년(1597년) 2편이 각고의 노력으로 기획된 작품임을 잘 보여주는 글들 입니다. 저는 난중일기 정유년 2편은 일기라기 보다는 자서전에 가깝다고 생각합니다.

아! 참. 하마터면 잊어버릴 뻔했네요... 선주 여러분! 여러분은 임진왜란 7년 전쟁 중에 이순신 장군 덕을 가장 많이 보신 분들 맞죠? 한 번도 왜적들을 본 적이 없잖아요. 왜적들이 여러분을 잡으러 오는 마지막 순간, 장군께서 명량에다 전부 수장시켰잖아요. 그래서 보답하는 마음으로 통행첩 받으러 선착순으로 달려가셨죠?

참고로 징비록에도 통행첩 관련 글이 있습니다만 그 내용을 살펴보면 류성룡은 통행첩 발행 근거를 정확히는 몰랐던 것 같습니다. 징비록에서는 고금도에서 통행첩을 발행하였다고 했습니다. 그리고 배에서 피난 생활을 하던 사람들에게 곡식을 바치게 하였다고 썼습니다. 이순신 장군이 고금도에 간 것은 1598.02.17으로서 어느 정도 조선 수군이 재건된 다음입니다. 이순신이 조선 수군을 재건하기 위하여 목포 고하도로 간 것은 1597.10.29 입니다. 이순신은 고하도 도착 전후하여 통행첩을 발행하기 시작하여 조선 수군 재건자금을 조달한 것입니다. 무엇보다도 불쌍한 피난민이 배에 싣고 다니는 곡식을 바치게 한 것이 아니고, 피난민을 섬으로 여러번 실어 날러 뱃삯을 두둑이 받은 선주들에게서 현금과 귀금속 등 현금성 자산을 받은 것입니다. 당시의 피난선은 어른 4~5명 정도만 탈 수 있는 소형

어선이기 때문에 피난민이 곡식을 가지고 타려 하면 정중히 거절할 수밖에 없습니다. 한 사람이라도 많이 태워야 하기 때문입니다. 그렇다고 힘들게 가져온 곡식을 버릴 필요는 없습니다. 부두에는 그런 사정을 미리 알고 곡식을 돈으로 바꿔주는 사람들을 쉽게 만날 수 있기 때문입니다. 장사에 밝은 사람들은 곡식을 산 다음 섬으로 싣고 가서 피난민들에게 다시 팝니다.

징비록을 읽을 당시 저는 난중일기 내용을 이해하기 전이었습니다. 그래서 다소 오해를 했었습니다. 아무리 조선 수군 재건이 급하다 해도 배에서 피난생활을 하는 사람들에게 곡식을 내라고 통행첩을 발행하면 좀 너무한 거 아닌가? 이후 난중일기를 이해하면서 마음속으로 이순신 장군에게 크게 사죄를 하였습니다. 이순신은 배에서 피난하던 사람들에게 곡식을 내라고 해로통행첩을 발행한 것이 아니고, 정유재란으로 인하여 부득이 피난민을 수도 없이 실어 날라 〈본의 아니게〉 피난 특수를 만난 피난선 주인(선주)들에게 발행한 것이었습니다.

이순신 장군의 별명 하나 추가합니다. 장난꾸러기. 피난선 살펴보러 고군산군도 까지 가 놓고 아무 말 없으시니 얼마나 말들이 많습니까요? 명량해전에서 대승하고 난 후 당사도까지 갈 때는 세역고위라고 하여 해석이 난무하게 만들더니, 피난선이 얼마나 있으려나 궁금증을 못이겨 고군산군도까지 부리나케 갔다 오고는 왜 갔는지 설명을 안 하시니, 역시나 장군의 의도를 해석하느라 의견이 분분하잖아요. 류성룡도 국가대계, 육탄방어, 권율장군 개그, 〈왜적은 저절로 물러난다〉 등으로 징비록을 해석하기 어렵게 만드시니 두 분 다 타고난 장난꾸러기 같아요.

수군 재건이 얼마나 급했으면 도망쳤다는 오해를 무릅쓰고, 제대로 쉬지도 못한채, 고군산군도까지 가면서 피난선을 확인하셨을까요. 눈물이 납니다. 천하의 이순신도 궁금증만은 참을 수가 없었나 봅니다.

2편에서 〈먼저〉란 표현을 새로 추가한 것도 그저 단순하게 쓴 것이 아닙니다. 피난민들이 이순신을 따라온 것이 아니라 명량해전 전에 이미 피난을 와 있었던 사실을 언급하고 있는 것입니다. 칠천량해전 참패 소식을 듣고 난 이후로 많은 백성들이 작은 어선을 타고 수도 없이 섬으로 피난한 것을 쓴 것입니다. 어선이 작다 보니 피난선마다 여러 번 피난민을 실어 날라 어선 주인들이 로또를 만났습니다. 이순신은 이들 선주들에게 조선 수군 재건 자금을 부탁한 것이 통행첩입니다.

> 1597.09.18
>
> 그대로 어의도에서 머물렀다. 임치 첨사가 왔다. 내가 탄 판옥선에

> 서는 순천감목관 김탁과 본영의 사내종 계생이 탄환에 맞아 전사하고, 박영남과 봉학 및 강진현감 이극신도 탄환에 맞았으나, 중상에 이르지는 않았다.

=> 명량해전에서도 일본군은 조총을 가지고 왔는가가 논란이 있습니다만, 탄환에 맞아 사상자가 나왔다고 한 것을 보면 일본 수군도 조총을 가지고 온 것을 알 수 있습니다. 다만 판옥선의 난간이 크고 탄탄하여 많은 피해는 보지 않았음을 알 수 있습니다.

> 1597.09.19
>
> 1편 : 일찍 출발했다. 바람도 약하고 하늘은 맑아서 배를 몰기에 매우 좋았다. 법성포(전남 영광군) 에 이르니, 적들이 벌써 침범하여 간혹 인가에 불을 지르기도 하였다. 해질 무렵에 홍농곶으로 돌아 가서 바다 가운데서 잤다.
> 2편 : 일찍 출발했다. 바람도 약하고 물살도 순류(밀물)라서 무사히 칠산도 바다를 건넜다. 저녁에 법성포(전남 영광군) 에 이르니, 흉악한 적들이 육지를 통해 들어와서 사람 사는 집과 창고에 불을 질렀다. 해질 무렵에 홍농(영광군 홍농읍) 앞 바다로 가서 배를

> 정박시키고 잤다.

=〉 1편과 2편의 내용은 비슷하나 유독 눈에 띄는 문구가 있습니다. 2편에서 〈흉악한 적(왜적)들이 육지를 통해 들어와서〉라고 하여 일부러 〈육지를 통해서〉라는 표현을 동원하였습니다. 무슨 뜻일까요?

이는 명량해전이 끝난 후 피난선 확인하러 고군산군도까지 간 것을 오해하여 일본 수군이 뒤쫓아 왔다고 할까봐 이를 해명하는 글임을 명량해전 당일(16일) 일기 맨 끝 부분에서 설명드렸습니다. 말하자면 일본 수군이 명량해협을 넘어 서해안 쪽으로 온 것이 아니라 일본 육군이 육지를 통하여 법성포까지 와서는 노략질한 것이니 오해는 마시라. 일본 수군이 서해안으로 들어올 수 있었다면 제가 명량을 비워두고 고군산군도까지 가겠습니까? 전혀 아닙니다 라고 해명한 글입니다.

> **1597.09.20**
>
> 새벽에 출발하여 곧장 위도(전라북도 부안군 위도면)에 이르니, 피난선이 많이 정박해 있었다. 황득중과 종 금이 등을 보내어 종 윤금을 찾아 잡아오라고 했더니, 과연 위도 밖에 있었다. 그래서

> 묶어다가 배에 실었다. 이광축과 이광보가 와서 만나 보았다. 이지화 부자도 왔다. 날이 저물어 그곳에서 잤다.

=〉 열심히 피난선이 많은가 적은가를 확인하고 계십니다. 위도는 변산반도에서 약 10km에 위치하고 있습니다. 육지에서 위도까지 가려면 쉽지 않은 거리임에도 피난선이 많이 있음을 알 수 있습니다. 이순신 장군은 〈피난선 선장에게 통행첩을 발행하여〉 칠천량해전에서 궤멸된 조선 수군 재건자금을 마련하기 위하여 열심히 섬을 찾아 다니고 계십니다. 위도는 다소 외딴 섬이기는 하나, 조기(굴비)가 많이 잡히는 곳이므로 임진왜란 당시에도 꽤나 유명한 섬입니다.

> 1597.09.21
>
> 일찍 출발하여 고군산군도(전라북도 군산시 옥도면 앞바다에 위치함) 이르니, 호남순찰사가 내가 왔다는 말을 듣고 배를 타고 급히 옥구로 갔다고 하였다. 늦게 거센 바람이 크게 불었다.

1597.10.09.

일찍 어의도를 출발하여 (울돌목 바로 뒤에 위치한) 전라우수영에 이르니, 성 안팎에 인가가 하나도 없고 사람의 자취도 없어 보기에 참혹할 뿐이었다. 저녁에 "해남에서 흉악한 적들이 진을 치고 있다"는 소문을 들었다. 초저녁에 김종려 · 정조 · 백진남 등이 와서 봤다.

=> 명량해전 이후 20여일 만에 울돌목 바로 뒤에 위치한 전라우수영으로 다시 돌아온 것을 알 수 있습니다. 다시 온 이유는 조선 수군 재건장소로 적합한가 확인하기 위해서입니다. 이순신과 조선 수군은 우수영 인근에 인가가 하나도 없고 사람의 자취도 없어 수군 재건장소로 불합격 판정을 한 것 같습니다.

1597.10.11
... 중략 ...
낮에 신안군에 있는 안좌도에 이르니, 바람도 좋고 날씨도 화창하다. 육지에 내려 산 정상에 올라 배 감출 만한 곳을 찾아보니, 동쪽에는 앞에 섬이 있어 멀리 바라볼 수는 없고, 북쪽으로는 나주

> 와 영암 월출산으로 뚫렸으며, 서쪽에는 비금도로 통하여 눈앞이 시원하게 트였다.

=〉 전라우수영에서 마땅한 곳을 찾지 못하자 신안에 있는 안좌도에 상륙하여 산 높은 곳에 올라 새로운 진영을 물색하고 있습니다. 계속적으로 수군재건 작업을 하기 좋은 최적의 장소를 찾고 있습니다.

> 1597.10.29
>
> 밤 두 시쯤에 첫 나발을 불고 배를 몰아 목포로 향하는데 벌써부터 비와 우박이 섞여 내리고, 동풍이 약간 불었다. 목포에 이르러 보화도(고하도)로 옮겨 정박하니, 북서풍을 막을 만하고 배를 감추기에 매우 적합했다. 그래서 육지에 올라 섬 안을 둘러 보니, 형세가 매우 좋으므로, 진을 치고 집 지을 계획을 했다.

=〉 그토록 찾아 헤매던 조선 수군 재건장소를 목포 앞바다에 있는 고하도로 정하고 본격적으로 수군 재건을 시작합니다. 정유재란으로 피난 특수를 만난 선주들에게 통행첩을 발행하기로 했으니 자금 사정은 걱정이 없습니다.

〈참고문헌〉

조선왕조실록 중 선조실록

난중일기 교감완역 (노승석, 민음사, 2012)

난중일기 교주본 (노승석, 여해, 2022)

징비록 (오세진. 신재훈. 박희정 역해, 홍익출판미디어그룹, 2021)

국역정본 징비록 (이재호 옮김, 위즈덤하우스, 2019)

풀어쓴 징비록 (박준호, 동아시아, 2009)

유튜브 : 황현필 영상강의 임진왜란 편

유튜브 : 징비록 읽어주기 상.하(책 들려주는 창가)

이순신과 임진왜란 1~4 (이순신역사연구회, 비봉출판사, 2006)

나무위키, 한국민족문화대백과, 두산백과, 두피디아

동아실용옥편 (동아출판, 2021)

기타 유튜브 임진왜란 관련 동영상 다수

〈돌발 퀴즈〉 정답은 인삼입니다

(선조실록 1598.06.12 : 도독 진인이 접반사를 통해 전달된 물품 일부를 되돌려 준다고 계첩하다)